Vor der Reise

nach der Reise

Hjalte Tin, geboren 1953 in Kopenhagen, erstand sein erstes Motorrad mit 17 Jahren. Er studierte Geschichte und arbeitete mit verschiedenen Theatergruppen. Er lebte fünf Jahre lang in der „freien Stadt" Christiania.

Nina Rasmussen, 1942 in Kopenhagen geboren, machte eine Ausbildung als Textildesignerin. Sie gründete die Theatergruppe „Sonnenwagen", in der auch Hjalte Tin mitwirkte. Auch sie lebte fünf Jahre lang in Christiania.

Emil wurde 1975 geboren, Ida 1979.

Inzwischen haben die vier noch eine weitere Reise durch Südostasien und Australien hinter sich.

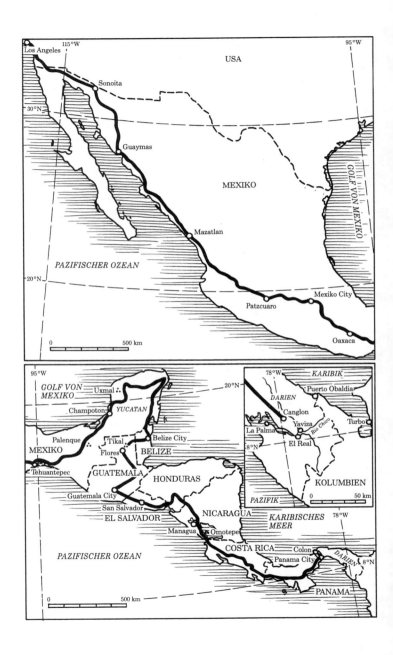

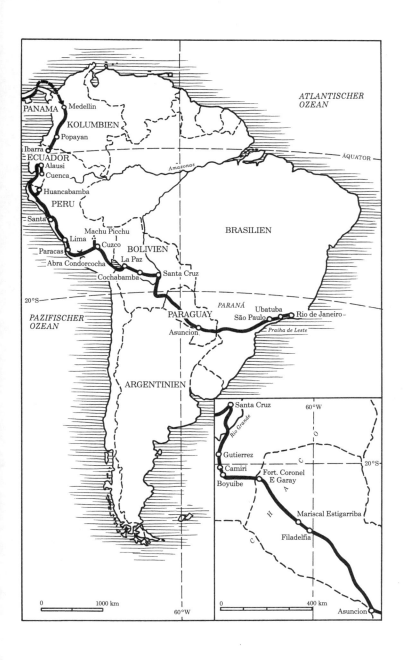

HJALTE TIN UND NINA RASMUSSEN

Traumfahrt Südamerika
Auf dem Motorrad und mit Kindern von L.A. nach Rio

Deutsch von Kirsten Degel und Constanze Elsner

 ABENTEUER-REPORT

CIP-Kurztitelaufnahme der Deutschen Bibliothek

Tin, Hjalte:
Traumfahrt Südamerika : auf d. Motorrad u. mit Kindern von L. A. nach Rio;
[mit Reisetips] / Hjalte Tin u. Nina Rasmussen. Dt. von Kirsten Degel u.
Constanze Elsner. –
München : F. Schneider, 1987.
   (Abenteuer-Report)
   Einheitssacht.: Held og lykke ‹dt.›
   ISBN 3-505-09532-2
NE: Rasmussen, Nina:

 **ABENTEUER-REPORT**

Herausgegeben von Susanne Härtel
© 1987 für die deutsche Ausgabe by
Franz Schneider Verlag GmbH · 8000 München 40 · Frankfurter Ring 150
Alle Rechte dieser Ausgabe vorbehalten
Übersetzung aus dem Dänischen von Kirsten Degel und Constanze Elsner
Originaltitel: HELD OG LYKKE
© by Hjalte Tin und Nina Rasmussen
Fotos: Hjalte Tin und Nina Rasmussen
Karten: Alice Rosenstand und Gert Köhler
Reisetips: Dagmar Boedicker und Hjalte Tin
Lektorat: Susanne Härtel
Redaktion: Annemarie Bruhns
Herstellung: Josef Loher
Satz/Druck: Augsburger Druck- und Verlagshaus GmbH, Augsburg
ISBN: 3 505 09532 2
Bestell-Nr.: 9532

Inhalt

Los Angeles in Sicht
(Nina)

Die Sicht verschlechtert sich, als wir uns Los Angeles nähern. Die Sonne verliert an Kraft. Die Baumkronen werden langsam bleigrau, bis sie zuletzt mit dem Himmel und den hohen Palmen verschmelzen. Wir sitzen erwartungsvoll in unserem rostgelben VW, doch wir sehen keine Stadt, nur unendlich viele Vorstädte, bestehend aus Tankstellen, Imbißbuden, Schrottplätzen und Reihenhaussiedlungen. Mit Entsetzen stellen wir fest, daß die braune Luftmasse jetzt so dicht ist, daß sie die Sonne verschluckt hat. Um zu fragen, was passiert ist, halten wir an einer Tankstelle. Ich erwarte jeden Augenblick von einer Katastrophenevakuierung überrollt zu werden und, daß Millionen von Menschen versuchen, aus der Stadt zu flüchten. Aber ich habe mich getäuscht. Es ist ein ganz gewöhnlicher Tag – wir sind nur ganz einfach in Los Angeles.

Wir haben den Kindern Eis und Limonade versprochen, sobald wir den Pazifik sehen können. Der aber liegt im Dunst verborgen, weit draußen hinter dem langen Sandstrand. Es ist eine Enttäuschung, aber Emil und Ida bekommen ihr Eis trotzdem. Es soll gefeiert werden, daß wir da angekommen sind, wo unsere Motorradtour beginnen soll.

Unsere Motorradtour...? Das kribbelt bis in die Zehen vor Spannung. Nun stehen Hjalte und ich mit unseren zwei Kindern hier und sollen bald auf die Motorräder. Unser Plan sieht in groben Zügen vor, daß wir das Auto hier in Kalifornien verkaufen und von dem Geld zwei nagelneue Motorräder erstehen. Dann wollen wir durch Mexiko und Mittelamerika fahren, den Panamakanal überqueren, Südamerika erleben und unsere Reise in Brasilien beenden. Wir können tun und lassen, was wir wollen. Unser Zuhause in Dänemark ist aufgelöst, und wir haben mit niemandem eine Verabredung. Wir können für immer wegbleiben – oder zurückkehren, wenn das Geld verbraucht ist.

Das Ganze begann vor langer Zeit . . .

Als ich drei Jahre alt war, erlebte ich meine erste Liebe. Der Sohn des Nachbarn hatte eine „Nimbus", und ich erinnere mich deutlich daran, wie er stundenlang versuchte, sie zu starten, während ich danebenstand und verliebt auf das Motorrad blickte. Eines Tages fragte er mich, ob ich mal mitfahren wollte. Ich durfte mit ihm bis zur nächsten Ecke fahren – und so begann meine Karriere als Motorradfahrerin!

Mit fünfzehn Jahren war ich eine begeisterte Mitfahrerin, immer bereit, bei jedem, der ein Motorrad hatte, aufzusteigen. Das war zwar unheimlich toll, aber nicht toll genug: Ich wollte selbst fahren! Hinten sollte mal ein anderer sitzen. Das ging gut, bis ich an einem Wintertag übers Eis fuhr. Ich stürzte und brach mir den Daumen. Es war nicht leicht, meinen Eltern den Sachverhalt zu erklären, und es war vorläufig das Ende meiner Motorradkarriere.

Max, mein erstes Wunschkind, bekam ich mit zwanzig. Damals hatte ich einen Kabinenroller, der mir jedoch nicht schnell genug war und den ich deshalb bald wieder aufgab.

Es vergingen einige Jahre, und eines Tages kam meine Freundin Nana auf einem Motorrad angefahren, ihren Sohn im Beiwagen. Wir machten es uns gemütlich, unterhielten uns über die unmöglichen Männer, die wir im Laufe unseres Lebens kennengelernt hatten, und am Schluß sagte Nana: „Ja aber, was wünschst du dir?" Sie hörte sich an wie die gute Fee im Märchen.

„Einen Prinzen auf einem weißen Pferd", antwortete ich, „was denn sonst?"

„Ah", seufzte die gute Fee, „das hab' ich schon oft gehört. Wenn du dir nicht etwas mehr wünschst, fürchte ich, daß er nie kommt."

Damit hatte ich nun nicht gerechnet, und um der Sache Genüge zu tun, überlegte ich, wie er sein sollte. Kurz darauf wußte ich es. „Er soll groß und schlank sein, mit blondem, lockigem Haar und blauen Augen. Er muß klug und stark und eine Frohnatur sein, aber vor allen Dingen muß er ganz verrückt nach mir sein. Wir sollten zusammen zwei Kinder haben, einen Jungen und ein Mädchen."

Lange Zeit hörte ich nichts von Nana, aber an einem schönen Frühlingsabend kam Hjalte auf seiner silbergrauen „Norton" angefahren. Es war Liebe auf den ersten Blick, und ich wußte sofort, daß ich nun den Motorradführerschein haben mußte. Einen Monat später kaufte ich eine blitzschnelle „Suzuki".

Irgendwann traf ich die gute Fee wieder und erzählte ihr, daß ich meinen Prinzen bekommen hätte. Sie beharrte darauf, nichts mit der Sache zu tun zu haben. Hjalte und ich fanden selber die Lösung, und ich will sie hier weitergeben. Sie ist nicht schwer: Das ganze Geheimnis besteht darin, daß man es sich *wünschen* muß.

Als Emil und Ida geboren waren, fragten sich Hjalte und ich, was wir am liebsten zusammen erleben wollten. Zuerst versuchten wir uns zu erinnern, was wir gern getan hätten, als wir selber Kinder waren. Ich wollte damals Zigeunerin, Zirkusartistin, Sexbombe, Freiheitskämpferin und Globetrotterin werden. Hjalte wollte gern Rennfahrer, Erfinder und Entdeckungsreisender werden.

Aber was würde jetzt am aufregendsten sein?

NACH SÜDAMERIKA REISEN! – Darüber waren wir uns einig.

Emil fragt, beim letzten Bissen seines Bananensplits angelangt: „Warum sollen wir eigentlich auf Motorrädern fahren?"

Hjalte antwortet: „Das ist die schönste Art zu reisen. Erinnerst du dich, wie wir damals mit dir und Max auf zwei kleinen Motorrädern durch Griechenland gefahren sind? Du warst zwei, und Ida war noch nicht geboren. Und die vielen Male, die ich dich mit Ninas Motorrad in den Kindergarten gefahren habe? Das waren doch tolle Erlebnisse – Kraft und Schwerkraft! Es ist wundervoll, das oberste Profil der Reifen abzufahren." Hjaltes Blick geht in die Ferne. „Emil, kannst du dich daran erinnern, als ich einen Atlas gekauft habe und Abend für Abend da saß und von Bergketten, Flüssen und Wüsten träumte und von den schmalen roten Linien, die Wege darstellen sollten? Mein Gott! Ich sah uns auf Motorrädern durch ferne Länder reisen, und das Fernweh ließ mich nicht mehr los. Emil, das war *das Reisefieber*!"

Hjalte starrt an der Milchshake-Maschine vorbei hinaus auf die Autos auf der Ocean Avenue. Die Bedienung wischt den Tisch ab. Ich hebe Ida vom Stuhl, setze ihr die Schirmmütze auf, und sie läuft hinüber zu Emil. Beim Hinausgehen bekommt der Plastikpinguin mit der Speisekarte einen ordentlichen Schubs und nickt freundlich hinter uns her. Hjalte läßt den VW an und ruft aus: „Wie wird das phantastisch sein, auf die Motorräder steigen zu können!"

Schließlich stehen wir vor dem kleinen, flachen Haus, in dem „Cycle World" ihre Redaktion hat. Für Motorradfans ist das hier der Nabel der Welt. Wir nehmen unseren ganzen Mut zusammen und gehen hinein. Drinnen sitzen ausschließlich Männer, elegante, glatte Typen. Keiner nimmt Notiz von uns. Wir sind ungebetene Gäste, die, wie sie hoffen, von selbst wieder verschwinden. In einem der kleinen Büros ist Redaktionsversammlung. Fünf, sechs Männer sitzen und diskutieren darüber, wie schnell ein neues Motorrad fahren kann. Emil und Ida zerren an mir und fragen, was wir hier machen. Ich weiß es selbst nicht genau, aber Hjalte hatte ihnen geschrieben und hofft jetzt, daß sie uns bei den Reisevorbereitungen helfen können.

Ich versuche, die Kinder ruhig zu halten, und lächle gezwungen. Alles scheint hier so falsch zu sein. Das ist eindeutig kein Motorradmilieu, sondern einfach eine Art Reklamebüro, in dem einige smarte Leute dafür bezahlt werden, schöne, strahlende Ausgaben von „Cycle World" herauszugeben. Die sind überhaupt nicht an so jemandem wie uns interessiert; wir haben zuwenig Ähnlichkeit mit den Fotomodellen, die sie für ihre Reklame brauchen. Die Kinder langweilen sich und krabbeln an mir herum, ich schwitze. Ich sehe die Anzeige deutlich vor mir: Ein swinging Single sitzt mit Zigarette im Mund, umgeben von exklusiven, verchromten Möbeln und Glastischen, auf einem Sofa, zu seinen Füßen auf einem Lammfell ein Pin-up-Girl. Starr blickt er auf sein ungeheuer großes Motorrad, das mitten im Bild steht.

Gott sei Dank kommt Hjalte mit solchen Situationen gut zurecht. Redakteur Allan Girdler ist ein schlanker, immer lächelnder Mann mit graumeliertem Haar. Er sagt sofort, daß „Cycle World" nicht daran interessiert sei, über eine Reise durch Südamerika zu berichten, wenn Kinder dabei seien. Hjalte fragt ihn, ob er eine Werkstatt kennt, wo wir zum Beispiel unsere Gepäckträger anschweißen können? Der Redakteur antwortet ganz ehrlich, daß dies genauso wäre, als wenn man in ein feines Restaurant ginge und fragte, ob man eben mal einen Dosenöffner und einen Gaskocher leihen könnte, haha!

Die Amerikaner haben eben ein anderes Verhältnis zum Geld als wir in Europa. Hier schämt man sich nicht, kommerziell zu sein, im Gegenteil. Trotzdem gibt uns Allan Girdler die Telefonnummer eines Mannes aus Los Angeles, der letztes Jahr durch Südamerika gefahren ist. Als wir die beengende Umgebung verlassen haben, nehmen wir Emil und Ida an unsre Hände und schwingen sie direkt vor den Bürofenstern fröhlich durch die Luft. Laß sie nur glauben, daß wir verrückt sind!

Bevor wir Dänemark verließen, haben wir uns 50 000 Kronen (etwa 13 000 DM) bei der Bikuben-Bank geliehen, und zu unserem Glück ist der Dollarkurs so niedrig, daß wir noch genug Geld übrig haben, um die Motorräder zu kaufen. Das kleine Reihenhaus, das ich von meinen Eltern geerbt habe, ist vermietet und beschert uns jeden Monat ein kleines Einkommen – und schöne Steuerschulden – aber, kommt Zeit, kommt Rat! Alles in bester Ordnung – glauben wir. Aber da taucht ein Problem auf, mit dem wir überhaupt nicht gerechnet haben. Die Motorräder, für die wir uns entschieden haben, sind nicht sofort lieferbar. Wir müssen einen Monat warten, bevor wir sie bekommen können. Wir haben einen Haufen Adressen von Wohngemeinschaften, die zu besuchen wir jetzt Zeit bekommen.

Ida wächst und entwickelt sich gut. Sie ist jetzt siebzehn Monate, hat acht Zähne und fängt an zu sprechen. Sie sagt „op-op", wenn sie auf den Schoß will, sie sagt „yang-ang", wenn sie geschaukelt wird und „au-au", wenn sie sich weh tut. Sie ist unglaublich lieb und guter Dinge. An einer Schnur hat sie einen großen, häßlichen Schnuller, und außerdem hat sie einen Teddybären, den sie an die Wange drückt, und zu dem sie „a-a" mit ihrer süßesten Stimme sagt. Aber sie hat auch ihre stahlgrauen Augen und ihren eisernen Willen.

Emil spielt, er sei eine kleine Waldmaus. Die Waldmaus Emil ist sehr praktisch: Sie kann sowohl Essen machen, als auch Rennwagen fahren, doch zur Zeit ist sie von Raumschiffen, Planeten und

Weltraumreisen begeistert. Die Waldmaus Emil und die Ida-Maus sind unglaublich lieb und nett zueinander. Besonders Emil ist so zärtlich zu seiner kleinen Schwester, auch wenn sie ab und zu grob ist und ihn an den Haaren zieht.

Als wir nach zwei Wochen Nordkalifornien zurück nach Los Angeles kommen, dichten Emil und ich dieses Lied:

> „Ih, wie das raucht –
> der Rauch kommt angerollt!
> Ih, wie das raucht –
> der Himmel fällt runter!"

Wir haben so noch etwas Spaß, bevor der Qualm und ein Schwindelgefühl uns übermannen und wir uns auf die Sitze legen, während Hjalte unbeeindruckt weiterfährt. Es ist natürlich ganz unverantwortlich zu singen, da man dabei noch mehr Luft einatmet.

Wir rufen Bob Runyard an, dessen Nummer wir von „Cycle World" bekommen haben, und werden schon am selben Abend eingeladen, seine Dias von Südamerika anzusehen. Bob Runyards Haus liegt in einem Viertel, das nichts Bemerkenswertes an sich hat. So wohnen die meisten Menschen in Los Angeles. Bob heißt uns herzlich willkommen. Er ist ein kräftig gebauter Kerl von dreißig Jahren, hat kurzes, schwarzes Haar und braune Augen. Sein Wohnzimmer ist sparsam möbliert, aber sein eigenes Zimmer ist vollgestopft wie eine Studentenbude. Da sein Bruder gerade ausgezogen ist, können wir in dem frei gewordenen Raum wohnen.

Auf Bobs Dias sind kaum Menschen zu sehen, nur Asphalt, das Motorrad, Berge und einmal ein Hotel. Bob hat den direkten Weg zur Spitze Südamerikas genommen und hat sich und sein Motorrad danach zurückfliegen lassen, was etwas geschummelt ist, finden wir.

Mein erster Eindruck ist, daß Bob einer von den Leuten ist, die sich nur für das Motorrad interessieren und denen die Umgebung gleichgültig ist. Vielleicht hat er Südamerika gewählt, um einen persönlichen Rekord aufzustellen. In der Regel ist das der Typ, der für Motorrad-Magazine schreibt. Doch je näher wir Bob kennenlernen, desto mehr ändert sich das Bild. Hinter dem Haus hält er zum

Emil und Ida in Los Angeles

Beispiel Hühner. Dort hat er auch ein kleines Treibhaus gebaut. Bob sagt oft, daß er gern mit uns kommen würde. Er hatte nur zwei Monate für seine Tour, und das war viel zuwenig. Früher ist er Rennfahrer gewesen, und jetzt arbeitet er für Kawasakis Forschungsabteilung.

Wir überschwemmen das Haus mit Kindern und Klamotten, mit Taschen und allem möglichen an Ausrüstung. Ein paarmal bleibt Bob abends zu Hause und ißt zusammen mit uns richtiges selbstgekochtes Essen statt des fertiggekauften *fast food*, von dem die meisten Amerikaner leben. Wir fragen ihn, ob es ihm nicht zuviel ist mit uns allen im Haus. Es wird wohl noch eine Woche dauern, bis wir abfahrbereit sind. Bob erwidert, es käme ihm wie eine Invasion vom Mars vor. Er ist Familienleben nicht gewohnt, aber er findet unsere Reisepläne so interessant, daß wir schließlich bleiben dürfen.

Die Motorräder sind inzwischen angekommen! Der Stadtteil, in dem wir sie abholen sollen, heißt Montebello. Es sind, obwohl keiner der beiden Orte am Stadtrand liegt, runde sechzig Kilometer von Bobs Haus bis zum Motorradgeschäft.

Auf der zwölfspurigen Autobahn sind an allen Zufahrtsstraßen Ampeln, die dafür sorgen, daß nicht mehr als ein Auto pro Sekunde hineinfährt. Immer wieder einmal ist die Straße trotzdem völlig verstopft, und der Verkehr steht still. Doch plötzlich geht es weiter, und ich verspüre eine seltsame Freude, ein Teil dieses reißenden Vulkanstromes von roten Rücklichtern zu sein, und gleichzeitig bin ich verblüfft über die Tausende von weißen Lichtern, die mir entgegenströmen. Ich lasse mich hypnotisieren – und fahre falsch. Los Angeles ist die letzte Konsequenz des Traumes vom eigenen Auto und Haus, multipliziert mit zehn Millionen. Die Stadt erstreckt sich über ein Gebiet, das halb so groß wie das Saarland ist, und ich halte es nicht durch, ohne eine Tasse Kaffee weiterzufahren.

Wir finden kein Café, und schließlich halten wir bei einer der fünftausend Filialen von *Pizza-Hütte*. An einem Tisch sitzt ein Mexikaner mit seiner Frau, einer etwas verlebten Blondine. Sie sehen erst, daß ich eine Frau bin, als ich den Helm abnehme.

Der Mexikaner springt auf. „Können Frauen Motorrad fahren?" brüllt er. „Ich wußte nicht, ich meine ja nur – Frauen am Steuer! Meine Frau zum Beispiel ist schon zweimal in einen rein..."

„Und was dann?" unterbricht ihn seine Frau mit einem starren Blick. „Weißt du, warum wir Frauen ein so schlechtes Augenmaß haben?" Sie kneift die Augen halb zusammen und zeigt ihm ein Stück von ihrem Finger. „Das kommt daher, daß uns immer erzählt wurde, dies sei ein halber Meter!" Beschämt setzt sich der Mann wieder und sticht mit der Gabel in die zähe Pizza.

Da stehen die Motorräder! Wir haben sie im Garten hinter Bobs Haus abgestellt, und sie leuchten naß vom Tau in der Morgensonne. Obwohl sie beide gleich aussehen, gibt es schon eins, das mir und Ida, und eins, das Hjalte und Emil gehört. An den „Hondas XL 500" – schlank und hoch – gibt es nichts Gewaltiges. Sie sehen leicht und freundlich aus in ihrem roten Lack. Obwohl ich 174 cm groß bin und lange Beine habe, kann ich den Boden, wenn ich auf dem Sattel sitze, nur ganz knapp berühren. Aber die Maschine läßt sich gut fahren und gehorcht auf das kleinste Zeichen.

Bobs Hühner sind außerordentlich zufrieden, sie haben die Nacht auf den Lenkern verbracht. Ida hat auch gut geschlafen und will jetzt losfahren. Ich habe mir viele Gedanken darüber gemacht, wie Ida auf dem Motorrad sitzen soll, doch es scheint überhaupt kein Problem zu sein. Sie ist vom ersten Augenblick an begeistert. Ida wird vor mir sitzen. Ich habe ein Tragband genäht, so daß sie nicht herunterrutschen kann.

Gegenüber von Bobs Haus wohnt ein alter Mann. Er steht draußen am Straßenrand und schaut zu, wie ich das Motorrad starte und Ida hochhebe. Ich fahre zu ihm und frage, was es gibt.

Er schüttelt den Kopf und sagt dann mit unterdrückter Wut: „Ich habe viel Verrücktes gesehen in meinem Leben, aber dies ist das Verrückteste überhaupt, ein einjähriges Kind auf einem Motorrad!" Er schüttelt den Kopf, und ich weiß nicht recht, was ich ihm antworten soll. Er schüttelt ihn noch, als er in den Garten davonwackelt.

Ich bin verunsichert. Das schlechte Gewissen in mir regt sich. Doch ich verteidige meine Abenteuerlust, indem ich mir sage, daß der Mann wohl einfach nicht verrückt genug ist.

Ida hat eine ihrer roten Stiefeletten verloren, und da keine Hoffnung besteht, sie wiederzufinden, beschließen Emil, Ida und ich, daß wir aus der noch vorhandenen für Bob ein Abschiedsgeschenk machen. Während wir im Motorradladen sind, gräbt Emil schnell aus dem riesigen Blumenbeet davor ein paar Blumen aus. Er zeigt sie mir erst, als wir wieder zu Hause sind. Er hat mit den Händen die schönsten rosa „Fleißigen Lieschen" ausgebuddelt und sie den ganzen Weg in der Hand gehalten. Er ist sehr stolz, und ich kann nicht umhin, seinen Einsatz zu loben. Ida füllt schnell Erde in die Stiefelette, und die „Fleißigen Lieschen" werden eingepflanzt. Die Kinder sind auf ihr selbstgemachtes Geschenk sehr stolz.

„Wir sind auf dem Weg nach Südamerika!"
(Hjalte)

Ich stehe früh auf, stecke mir etwas Werkzeug in den einen Stiefel, dann gehe ich hinaus und starte mit großem Vergnügen die Honda. Sie vibriert leise im Stehen, während die Feuchtigkeit von den Auspuffrohren verdampft. Ich wische den Sattel trocken und klappe den Ständer hoch. Die Maschine ist leicht zu handhaben, die Kupplung leistet kaum Widerstand, die Gangschaltung funktioniert präzise. Ich gebe Gas. Sie sagt kaum etwas, nur ein gedämpftes Brummen kommt aus dem Auspuff. Einen Augenblick denke ich an meine „Norton" in Dänemark mit all ihren unerklärlichen Mucken und ihrem merkwürdig dröhnenden Motor. Eine „Honda" ist etwas ganz anderes, viel zivilisierter, viel vernünftiger, das richtige Motorrad für unsere große Tour.

Unsere Motorräder sollen leicht sein, stark, betriebssicher, billig, und es soll einfach sein, Reserveteile zu bekommen. Zur Zeit ist eine Honda der beste Kompromiß. Wir können leichtere Motorräder bekommen, aber die sind zu schwach, und wir können auch stärkere bekommen, doch die sind dann zu schwer. Eine Honda XL 500 wiegt 135 kg und hat einen betriebssicheren Motor von 500 ccm und 35 PS, mit einem Zylinder, vier Ventilen, zwei Ausgleichswellen und einer elektronischen Zündung, die von einer Batterie unabhängig ist. Sie braucht einen Liter Benzin auf 25 km und kostet hier in Los Angeles 2000 Dollar. Doch es gibt auch zwei große Nachteile: Kettenantrieb und ein erbärmliches 6-Volt-Licht.

Bevor wir aufbrechen können, müssen wir sie noch, um Platz für die Kinder und das Gepäck zu schaffen, ausrüsten. Wir haben überall in Los Angeles nach einer Möglichkeit gefragt, wo wir unsere Motorräder herrichten können. In Dänemark habe ich viele Abende damit verbracht, ein perfektes Gepäcksystem zu konstruieren. Ein leichter Rahmen aus Vierkantrohr soll direkt hinter dem Motor festgeschweißt werden. Hinter dem Sattel führt er nach oben und auf der anderen Seite wieder nach unten. Auf diese Weise lastet das Gepäck nicht auf dem schmächtigen Fahrgestell, sondern bildet zusammen mit diesem ein Dreieck, das sehr stark ist. Das Gepäck wird hinten nicht hinausragen, und das Gewicht liegt dicht am Schwerpunkt des Motorrades. Vorne am Motorrad wollen wir einen stabilen Sturzbügel montieren, und für die Kinder werden Fußrasten direkt unter dem Tank angeschweißt.

John Hildebrandt hat in Costa Mesa eine kleine Schweißerwerkstatt. Er sagt am Telefon, ich könnte einfach vorbeikommen. Es passe ihm gut, mit mir die Gepäckträger anzufertigen. Ich finde seine Werkstatt hinter Fabriken in einer kleinen Wellblechhalle. Er ist ein Mann in den Fünfzigern, laut und direkt in seiner Art.

Ich beginne sofort mit dem Abmessen, leihe mir eine elektrische Säge und arbeite mich durch die Eisenrohre. John schweißt die Rahmen am Gestell fest. Er ist ein tüchtiger Handwerker, und alle Nähte werden perfekt. Während wir arbeiten, erzählt John, daß er viele Jahre bei den *Marines* war. Später kam er als Gammler nach Los Angeles, wo er sich mit Schweißarbeiten durchschlug. Nun hat er sein eigenes kleines Geschäft, aber es gibt flaue Zeiten, in denen es nicht gut um den Laden steht.

Doch er liebt sein Amerika, sein Los Angeles und sein Costa Mesa, weil er ein freier Mann in einem freien Land ist, und hier in Costa Mesa hat er die größte Freiheit – nämlich die, seines Glückes eigener Schmied zu sein. Hier macht der Fortschritt die größten Sprünge. Vor dem Zweiten Weltkrieg wohnten nur fünftausend Menschen in Costa Mesa. Es war eine kleine Stadt, inmitten von Apfelsinenplantagen und Baumwollfeldern. Heute ist Costa Mesa mit Los Angeles zusammengewachsen. Die Stadt erstreckt sich mehr als hundert Kilometer nach Norden, vorbei an Montebello und Hollywood. Kein Feld ist zurückgeblieben, jedes Stück Erde ist unter Autobahnen und Safeway-Supermärkten, Häusern und Fabriken verschwunden. Costa Mesa ist durch die Rüstungsindustrie reich geworden. Hier liegen die modernen Fabriken, die Atomraketen, Kriegssatelliten und Cruise Missiles herstellen. Nun wohnen hier eine viertel Million Menschen, und John ist stolz auf den Fortschritt.

In der Blechhalle arbeiten außer John noch drei Mexikaner, die Tag für Tag schmiedeeiserne Türen herstellen. Sie arbeiten hart im Rauch und Dunst der Schweißgeräte. John erzählt, daß diese Leute im allgemeinen bei gerissenen Amerikanern für nur 4 Dollar in der Stunde schuften, weil sie illegale Einwanderer sind, die innerhalb einer Stunde des Landes verwiesen werden können. John nennt es Ausbeutung und meint, man solle sie, wenn sie schon hier sind, wie Amerikaner behandeln. Trotzdem hat es ihn hart getroffen, als sich seine Tochter mit einem Mexikaner verheiratet hat.

Um die Mittagszeit kommt ein kleiner Lieferwagen hupend zwischen den Baracken angefahren. Das ist das Pausezeichen: Schmutzige Männer kommen aus den Schuppen und kaufen sich ein Sandwich und eine Tasse Kaffee am Wagen. Es wird geschwatzt, man macht Witze oder erzählt ein paar schofle Geschichten, aber Freundschaft scheint es nicht unter ihnen zu geben.

Wir brauchen zweieinhalb Tage, bis alles fertig ist. John gibt mir Rabatt und nimmt nur für acht Stunden Geld. Die Motorräder sind vom Spielzeug zum Packesel umgebaut worden.

Jetzt müssen wir nur noch den richtigen Windschutz für die Fahrzeuge finden, damit Emil und Ida geschützt vor uns sitzen können.

Die Glasfiberfabrik besteht aus einigen Schuppen, und ein ungeheurer Gestank von Lösungsmitteln strömt uns entgegen. Ich erblicke zwei verstaubte Windschutzscheiben, die von Polizeimotorrädern stammen und garantiert kugelsicher sind. Der Fabrikbesitzer zeigt sie uns. Können wir sie gebrauchen? Nina kratzt sich an der Nase, wendet sie einmal, und ruck, zuck haben wir zwei maßgeschneiderte Windschutzscheiben. Sie werden uns sogar geschenkt, und man wünscht uns gute Reise.

Der Tag kommt, an dem wir unseren VW verkaufen, der, seit wir ihn vor drei Monaten in Boston an der Ostküste gekauft haben, 14 000 km gefahren ist. Der Käfer ist hier ein Modeauto, und wir können ihn leicht für die vierhundert Dollar, die wir bezahlt haben, wieder verkaufen, obwohl er das verrostetste Vehikel ist, in das ich je meine Füße gesetzt habe. Emil und Ida sehen dem gelben Auto hinterher, und dann gehen wir in den Garten. Die Motorräder sind klar, die Würfel sind gefallen, und wir feiern den Augenblick mit einer großen Portion Eis.

Endlich, endlich! Wir springen aus unseren Schlafsäcken, ganz wild darauf, wegzukommen. Emil und Ida sind die kleine Eisenbahn, die mit einer Ladung nach der anderen zum Packen in Bobs Garten hinausfährt. Jedes Motorrad kann mit 150 kg belastet werden. Auf das eine packen wir 70 kg plus Nina und Ida, und auf das andere kommen 50 kg, Emil und ich. Wie sieht ein Zuhause für vier Leute aus, das nur 120 kg wiegen darf? Es hat lange gedauert, dies auszurechnen. Ist es nun notwendig, zwei oder drei Unterhosen für Emil mitzuhaben? Soll Ida zehn oder fünfzehn Windeln mithaben? Können wir noch Schuhe mitnehmen, oder müssen wir mit den Motorradstiefeln auskommen? Wie kalt wird es in den Anden? Für Puh den Bären muß jedenfalls Platz sein!

Die Honda ist startklar. Emil auch

Schon auf dem Weg in die USA hinterließen wir bei Mark Edwards in London einen Sack mit überflüssigen Utensilien, der idiotische Versuch, uns gegen alle Eventualitäten zu schützen. Auf unserer Fahrt durch die USA haben wir uns im Zeltleben geübt, und unsere Ausrüstung war brauchbar und ausreichend. Aber jetzt! Unser spartanisch knappes Gepäck quillt aus allen Ecken und Enden. Ist auf den armen Motorrädern überhaupt genug Platz?

Wegen des Gleichgewichtes sollen die schweren Sachen vor dem Motor sitzen. Die Satteltaschen mit den Küchenutensilien hängen wir über Ninas Benzintank, und auf jeder Seite des Sturzbügels binden wir einen 4-Liter-Wasserbehälter fest. So werden wir weder verhungern noch verdursten. Doch was, wenn die Motorräder zusammenbrechen oder uns das Benzin ausgeht? Deshalb ist an meinen Sturzbügel links die Werkzeugtasche geschweißt, und rechts haben wir Platz für einen 12-Liter-Benzinkanister.

Kleidung für vier Personen und jedes Klima ist fast unmöglich zu begrenzen, zumal ein Persönchen noch nicht aus den Windeln ist. Idas Stoffwindeln nehmen mehr Platz in Anspruch als all meine Klamotten. Ihre Kleidung ist zusammen mit Emils Legosteinen und anderen Sachen – wie Medikamenten und Nähzeug – in einem Glasfiberkoffer verstaut, der hinter Ninas Sattel festgenietet ist. Meine Sachen sind in einer Plastiktüte unten in meinem Glasfiber- koffer zusammen mit einer kleinen Tasche, die unsere sparsame geistige Nahrung beinhaltet: zwei Wörterbücher, das ausgezeich- nete „South American Handbook", Emils „Puh der Bär"-Buch, die Malstifte der Kinder, die Tagebücher und ein Heft mit Fotos von unserem Zuhause in Dänemark. Mehr können wir nicht mitnehmen. Emils Kleidung muß in einer Tasche mit hundert Filmen und anderem Krimskrams, den wir nirgends unterbringen können, auf dem Tank liegen. Ninas Sachen landen auf ihrem Tank über der Küchentasche und dienen Ida als Kissen.

Die großen, aber leichten Dinge sollen hinten beiderseits der Hinterräder hängen. Zu Hause hat Nina vier Segeltuchsäcke genäht. Darin ist unsere „Wohnung" verstaut. Wir rollen eine dünne Schlafunterlage unten in die Säcke, und zwei von ihnen stopfen wir mit Schlafsäcken voll. Da Emil und ich die schwersten sind, haken wir die Schlafsäcke an unserem Motorrad fest. Die Säcke machen einen wichtigen Teil unserer Sicherheit aus. Wenn wir stürzen, sind sie ein Kissen, auf das wir uns legen. Sie sind weich – und wir können uns so kein Bein brechen.

Der kleine „Zug" muß jetzt nur noch zwei Säcke zu uns hinaustragen. In dem einen haben wir unsere Regenanzüge, warme Kleidung für die Anden, Emils unentbehrliche Legosteine und außerdem vier kleine Hängematten. Schließlich kommen Emil und Ida mit unserem „Haus", einem silberfarbenen Bergsteigerzelt. Wir haben drei Quadratmeter zum Schlafen; wir werden einander also gut wärmen. Das Zelt kommt unten in den Segeltuchsack, zusammen mit den Töpfen, zwei langen Montiereisen und der Luftpumpe. Emil hilft Nina, ihn zu befestigen. Hierzu müssen sie ihn etwas nach hinten rücken, damit Platz für den Kickstarter bleibt – die Hondas haben keinen elektronischen Starter.

Ida läuft ins Haus und kommt mit ihrer zusammenklappbaren Sportkarre heraus. Wir erbarmen uns ihrer und binden sie obendrauf fest. Ich trete einen Schritt zurück und betrachte unser Werk. Es wird mir schwarz vor Augen: Die Motorräder sehen unmöglich aus! Aber ich weiß, daß wir kein Übergewicht haben. Ich rüttle an dem Gepäck – alles sitzt fest! Jetzt fehlen nur noch wir. Emil und Ida bekommen ihre Sturzhelme auf, Nina startet mit einem ordentlichen Tritt, und ich hebe Ida zu ihr hoch, damit sie die Hand nicht vom Gas zu nehmen braucht.

Auch ich starte, und Emil klettert zu mir hinauf. Wir verschieben das Gepäck etwas, damit wir richtig auf den Sattel kommen. Emils Bauch drückt gegen die Tanktasche, und ich werde mit dem Rücken gegen die Glasfiberbox gepreßt. Wir haben gerade genug Platz. Emil sitzt zwischen meinen Armen. Sein Helm berührt meinen am Kinn. Ida lacht hinter dem Visier und winkt Emil zu. Nina gibt Gas, und wir schwingen auf den Villenweg hinaus. Ich fahre neben Nina, und Emil streckt den Arm aus und hält Ida an der Hand, während wir fahren. Sie lachen laut, und dem Mann von gegenüber fallen fast die Augen aus dem Kopf. Im Nu sind alle Vorbereitungsschwierigkeiten und Qualen vergessen. Der warme Autodunst in Costa Mesa streift an uns vorbei und hat plötzlich eine verheißungsvolle

Wirkung auf uns. Er macht uns euphorisch: Wir sind auf dem Weg!

Selbst hier auf den achtspurigen Autobahnen, voll mit Autos, erregen wir Aufsehen. Zwei funkelnagelneue identische Motorräder, auf dem ersten ein kleines Kind – und wahrhaftig, auf dem anderen ebenfalls eines! Die Leute verrenken sich in ihren amerikanischen Schlitten die Hälse fast bis zum Anschlag. Sie lachen und winken uns zu. Ich habe nur Zeit für ein kurzes Lächeln, denn ich spüre die Verantwortung für Emil schwer auf mir ruhen, während wir hier im Verkehr treiben.

Die hundert Ampeln des Alondra Boulevards blinken uns zum Abschied zu, und plötzlich strahlt uns das „Ausfahrt"-Schild entgegen. Wir versuchen verzweifelt sieben Spuren in der Hauptverkehrszeit zu überqueren, um auf den Santa Monica Expressway zu kommen. Wir verabschieden uns von der Sonne, die glühendrot draußen im Säurebad hinter den Wolkenkratzern von Long Island versinkt. Acht Reihen Rücklichter glühen vor uns, die Blutkörperchen einer Millionenstadt werden aus den verkalkten Venen der Villenviertel gepumpt. Als wir bei Newport Beach halten, ist es schon kalt und dunkel geworden, und wir müssen unsere wärmsten Sachen anziehen.

Das Licht der Hondas ist nicht viel stärker als eine Fahrradlampe, und so irrt sich Nina in einem Schild. Sofort ist ein Polizeiwagen mit heulender Sirene hinter ihr her.

„Was, zum Teufel, machen Sie?" ruft der Polizist.

„Ich bin auf dem Weg nach Südamerika!" ruft Nina zurück.

„Wie bitte?" Er gerät außer sich und zeigt ungläubig mit dem Finger auf Ida. „Mit ihr da?"

„Ja, selbstverständlich, das ist mein Kind!" Nina lacht ihn keck an.

Er vergibt ihr und ruft: „Passen Sie aber besser auf, wenn Sie da runter kommen!"

Es ist zehn Uhr, und wir sind immer noch nicht aus der Stadt heraus.

„Nach Südamerika!"

Ich lächle müde, der Gedanke wirkt plötzlich absurd. Worauf haben wir uns da bloß eingelassen?

Der erste Campingplatz ist belegt, und als wir endlich weiter unten an der Küste zum nächsten kommen, schreit Ida herzzerreißend. Doch es dauert nicht lange, bis wir alle in unserem kleinen Zelt liegen und uns gegenseitig wärmen. Ida gibt wieder Ruhe, und wir sagen immer wieder zueinander: „Es ist wahr, wir sind unterwegs: WIR SIND AUF DEM WEG NACH SÜDAMERIKA!"

Mexiko – ein Fest und Kakteen
(Nina)

Wir haben gehört, daß es mehrere Stunden dauern kann, bis man nach Mexiko einreisen darf. Das haben uns Freunde erzählt, die es selbst ausprobiert haben. Als wir bei der Grenzstation ankommen, ist dort schon eine lange Reihe von Autos, die in der Mittagshitze stehen und warten.

Aber bevor wir unsere Motorräder abstellen können, ist schon die Nachricht über unseren sonderbaren Aufzug vorausgeeilt, und wir werden zum Chef gebracht, der sehr neugierig ist. Mein Name wird mit „Rosamaria" übersetzt, und das hört sich doch wirklich sehr anmutig an: Nina Rosamaria. Ich überlege, daß ich sie wohl besser darauf aufmerksam mache, daß ich eigentlich Rasmussen heiße. Das steht schließlich mit Druckbuchstaben in meinem Paß.

Aber das spielt offensichtlich keine Rolle, denn mit strahlenden Augen belehrt uns der Chef: „Aha! Rasmussen..., ein Zigeunername!" Jetzt kann er auch gut verstehen, warum ich nicht genauso wie Hjalte heiße und älter bin als er. Zigeuner haben so viele fremdartige Bräuche!

Ida hat ruhig auf dem Motorrad geschlafen, während wir im Büro gewesen sind. Und sie schläft immer noch, als wir fünf Minuten später losfahren. Alle mexikanischen Zollbeamten und Polizisten sind aus dem Büro gelaufen, um zu winken und uns eine gute Reise zu wünschen. Die schwitzenden, amerikanischen Touristen starren uns neidisch nach. Sie müssen ihr ganzes Gepäck auspacken, und das ist keine Kleinigkeit!

Vermutlich ist Mexiko das Land in der Welt, wo Benzin am billigsten ist. Es kostet nicht mehr als 2,50 DM, um beide Tanks aufzufüllen. Ich bemerke, daß der Tankwart den Reservekanister, den er auffüllen soll, erst mit einem Liter Benzin ausspült, das er danach auf die Erde schüttet . . . Wir müssen versuchen, etwas mehr Wasser aufzutreiben, jetzt, wo wir in einer Stadt sind. Ich frage, ob wir einen Kanister kaufen können. Nein, so etwas haben sie nicht. Aber wir könnten sicher eine leere Plastikflasche im Restaurant gegenüber bekommen! Der Tankwart merkt, daß ich mich etwas ziere, und so eilt er selbst rüber, um zu fragen. Eine Minute später ist er zurück, zusammen mit dem Mann vom Restaurant, der eine leere Mineralwasserflasche für uns hat. Als er begreift, daß die nicht auf einem Motorrad festgebunden werden kann, geht er zurück, um etwas Besseres zu suchen. Kurz danach ist er wieder da, diesmal mit einer leeren Plastikflasche.

Es ist wirklich schwer, wenn man fremd ist und nicht die Bräuche des Landes kennt. Soll ich nun anbieten, die Flasche zu bezahlen, oder soll ich dem Tankwart Trinkgeld geben – oder was? Das Problem löst sich von selbst, als ich die zwei Männer anschaue. Sie stehen ruhig und entspannt da und lächeln uns an. Sie sind glücklich, daß sie uns helfen konnten. Ihre Freundschaft ist nichts, was man für Geld kaufen kann.

Muß alles erst schlecht anfangen, bevor es gut wird? Oder ist es nur zu schwer, mit Kindern auf einem Motorrad zu reisen? Den Kleinen geht es gut, aber ich bin todmüde! Ich kann leicht kribbelig werden, und es macht mich fertig, daß Hjalte heute morgen über alles meckert. Nun schimpft er darüber, daß ein Löffel voll Sand auf seinen Schlafsack gekommen ist . . . Du lieber Himmel! Wir haben in einer Sandwüste übernachtet, und im Umkreis von mehreren Kilometern gibt es nichts anderes als Sand! Weiß Gott, vielleicht beschwert er sich auch noch darüber, daß ein Sandkorn auf seinen Löffel gekommen ist! Ich weiß, daß es nicht der Sand ist, um den es sich dreht; irgend etwas stimmt da nicht, aber was?

Es war Hjalte, der auf die Idee gekommen ist, mit Motorrädern zu fahren, und ich erinnere mich, daß mir damals vor Schreck die Luft wegblieb. Aber während ich Argumente gegen diesen Einfall suchte, konnte ich merken, daß ich mehr und mehr Lust bekam, ja zu sagen, und es endete damit, daß wir uns für die Motorräder entschieden. Wenn es sich jetzt zeigt, daß es unmöglich ist, auf diese Art zu reisen, ist es genauso meine wie auch Hjaltes Schuld. Wir haben es zusammen beschlossen – und nun gilt es! Aber wir haben bis jetzt noch nicht den richtigen Rhythmus für die Tage gefunden. Und das Ganze ist so anstrengend, daß es fast keinen Spaß bringt.

Es dauert ein paar Stunden, das Lager zusammenzupacken – und das ist viel zu lange. Wir sind wieder zu spät dran. Die Sonne steht schon hoch am Himmel und brennt auf uns nieder. Die letzten Minuten sind schlimm. Wir haben alle Klamotten am Leib und schwitzen in der sengenden Hitze. Die Kinder werden unruhig, und das Ganze dauert noch länger. Es ist ein segensreicher Augenblick, als wir endlich starten können.

Ich muß viele Male den Kicker treten, bevor der Motor anspringt, und ich verfluche Hjalte, der schon losgefahren ist, als mein Motorrad wieder ausgeht, weil ich das Gas loslassen muß, um Ida auf ihren Platz zu setzen. Wir sind schon schweißnaß, bevor wir überhaupt auf der Landstraße sind.

Als wir endlich fahren, fühle ich mich sehr glücklich. Wie ist es doch herrlich! Es ist etwas ganz Besonderes, auf dem Motorrad zu fahren – man fühlt sich so frei! Das hört sich wie ein Klischee an, aber das ist etwas total Körperliches, eine Leichtigkeit, eine Freude, so durch den Wind zu sausen. Das ist, als wenn man Flügel auf dem Rücken hätte, durch die Elemente zu tauchen und in der Luft zu verweilen; ein winzig kleines Wackeln mit den Hüften, und die ganze Maschine geht mit. Es ist ein irres Gefühl, solch einen Apparat zwischen den Beinen zu haben, ein Motorrad ist ein potentes Fahrzeug, voll Wildheit und Kraft.

Auf gerader Strecke beschleunigen wir – wie schnell wir wohl fahren können? Normal fahren wir nicht mehr als 80 km/h. Das ist eine sichere und angenehme Geschwindigkeit, und es ist auch die Geschwindigkeit, bei der sich der Motor am besten anhört. Die Straße ist übersichtlich, und wir fahren nebeneinander, während wir Gas geben. Die Motorräder fahren leicht 130 km/h. Ich lasse den Lenker los und strecke die Arme mit einem Schrei in die Luft. Die Motorräder fahren ruhig geradeaus; es gehört viel dazu, sie aus dem Kurs zu bringen. Hjalte macht einen Schlenker auf dem Rad. Er ist Meister darin, die Maschine auf die eine und die andere Seite zu legen, so daß das Gepäck fast die Erde berührt.

Es ist überraschend, wie gut die Straße ist. Was sind das nur für Räuberpistolen, die man uns erzählt hat? Die Fahrbahn ist asphaltiert und zweispurig. Es gibt zwar nur wenige Personenwagen, aber sonst ist ziemlich viel Verkehr auf der Landstraße. Große Lastwagen und Busse dröhnen mit über 100 km/h vorbei. Die allermeisten haben den Auspuff abmontiert, so daß es sich wie Salven von Kanonenschüssen anhört, wenn sie uns überholen und wir fast von den Maschinen gefegt werden. Hinten auf den Lastwagen steht entweder ein schlauer Spruch, zum Beispiel: „Nur Gott weiß, wohin", oder der Name des Autos: „Der Tod von San Luis" – der Phantasie sind keine Grenzen gesetzt. Die Lastwagen sind in den tollsten Farben und Mustern angemalt, und im Führerhaus baumelt eine Unzahl von Souvenirs und Amuletten.

Hier scheint es keine Verkehrsordnung zu geben – zumindest hält sich keiner daran. Aber es gibt viele ungeschriebene Gesetze, die wir rasch kennenlernen. Wir geben es auf, damit zu rechnen, daß jemand etwas von „rechts" oder „links" weiß oder die Vorfahrtsregeln beachtet. Es ist üblich, daß man per Augenkontakt oder mit einem netten Lächeln abmacht, wer Vorfahrt hat, und das ist keine schlechte Methode. Auf jeden Fall besser als die dänische, wo die Leute sich ärgern und aggressiv werden, weil sie glauben, daß sie das Recht zu dem einen oder anderen haben. Daß die Mexikaner wie die Verrückten fahren, ist ein Vorurteil. In Wirklichkeit fahren sie unglaublich rücksichtsvoll; man muß nur verstehen, wie.

Allerdings sind sie viel zu optimistisch, wenn es ums Überholen geht. Auf vielen Hügeln stehen weiße Holzkreuze, verziert mit farbigen Plastikstreifen und Blumen. Sie wirken wie Warnschilder – und wir unterlassen es, auf mexikanisch zu überholen. Wir sind klein, und es ist schwer, uns zu erkennen, aber wir haben den

Eines der zahlreichen Kreuze verunglückter Autofahrer im Norden Mexikos

Vorteil, daß unsere Fahrzeuge schmal sind. Wir fahren ganz weit rechts durch die Kurven und halten die Zunge gerade im Mund. So geht es, auch wenn wir ab und zu auf ein Überholmanöver treffen.

Ich muß aufpassen, daß ich nicht allzusehr von Ida abgelenkt werde, wenn ich fahre. Ich bin oft besorgt um sie: Geht es ihr gut? Ist der Helm richtig fest? Oder sitzt das Zeug zu stramm am Hals? Ich kann wohl eine Hand in die Lebensmitteltasche stecken, um einen Keks für sie herauszuholen, oder sie ein bißchen weiter nach vorne rücken. Aber auf Ida runterschauen kann ich nur ab und zu für eine Sekunde. Wenn wir auf der Straße sind, ist das Fahren das wichtigste. Allmählich lerne ich, mich besser zu entspannen. Ich lerne, daß Ida sich selbst meldet, wenn etwas nicht in Ordnung ist.

Sie liebt es zu fahren, und sie stört sich nicht an Kleinigkeiten. Ida liegt und schläft vormittags in ihrer weichen schalenförmigen Tasche, und häufig hält sie auch Mittagsschlaf. Sie läßt sich in den Schlaf schaukeln – so wie im Kinderwagen. Verblüffend schnell hat sie die Gesetzmäßigkeiten des Motorradfahrens verstanden und verlangt nie herunterzukommen. Aber sie findet es gut, wenn wir hinten fahren, so daß wir Emil und Hjalte sehen können.

Wir kommen in ein ausgetrocknetes Tal, das völlig flach ist. In der Ferne sehen wir die kantigen Umrisse der Berge, die die Sonoita-Wüste säumen. Hier und da steht ein dorniger Busch. Wir sind überrascht, wie windig es ist, und müssen unsere dichtesten Kleidungsstücke anziehen, damit der Sand nicht überall eindringt. Es gibt nichts, das den Wind auf den großen, öden Weiten aufhalten kann. Es stürmt so, daß es schwer ist, die Motorräder auf der Straße zu halten, und wir liegen so schräg wie Segelboote.

Jetzt kommen Kakteen – gigantische Kakteen, groß wie Bäume! Am charakteristischsten sind die hohen Saguaro-Kakteen. Sie ähneln Menschen, weil sie einen hohen Stamm haben mit Ästen wie Arme. Wir kennen sie aus Comics oder Western. Der Wind flaut ab, und die Wüste wird fruchtbarer; sie sieht jetzt aus wie ein Wald von Kakteen. Außerhalb von Sonoita beschließen wir, unser Lager aufzuschlagen. Wir finden eine Reifenspur, die vom Weg wegführt, und ein paar Minuten später sind wir gut im Kakteenwald versteckt. Die Feuerkugel der Sonne geht hinter den Bergen unter, und es wird kalt.

Die trockenen Skelette von toten Kakteen sind wie ein Holzgitternetz. Sie verbrennen wie Pulver und verbreiten eine herrliche Wärme.

Hier ist es gemütlich, und Hjalte ist nicht länger sauer, daß es Sand in der Wüste gibt. Wir sind dabei, unsere Melodie und unseren Reiserhythmus zu finden. Es ist wunderbar, auf Motorrädern zu reisen, und wir preisen uns glücklich, daß wir nicht in einem Auto oder Bus sitzen müssen.

Wir beschließen, den nächsten Tag hierzubleiben, weil wir die Motorräder durchchecken müssen und uns die abenteuerlichen Kakteen etwas genauer anschauen wollen. Bevor wir uns in unser

kleines Schlafzelt zurückziehen, werden die Motorräder zusam-
mengekettet und das Gepäck unter das Überzelt gestellt, so daß
nichts außerhalb des Lagers herumsteht. Es ist nicht soviel Platz
vorhanden, daß wir alle nebeneinander liegen können. Ida und Emil
liegen daher in der Mitte, die Füße gegeneinander. Ich liege Kopf an
Kopf mit Ida, Hjalte mit Emil. Hjalte liest eine „Puh der Bär"-
Geschichte vor, dann machen wir die Taschenlampen aus und
schlafen auch gleich ein.

Hjalte und ich werden wach, sobald es hell wird, und wir setzen
uns draußen vors Zelt und schreiben in unsere Tagebücher. Das ist
der ruhigste Augenblick des Tages.

Es dauert nicht lange, und die Sonne geht auf. Dann werden die
Kinder wach. Ida kommt splitternackt herausgekrabbelt und pinkelt
zum erstenmal auf Aufforderung. Das ist vielversprechend! Aber
sie ist erst eineinhalb Jahre alt, und wir werden noch eine Menge
Windeln brauchen und viel Arbeit mit ihr haben. Zu Hause wäre
das nicht anders, aber hier ist es auf jeden Fall lustiger.

Unser Zelt in der Sonoita-Wüste im ersten Morgenlicht

Es gibt nicht viel zum Frühstück; jeder bekommt eine Schale Hafergrütze mit „Seven Up" darüber. Das schmeckt wirklich gut – und im übrigen sind wir nicht so wählerisch. Auch die Kinder haben gelernt zu essen, was da ist.

Gestern haben wir normales Benzin in unsere zwei Brenner gegossen, und nun sind sie fast ganz verstopft. Hjalte holt seine Werkzeugtasche, die er selbst genäht hat, und innerhalb kurzer Zeit hat er den einen Kocher gereinigt, so daß wir uns eine Tasse Tee machen können.

Danach starten wir eine Expedition in den Kakteenwald. Emil hat Papier und Bleistift mit. Ich habe ihm die Aufgabe gestellt, zehn verschiedene Arten von Kakteen zu zeichnen; ich glaube, daß man Hunderte finden kann. Die gewaltigen Saguaro-Kakteen strecken ihre Arme dem blauen Himmel entgegen, und schlanke Orgelkakteen recken die Pfeifen hinauf zur Sonne; die größten müssen viele hundert Jahre alt sein. Wir wandern in einen verzauberten Garten, der wild und unberührt ist. Der trockene Sand knirscht unter den Sohlen. Kleine Kaktusbäume haben behaarte, stechende Blätter an den Zweigen, andere Gewächse mit dünnen dreikantigen Zweigen verästeln sich zu Sträuchern. Ein dunkelgrüner Kaktus schiebt seine sternförmigen Stämme in den Sandboden, einige sind armdick, andere sind fast hüftbreit.

Plötzlich tritt Ida in einen Stachelschweinkaktus; sie weint herzzerreißend, bis ich vorsichtig die Dornen aus ihrem Fuß gezogen habe. Danach ist sie schnell wieder fröhlich.

Nicht weit von unserem Lager ist ein kleiner Vulkankegel. Auf der Spitze hat ein sehr großer Vogel sein Nest. Jetzt kreist er über unseren Köpfen und schimpft uns aus. Es wirkt wirklich bedrohlich, deshalb kehren wir um und gehen zurück zum Zelt. Ida ist müde, kann aber nicht einschlafen. Schließlich muß ich mein Motorrad anwerfen und mit ihr eine Runde fahren, um sie zum Schlafen zu bringen. Nachdem sie eingeschlafen ist, bauen wir einen Sonnenschutz aus einer Decke, und sie liegt nackt zwischen den hohen Kaktusstämmen und genießt ihren Mittagsschlaf.

Hjalte beginnt sein Motorrad für die erste größere Überprüfung auseinanderzunehmen. Wir sind jetzt über tausend Kilometer gefahren. Emil findet Zeit, sich ein großes Raumschiff aus Lego zu bauen, und ich fahre alleine nach Sonoita, um einzukaufen und zu waschen. Zum Glück finde ich eine Münzwäscherei. Von dort geht's zum Einkaufen. Papierwindeln sind zu teuer, Stoffwindeln sind auch nicht billig und nur halb so groß wie dänische Windeln; dafür sind die Kanten aber farbig. Ich kaufe nur einige wenige davon. Wir haben ein paar Hemden, die verschlissen sind, aus denen können wir Windeln machen. Dort liegt ein Supermarkt – nein, da will ich nicht einkaufen. Auf den Regalen sehe ich nur amerikanische Pulver und Dosen, keine frischen Waren. Mehrere Reihen mit Flaschen mit giftig aussehenden Limonaden und anderen synthetischen Getränken stehen herum.

Etwas weiter die Straße entlang duftet es herrlich nach Tortillas, und schnell finde ich in die Bäckerei. Ich kaufe ein Kilo warme Tortillas. Sie sind ziemlich billig und sehr lecker. Direkt gegenüber liegt der Markt, wo ich eine Tasche voll Obst und Gemüse und eine Wassermelone kaufe.

Taschendiebe in Mexiko? – Die gibt es hier wohl genauso wie anderswo auch. Aber ich brauche mir keine Sorgen zu machen. Mein Paß und das große Geld liegen in einem Beutel, der vom Gürtel in die Hose hineinhängt. Kleingeld habe ich in einem kleinen, roten Portemonnaie in meiner Hosentasche. Es ist mit einer Schlüsselkette festgemacht, so daß ich es weder vergessen noch verlieren kann.

Ein Laden erregt meine Aufmerksamkeit. Über der Tür steht „Dulceria". Draußen auf der Straße hängen verschieden große Papierfiguren in den aufregendsten Farben. Der Besitzer des Geschäftes erzählt mir, daß es sich um Tonkrüge handelt, verziert mit Seidenpapier, die man mit Süßigkeiten und kleinen Geschenken füllen kann. Er kann es kaum fassen, daß ich nicht weiß, was eine *pinjata* ist. Sie gehöre zum Weihnachtsfest – ob ich Weihnachten denn nicht kenne? Das feiere man vom 12. Dezember bis zum 6. Januar.

Was ist denn das? Ich sehe lauter Masken, angemalt wie Tote, die mich aus ihren leeren Augenhöhlen angrinsen. Der Besitzer erklärt mir stolz, daß man sie am „Tag der Toten" benützt, der gerade vom

1. bis 2. November gefeiert worden ist. Hier gibt es tatsächlich auch Totenschädel aus weißem Zucker, kleine Särge, Grabsteine und lustig tanzende Skelette! Der „Tag der Toten" ist eine Sitte, die von den spanischen Eroberern nach Mexiko gebracht worden ist, und hier wurde der Brauch mit dem Aztekenglauben an den Tod und die Geister vermischt. Am 1. November werden die Grabsteine und der Familienaltar mit Schädeln und Skeletten geschmückt. Es werden Geschenke für die Verstorbenen aufgestellt: eine Flasche Tequila, eine Schachtel Zigaretten, eine Tüte Bonbons und kleine Miniaturmodelle von allem, was dem Verstorbenen Freude bereiten könnte. Nachdem die Toten die Chance gehabt haben, zu nehmen, was sie haben wollen, werden die Reste von der Familie verzehrt. Ich frage zuletzt, wofür die Kanonenschläge gebraucht werden, die in großen Haufen im Geschäft liegen. Der Mann schaut mich mitleidig an — wie kann man nur so unwissend sein? Kanonenschläge werden zu Ehren Gottes abgefeuert, was sonst? Zu Weihnachten zum Beispiel werden gewaltige Mengen davon verbraucht!

An der Tankstelle kaufe ich Benzin und Öl für den Ölwechsel. Außerdem große Reflektoren, die ich hinten auf unsere Koffer schrauben will. Es läßt sich nicht umgehen, daß ich auch hier Aufmerksamkeit errege, als ich alleine auf dem Motorrad angefahren komme. Der junge Typ, der Benzin einfüllt, fragt bereitwillig, ob ich nicht Lust hätte, die Nacht mit ihm zu verbringen. Nicht? Ja, ob er denn nicht mindestens mein Motorrad ausprobieren dürfe? Auch nicht? Er grinst mich erstaunt an, scheint es aber nicht schwerzunehmen.

Als ich zum Lager zurückkomme, ist Hjalte immer noch dabei, sein Motorrad zu untersuchen. Wir müssen bis morgen hierbleiben, denn meine Maschine muß auch noch in Ordnung gebracht werden. Das Nachprüfen dauert doch länger, als wir gedacht haben. Aber was macht das? Es gibt nichts, was uns treibt, und hier ist es wie in einem Paradies auf Erden.

Max, mein großer Junge, ist zu Hause in Dänemark geblieben, um zur Schule zu gehen und mit seinen Freunden zusammenzusein. Ich schreibe ihm jede Woche, aber ich kann keine Antwort bekommen. Wir bewegen uns zu schnell und unvorhersehbar vorwärts, als daß wir viel Post von der Familie erhalten könnten.

Am Weihnachtsabend soll ein Paket von uns aus Mexiko zu Hause unterm Baum liegen! Ob nicht eine doppeltgestrickte Jacke das richtige für die kalten Winterabende wäre? Ich habe sie zusammen mit einem Ledergürtel in einen Karton gepackt, aber es ist unmöglich, ihn abzusenden. Alle Postämter Mexikos müssen verhext sein! Entweder können wir sie nicht finden, oder sie sind geschlossen – und das wurmt mich mehr und mehr. Ich vermisse Max, und es tut mir leid, daß die Tage vergehen, ohne daß das Paket abgeschickt wird. Es sollte doch eigentlich rechtzeitig zu Weihnachten ankommen ...

In meiner Tasche liegt eine kleine Schachtel mit vier Bohnen darin. Aber das sind keine gewöhnlichen Bohnen, es sind mexikanische Springbohnen. Ich erzähle Emil, es seien Zauberbohnen. Ich nehme sie aus der Schachtel, und schau – sie hüpfen auf der Erde herum! Das ist wie Zauberei. Die Bohnen sind klein und hart, nicht viel größer als Erbsen, und sie springen auch, wenn man sie in der Hand hält. Zusammen mit den Bohnen habe ich ein Spiel bekommen. Es ist eine kleine Schießscheibe, die man auf die Erde legt. Jeder wählt eine Bohne und legt sie in eine Ecke der Schießscheibe. Derjenige, dessen Bohne zuerst das Zentrum trifft, hat gewonnen. Es ist ein nervenaufreibendes Spiel, weil die Bohnen in alle Richtungen hüpfen, und sie gehorchen nicht auf Zuruf. Sie sind ein Mysterium, und Hjalte kann sie auch nicht berechnen. Wenn auf der Rückseite des Spieles nicht gestanden hätte, was die Bohnen zum Hüpfen bringt, wären wir wahnsinnig geworden. Es soll eine Larve in der Bohne sein, und wenn sie den Kern gefressen hat, wirft sie sich in der Schale hin und her. Wir hatten die Bohnen viele Monate und fingen schon an, sie zu lieben. Aber eines Tages, als Ida vergessen hatte, die Schachtel zu schließen, hopsten sie weg und sind nie mehr wiedergekommen.

Es ist das erstemal seit New York, daß wir im Hotel wohnen. Aber nach elf Tagen auf der Landstraße müssen wir uns mal wieder waschen. Das Hotel befindet sich am Hafen von Guayamas, und

Hjalte liegt im Hotelzimmer und krümmt sich vor Bauchschmerzen. Er hat ausprobiert, wie vorsichtig man mit dem Trinkwasser sein muß. Nun „fühlt" er das Ergebnis. Es war Wasser von einer abseits gelegenen Tankstelle mit Wasserpumpe und Klo. Die beiden Dinge lagen wahrscheinlich etwas zu nahe beieinander.

Ich komme auf dem Motorrad aus der Stadt – mit Emil und Ida vor mir. Draußen vor dem Hotel kette ich das Motorrad an einen Laternenpfahl. Auf dem Bürgersteig sitzt ein alter, armer Mann und verkauft Süßigkeiten. Er hat da den ganzen Tag gesessen, und das hat mein Gewissen geplagt, weil ich den Kindern keine Süßigkeiten kaufen will. Mexiko ist voll von Naschsachen und anderen süßen Dingen, und wenn ich erst anfange, sie zu kaufen, werden die Kinder die ganze Zeit quengeln . . . Aber ich kann dem Mann auch nicht nur Geld wie ein Almosen geben, so arm ist er auch nicht. Der Süßigkeitenverkäufer und ein paar seiner Freunde winken uns zu und stellen die üblichen Fragen, wo wir herkommen und so weiter. Danach gehen wir hinauf ins Zimmer.

Ein paar Stunden später gehe ich mit den Kindern hinunter, um das Motorrad in den abschließbaren Hof des Hotels zu fahren. Aber jetzt hat sich eine große Menschenmenge versammelt. Es herrscht eine wilde Diskussion. Ich schnappe auf, daß es um den Besitzer des Motorrades geht. Ich quetsche mich durch die Menge, meine Wangen glühen. Wenn es jetzt nur anspringt! Man hört gewaltiges Gejohle, als ich, die *senora*, die Maschine mit einem entschlossenen Tritt starte.

Die schlauesten und motorradkundigsten Burschen haben offensichtlich eine Wette verloren, aber sie grinsen. Emil und Ida werden von der fröhlichen Gesellschaft in die Luft gehoben, und ehe ich's mich versehe, haben sie die Hände voll mit farbigen Lutschern. Mein weißes Sommerkleid flattert um meine Schenkel, als ich das Motorrad in den Hof fahre. Draußen vorm Hotel wird bis spät am Abend palavert und gelacht.

Am nächsten Morgen packe ich unsere Sachen zusammen. Wir fahren die zwanzig Kilometer hinaus zum Strand bei San Carlos und schlagen das Zelt dort auf. Der feine Sand der Bucht ist übersät

Am Morgen kann es noch sehr kühl sein

mit Muscheln, und draußen über dem Riff fischen Pelikane. Ich spiele und bade zusammen mit den Kindern. Wir fühlen uns wieder frisch und bekommen einen Sonnenbrand. Aber es ist trotzdem schwer, alleine mit allem klarzukommen. Drei Tage später ist Hjalte zum Glück so weit zu Kräften gekommen, daß wir weiterfahren können. Wir müssen eine üppige Muschelsammlung zurücklassen; nur wenige nehmen wir mit uns.

Auf einem Markt am Weg steht ein alter Kräuterdoktor mit seiner ganzen Apotheke. Mexiko hat eine ungeheuer reiche Flora und eine lange Tradition in der Volksmedizin. Ich wage es, dem zahnlosen Großväterchen anzuvertrauen, daß wir die Dysenterie in der Familie haben. Es besteht bei ihm kein Zweifel, was man dafür braucht. Ich erhalte gleich eine Tüte mit einigen Blättern darin; der Preis ist angemessen.

Der Alte lehnt sich zu mir vor und sagt eindringlich: „. . . und dann darfst du eine Woche lang kein Fleisch essen, denk dran!"

Ich verlasse mich voll und ganz darauf, daß er weiß, wie man Bauchschmerzen kuriert...

Bald wird die eintönige, wüstenartige Landschaft von grünen Feldern abgelöst. Dort, wo Bewässerungskanäle angelegt sind, ändern sich die Farben vollständig. Der deprimierende Anblick von abgemagertem Vieh und verdorrtem Gras wird von überwältigender Fruchtbarkeit abgelöst. Plantagen und Wälder wechseln ab mit Feldern und Weiden. Große weiße Büschel von den Baumwollfeldern rollen über den Weg. Die Häuser sind allerdings immer noch aus Brettern und Pappe gebaut. Die kleinen undichten Baracken bieten nicht viel Schutz gegen die glühende Luft und die brennende Sonne.

Ich ziehe die Jacke aus und fahre kurzärmelig. Ich denke an die Freunde, die jetzt in Dänemark sind und frieren. Das ist fast nicht zu begreifen.

In Guamochil machen wir kurz halt und kaufen *agua purificada*, gereinigtes Wasser. Ein großer Haufen Kinder umringt die Motorräder. Sie fassen alles an, sie sind niedlich und genieren sich. Innerhalb eines Augenblickes haben sie uns zur Mineralwasserfabrik geführt, wo man uns unsere Kanister mit acht Liter Mineralwasser auffüllt – gratis! Hjalte und Emil werden zu einer blinden Petroleumverkäuferin gebracht. Die alte Frau wohnt in zwei kleinen, dunklen Räumen. In dem einen Raum stehen zwei Tonnen Petroleum mit einem Deckel darauf und ein Stuhl. In dem anderen Raum steht ihr Bett, sonst nichts. Es ist schwer für die blinde Frau, das Petroleum in unsere Flaschen einzufüllen.

Wir erklären den Kindern aus der Stadt, daß uns *pan* – Brot – fehlt. Sie versprechen, es für uns zu besorgen, und laufen mit dem Geld davon. Einige Minuten später sind sie zurück – mit einer riesigen Tüte Kuchen! Was hat das wieder zu bedeuten? Denken die, wir sind so reich, daß wir von Kuchen leben können? Wir haben riesigen Hunger, deshalb essen wir jeder einen Kuchen und geben den Rest den hilfsbereiten Kindern. Ich bestehe darauf, daß kein *pan* in der Tüte war. Darin tue ich ihnen aber unrecht, wie ich später feststelle. In Mexiko bedeutet *pan* Kuchen, und Brot heißt irgend etwas anderes, in der Regel *bollitos*, kleine Brötchen. Normales Brot gibt es nicht; man ißt selbstverständlich Tortillas.

Aber die Kinder wollen gerne helfen und führen Ida und mich zur Bäckerei. Erst müssen wir durch das Wohnzimmer, wo sich die Großeltern zusammen mit einigen Kindern der Familie aufhalten. Der kleine Raum ist so überfüllt, daß ich mich kaum durchquetschen kann. Normalerweise schicken die Großeltern ein Kind raus, wenn ein Kunde da ist. Aber weil ich ein besonders schwieriger Kunde bin, der darauf besteht, daß *pan* nicht *pan* ist, werde ich bis in die Backstube begleitet. Auf dem Weg kann ich einen Blick in eine Kammer mit fünf Kinderbetten werfen. Darin herrscht das totale Chaos; da ist weder Platz für Schränke oder Regale, und es quillt darin über von Kleidungsstücken und zerbrochenem Spielzeug.

Mich verblüfft die Größe der Bäckerei, in der ich plötzlich stehe. Alle Arbeiten werden von Hand ausgeführt. Die Tische und das Werkzeug sind solide und altmodisch. Da ist ein Duft, der süß in der Nase kitzelt. Der kommt aus dem großen, mit Brennholz beheizten Steinofen mitten im Raum. An den Wänden sind vom Fußboden bis zur Decke Regale – und alle voll mit fertigen Backwaren! Der Bäcker zeigt mir stolz, daß er über hundert verschiedene Kuchensorten hat. In der Bäckerei wird hart gearbeitet. Beide, Meister und Geselle, arbeiten in einem Tempo, wie ich es noch nie vorher gesehen habe. Als ich schließlich einsehe, daß sie tatsächlich kein „Brot" backen, kaufe ich eine Tüte voll mit leckeren Apfeltaschen. Wir verlassen die staubige Stadt und kehren zurück auf die Landstraße.

Wir entdecken eine stillgelegte Lehmgrube für unser Lager. Dort liegen noch Reste von Holz, das zum Brennen von Mauersteinen gebraucht wurde. Und während der Reis auf unserem „Coleman stove" kocht, donnern die großen Lastwagen mit 100 km/h auf der Landstraße vorbei.

Wir tanzen und singen eine halbe Stunde lang. Nach einem langen Tag auf den Motorrädern haben wir das Bedürfnis, uns zu bewegen.

Als wir am nächsten Abend das Meer bei Mazatlan erreichen, sind wir achthundert Kilometer in zwei Tagen gefahren. Uns tut – geradeheraus gesagt – der Hintern weh; das ist übrigens die Stelle, wo man zuerst müde wird, wenn man Motorrad fährt.

Unser Geld geht zu Ende, und wir müssen Mexico City erreichen, bevor die letzten Pesos aufgebraucht sind. Der Strand draußen vor Mazatlan ist eigentlich sehr schön, mit wogenden Kokospalmen. Da sind auch unheimliche Mengen an alten Öldosen und anderem Müll. Wir können gerade noch das Zelt zwischen Abfallhaufen aufschlagen, bevor es ganz dunkel ist.

Mitten in der Nacht wache ich von einem fürchterlichen Gestank auf. Ich bin es nicht, Hjalte ist es auch nicht, der wäre wach geworden. Und Ida ist es auch nicht, die kann unmöglich so stinken. Es muß Emil sein. Ich stecke meine Hand in seinen Schlafsack. Emil liegt auf dem Bauch mit angezogenen Beinen. Schleunigst ziehe ich meine Hand zurück! Ich wecke Hjalte, und gemeinsam kriegen wir Emil sauber. Er jammert im Schlaf, wacht aber nicht auf. Gleichzeitig stellen wir fest, daß Ida ihre letzten Windeln durchgepinkelt hat und am ganzen Körper naß ist. Sie bekommt ein Unterhemd als neue Windel, Emil wird ebenso versorgt, und beide werden in ihre Decken gewickelt.

Die Nacht wird zu einer richtigen Orgie. Emil muß fünfmal saubergemacht werden, und Ida pinkelt, wie sie es noch nie vorher getan hat! Es geht also recht lebhaft auf den vier Quadratmetern zu, auf denen wir eigentlich schlafen wollten. Die Batterien in der Taschenlampe sind fast ausgebrannt, und das sind wir schließlich auch. Draußen vorm Zelt landen nach und nach die Schlafsäcke, die Klamotten, die Decken und zum Schluß auch die Matratzen . . .

Wir hören ein Auto herankommen und ganz in der Nähe halten. Einen Augenblick später hören wir Gesang und Gegröle von Betrunkenen. Ein paar von den Typen kommen zum Zelt herüber und stolpern über die Schnüre zu unserem kleinen „Scheißzirkus". Wir sind wirklich nicht zum Scherzen aufgelegt. Eine Stimme aus dem Dunkel bittet uns eindringlich um Hilfe. Sie seien in ernsten Schwierigkeiten, sagen sie. Wir sagen ihnen, daß sie sich an jemand anderes wenden sollen. Wenn jemand gekommen wäre und uns erzählt hätte, die Welt würde untergehen, hätten wir dasselbe geantwortet.

Selten sind wir so froh gewesen, die Sonne aufgehen zu sehen! Später gehen wir zu den Mexikanern und fragen, was eigentlich passiert sei. Ihr Auto hatte sich im Sand festgefahren, und wir sollten sie herausziehen – mit einem Motorrad!

Emil und Ida verbringen den Tag unter einem Palmendach am Strand. Sie sitzen im Sand und zeichnen und spielen. Dreimal im Laufe des Tages trinken wir den Kräutertee des alten Mannes. Hjalte weigert sich hartnäckig, die bitteren Tropfen zu nehmen, obwohl er ständig Bauchschmerzen hat.

Am Nachmittag fährt Hjalte in die Stadt und wäscht die schmutzigen Sachen. Er kommt mit einer frischen, eisgekühlten Kokosnuß für Emil nach Hause. Mit einem Strohhalm kann man die Kokosmilch trinken.

Emil fühlt sich bald nicht mehr krank, und nun nehmen wir erst einmal ein ordentliches Bad im Meer. Emil und Ida liegen am Wasserrand und genießen es, von den an- und ablaufenden Wellen angezogen und weggetrieben zu werden. Hjalte entdeckt einen großen Rochen unter sich, als er über eine Sandbank schwimmt.

Die kommende Nacht schlafen wir alle durch. Am nächsten Morgen fahren wir weiter – und ich sende im stillen meinen herzlichen Dank an den alten Kräuterverkäufer!

Auf dem Weg aus Mazatlan reizt es mich, eine kleine Flasche von der „berühmten Schildkrötencreme aus Mazatlan" zu kaufen. Auf dem Etikett steht etwas von „ewiger Jugend". Als ich später die Flasche öffne, entströmt ihr ein Hauch von Rosenduft. Ich glaube nicht, daß ich mir die Creme jemals ins Gesicht schmieren werde. Außerdem fühle ich mich schmutzig, wenn ich mich eincreme. Das ist, als wenn der Staub festklebt. Aber die Schildkrötencreme ist trotzdem nützlich: Wir putzen unsere Stiefel damit, die es wirklich nötig haben!

In dem Dorf Rosario gehe ich in einen altmodischen Krämerladen und kaufe eine Dose Makrelen und einige Bananen. Inzwischen kommt Hjalte ins Gespräch mit zwei Männern draußen auf der Straße. Einer von ihnen ist ein Händler. Er lädt uns ein, in seinem

Hof zu essen, und das paßt uns gut. Wir bringen unsere Motorräder in den Hof und packen unser Essen aus. Aber so war das nicht gemeint! Uns werden sofort Reste vom Mittagessen angeboten. Zusammen mit der Familie setzen wir uns an den Eßtisch, der unter einem hohen Vordach steht. Die Küche mit Herd und einem großen Tellerschrank ist auch hier draußen. Wir sind hier unzweifelhaft bei einer wohlhabenden Familie. Die erwachsenen Töchter des Händlers servieren das Essen. Zuerst bekommt jeder einen großen Teller Hühnersuppe. Nein, wie gut das tut! Danach gibt es Hähnchen in *mole*. Diese Soße ist eine mexikanische Spezialität, deren Hauptbestandteile Schokolade und Chilipfeffer sind! Welch ein Geschmack! Emil und Ida essen Unmengen, obwohl es scharf ist. Zum Dessert gibt es gegrillte Schweineschwarte und gebackene Feigen.

Die Ehefrau will den Kindern gerne ihre Tiere zeigen, und so gehe ich mit ihnen nach hinten in den Hof, wo Schweine und Enten sich zwischen Kisten und Flaschen tummeln. In einer Schubkarre liegt der alte Großvater und schläft zwischen dem Gerümpel.

Die Großeltern wohnen unter dem letzten Stück des Vordaches, und ihre offene Stube ist mit einer Couch, ein paar verschlissenen Sesseln und einem Schrank ausgestattet. Die Großmutter ist immer noch im Haushalt aktiv. Sie hat die gegrillte Schweineschwarte zubereitet und rührt voller Stolz in dem großen Topf, der über einem Feuer köchelt.

Hjalte erzählt von Dänemark. Der Händler weiß erstaunlich gut über die dortigen Landwirtschaftsprodukte Bescheid!

Das Gespräch wird allmählich etwas anstrengend, aber das ist unser Fehler. Wir können zuwenig Spanisch, und unsere Erklärungen über Dänemark neigen dazu, oberflächlich und einfältig zu wirken. Zum Glück kann ich zu den Schweinen und Kindern flüchten, wenn es zu schlimm wird. Man erwartet nicht, daß Frauen an einem Gespräch unter Männern teilnehmen . . .

Hinter Tepec steigt der Weg zwischen grünen Bergen an. Wir haben Vertrauen zu unseren Hondas und fahren mit Schwung durch die Kurven. Die Motorräder kommen mit der Straße gut zurecht, und wir können uns tief in die Kurven legen. Das Gepäck sitzt gut, alles ist im Gleichgewicht. Das ist, als wenn man in der Luft schwebt – erst zur einen und dann zur anderen Seite! Aber Emil und Ida vertragen das nicht, ihnen wird schlecht. Wir haben nicht geglaubt, daß das auf einem Motorrad möglich ist, aber es ist nun mal so. Wir machen eine Pause und pflücken Blumen am Wegrand. Etwas später haben die Kinder sich wieder erholt, und wir sehen zu, daß wir weiterkommen.

Zweitausend Meter höher ist die Vegetation dann völlig verändert. Vor uns liegen blaugrüne Felder mit Maguey-Agaven. Aus ihnen wird Mezcal und Tequila gewonnen. Die Blätter werden mit einer Machete von der Pflanze abgeschlagen; nur der Stamm wird für die Gärung benutzt.

Noch einmal bringen unsere Motorräder uns von der Hauptstraße ab. Von hier aus hat man einen Ausblick über ein Tal mit vielen Schnapsbrennereien, von denen weiße Rauchsäulen in den Himmel steigen.

Die getrockneten Magueyblätter erzeugen ein knisterndes Feuer, und nach dem Abendessen, das heute aus Brötchen und Bananen besteht, rollen wir die Schlafsäcke beim Lagerfeuer aus. Einen Augenblick später sind Emil und Ida schon eingeschlafen.

Wir holen die Flasche Mezcal, die wir unten im Tal gekauft haben. Ausnahmsweise sind wir mal nicht zusammen mit den Kindern eingeschlafen und genießen den Abend einmal allein. Das ist das erstemal, seit wir auf den Motorrädern sitzen! Der Halbmond scheint auf die blauen Agaven um uns herum, und vom Tal her breitet sich langsam ein weißer Rauchschleier aus. Wir nehmen einen Schluck vom Mezcal. Der Geschmack ist wie die Aussicht: einfach überwältigend! Wir haben jetzt viel Zeit. Wie lange ist es eigentlich her, daß wir miteinander geschmust haben? Obwohl wir ständig zusammen sind, sehnen wir uns nacheinander. Wir liegen zusammen und genießen den Frieden und die Stille. Die Luft ist nach einem langen Sonnentag immer noch warm, aber unsere Körper sind vom Fahrtwind abgekühlt.

Kurz hinter Guadalajara geraten wir in ein Gewitter. In einer Bergschlucht, die wir durchqueren müssen, ist der Himmel ganz schwarz. Es blitzt und donnert um uns herum. So schnell es geht, suchen wir uns ein Feld, und während die ersten schweren Tropfen fallen, schlagen wir das Zelt auf.

Am Morgen steht die Sonne schwach und blaß hinter einem grauen Himmel, und tief unter uns glitzert ein See zwischen den Bergen. Wir beschließen, Patzcuaro zu besuchen, wo heute und morgen der größte Markt des Jahres stattfindet und die sehr gläubigen Tarascan-Indianer religiöse Tänze aufführen. Wir ziehen die Pflöcke heraus und machen uns rasch auf den Weg, denn es sind dreihundert Kilometer nach Patzcuaro, das in einer Höhe von zweitausendeinhundertzehn Metern liegt.

Trockener Kuchen und Limonade – das ist manchmal alles, was wir unterwegs bekommen

Wir alle haben Magenschmerzen. Viermal muß ich anhalten und Ida wickeln; sie mag nicht mit schmutzigen Windeln fahren! Um sechs Uhr erreichen wir Patzcuaro. Wir fahren mitten in die Stadt. Es ist eine malerische, kleine Stadt, enge Gassen mit Kopfsteinpflaster und niedrige Häuser.

Der Platz, auf dem wir stehen, ist groß und offen, aber überall herrscht gewaltiges Gedränge. Die ganze Stadt ist ein wogendes Durcheinander von Festlichkeit und Markt. An der einen Seite des Platzes stehen zweistöckige Häuser im Kolonialstil mit Arkaden davor. In einem dieser Gebäude finde ich, welch Wunder, ein freies Hotelzimmer. Unsere Bedingung, daß die Motorräder in den Hinterhof gestellt werden können, kann hier erfüllt werden. Wir laden schnell unser Gepäck ab und tragen es nach oben, in ein großes, hohes Zimmer mit Balkon, von dem wir eine herrliche Aussicht auf den Platz haben. Wir sind müde und hungrig und verlassen sofort das Hotel, um etwas zu essen zu bekommen.

Draußen stehen Hunderte von Indianerfrauen mit Töpfen auf kleinen Feuerstellen. Es werden Hähnchen und Fisch, *empanadas* und überbackene Gerichte angeboten. Aber hauptsächlich gibt es mit gebratenem Fleisch und Salat gefüllte Tortillas und *tacos*, und dann natürlich jede Menge frische Chilisoße. Die Portionen sind klein, wir werden nicht satt. Wir geraten mitten in ein lärmendes Orchester mit Tubas, Trompeten, Klarinetten und Trommeln. Die Melodien gehen ins Ohr. Einen kurzen Augenblick lang glaube ich, in dem Gedränge unterzugehen. Mein Blick wird von einem Paar dunkler, warmer Augen gefangen. Vor mir steht ein junger Indianer in einem strahlend blauen Poncho. Um den Hals trägt er ein mit Glasdiamanten besetztes Band, das als Geschenk für eine Frau gedacht ist. Er ist genauso groß wie ich, und ich schaue direkt in seine freudig fragenden Augen: Hätte ich wohl Lust auf einen neuen, schönen Liebhaber? Klar habe ich, – aber es gibt etwas, wozu ich noch mehr Lust habe! So bekommt er mein schönstes Lächeln, bevor ich weiterdränge, um meine Familie einzuholen.

Vor der Kirche stoßen wir auf herrlich gekleidete und maskierte Tänzer. Zehn Erwachsene und zehn Kinder haben seit dem frühen Morgen getanzt. Ein kleines Orchester spielt einen unendlichen

Umba-umba-Rhythmus ohne eigentliche Melodie. Ich hatte geglaubt, daß es indianische Tänze seien, die da aufgeführt wurden, aber die zwanzig Indianer, die die einfachen Schritte tanzen, sind in einer Art historischer, spanischer Tracht gekleidet. Die Trachten sind phantastisch: Da ist ein Teufel mit Maske und langen feuerroten Hörnern und einem sehr listigen Gesichtsausdruck. Sein Hemd ist mit einem großen Skorpion aus roten Pailletten bestickt. Drei heilige Jungfrauen haben weiße Nylonbrautkleider an und lange blaue Umhänge mit Blumen auf dem Rücken. Darüber hinaus gibt es Tänzer in rosa und gelben Satinjacken und Kniebundhosen. Sie tanzen mit Macheten, die klingend zusammengeschlagen werden, wie Säbel im Kampf. Drei heilige Könige mit schwarzblauen Umhängen tragen Kronen aus schwarzem Silberpapier, Perlen, Pailletten und Spiegeln auf ihren Köpfen. Die Kinder sind auch in Satin gekleidet, und unter den Tänzern schleicht ein Tiger umher, mit einem Lasso in der Hand.

Hinter dem Kreis der Tanzenden steht die Kirchentür weit offen und Licht und Gesang strömen von dort heraus. Aber das geht unte im Lärm der tanzenden Indianer und dem ohrenbetäubend lauten Vergnügungspark, der neben der Kirche aufgeschlagen ist. Zahllose blinkende Lampen und Feuerwerk, Lautsprecher grölen – es ist wie ein Blick in die Vorhölle . . . Und das bringt uns in Versuchung! Eine halbe Stunde lang werfen wir uns in die brodelnde Masse von Fest und Lärm. Dann können wir nicht mehr. Ida muß auch wieder gewickelt werden. Auf dem Nachhauseweg hinter allerlei Buden mit Masken und Hüten, Eisen- und Töpferwaren, Plastikspielzeug und Acrylkleidung finden wir einen Laden, in dem wir eine Rolle *papel de hygienico* kaufen können.

Vom Balkon aus sehen wir, wie Indianer, die mit ihren Waren zum Markt gezogen sind, ihre Sachen zusammenpacken und sich zum Schlafen auf dünne Strohmatten auf den Bürgersteig legen; sie haben nur eine Decke über sich. Direkt unter dem Hotel liegt eine ganze Familie dicht beisammen, mit einer Wolldecke bis über die Köpfe gezogen, denn hier oben in den Bergen gibt es nachts Frost.

Um elf Uhr abends stellt ein unermüdlicher Marktverkäufer endlich sein Mikrofon unten auf der Straße ab. Aber wir kriegen trotzdem nicht genug Schlaf – wir frieren in dem großen, ungeheizten Zimmer! Es ist bedeutend wärmer, in unserem Zelt zu schlafen. Außerdem sorgen eine Menge Betrunkener für Unterhaltung. Gerade, als wir gegen fünf Uhr eindösen, kommen zehn uralte Busse auf den Platz gedonnert. Das ist der Startschuß. Schon wimmelt es auf der Straße von Leuten. Um sechs Uhr wird mit riesengroßen Kanonenschlägen ein Feuerwerk veranstaltet. Ida wacht auf und ist sofort auf den Beinen. Um sieben Uhr marschiert ein Blasorchester über den Platz, und der Marktverkäufer dreht wieder seine Lautsprecheranlage auf.

Emil will gern mit seinen Legosteinen spielen; so nehme ich Ida mit hinunter und kaufe für das Frühstück ein. Unten im Hof steht ein Weihnachtsbaum – so richtig zum Verlieben! Er ist aus dunkelgrünem Plastik, wie alle Weihnachtstannen in Mexiko, und die Zweige sind rund und dicht wie Flaschenreiniger. Um den Baum herum sind Ketten mit winzig kleinen, elektrischen Kerzen, die rot, gelb, grün, blau und lila leuchten. Sie sind in bestimmter Reihenfolge miteinander verbunden und blinken überall am Baum in einem unwahrscheinlich wilden Rhythmus. Auf den Zweigen sitzen bunte Glasvögel und wippen, und aus dem Stamm ertönt unablässig Vogelgesang wie von tausend Nachtigallen. Von der Spitze strahlt eine große goldene Sonne. Dieser Weihnachtsbaum greift einem so richtig ans Herz!

Nachdem wir Tortillas mit Avocados gegessen haben, beratschlagen wir. Das Problem ist, daß wir fast kein Geld mehr haben. Und unten beim Gemüsemarkt ist ein Markt mit selbstgewebten Waren. Dort sitzen Bauersfrauen mit den schönsten Decken und Ponchos. Es ist zum Verrücktwerden, so wenig Geld zu haben! Aber wenn wir sparen, bis wir nach Mexico City kommen, könnten wir vielleicht einen Poncho kaufen. Wir wollen gerne ein Weihnachtsgeschenk an einen guten Freund in Dänemark schicken, der die Post für uns regelt, während wir weg sind.

Ich rechne und rechne . . . Es sind noch etwa fünf Tage Fahrt bis Mexico City. Wir brauchen Geld für Benzin und Essen. Hundert Kilometer weiter, oben in den Bergen, liegt ein Vulkan, den wir gerne sehen wollen. Man kann ihn nur auf dem Pferd erreichen.

Was kann das wohl kosten? Wenn wir einen Poncho kaufen, bleiben uns noch 800 Pesos, etwa 50 DM. Das ist gerade genug für eine magere Woche. Aber wenn jetzt etwas Unvorhergesehenes passiert? Oder wenn wir krank werden? Das vernünftigste wird wohl sein, den Poncho zu vergessen und direkt nach Mexico City zu fahren, wo wir Geld abheben können.

Unter die Rechnung in meinem Tagebuch schreibe ich: „Mit dem Geld, das wir noch übrig haben, können wir weder den Poncho kaufen noch die Reittour machen. Darin sind wir uns einig." Dann füge ich hinzu: „Aber wir versuchen es trotzdem!"

Ida hat fast keine Hosen und Windeln mehr, aber dafür sind ihre Bauchschmerzen jetzt weg. Wir haben Glück und finden einen gerade neu eröffneten Waschsalon mit kaltem Wasser; das ist besser als gar nichts. Während unsere Sachen gewaschen werden, gehen wir in die Stadt, um nach einem Poncho zu gucken. Die wirklich schönen Wollponchos bei einem Händler sind leider von Motten zerfressen, aber er trägt das mit Gelassenheit. Die neuen Ponchos und Decken sind alle aus Acryl. Ich kann mich daran erinnern, daß wir einige schöne Sachen unten bei den Bauersfrauen gesehen haben, deshalb stürzen wir uns ins Gewühl auf dem Markt.

Der Markt für Websachen ist dicht zusammengedrängt. Buden und Tische sind auf einen kleinen Marktplatz gequetscht, und die Sachen hängen drunter und drüber. Die kleinen, wackeligen Buden sind mit Planen geschützt. Man kommt sich vor, als wenn man durch einen dunklen, dichten Tannenwald wandert. Wir sind fast da angelangt, wo ich einen schicken Poncho gesehen habe, als Hjalte durchdreht. Er muß mit seinen fast zwei Metern beinahe kriechen, um durch die Kleiderberge zu kommen, und plötzlich kann er es nicht mehr aushalten. Er will nur raus. Jetzt! Sofort!

Puh! Was werde ich sauer und ärgerlich. Hjalte haßt Märkte – und ich liebe sie. Das Ganze endet damit, daß wir zu dem Händler zurückgehen und einen gelben Poncho kaufen, der nur wenig von den Motten zerfressen ist. Wir sind erleichtert, daß das Ganze überstanden ist, und vertragen uns wieder.

Später gehe ich allein runter auf den Markt und kaufe für den

Rest des Tages ein. Ich kaufe einen Plattfisch bei einer Frau, die mir erzählt, daß man ihn früh am Morgen unten im See gefangen hat. Sie zieht ein Schilfband durch die Kiemen des Fisches, damit ich ihn nach Hause tragen kann. Anschließend kaufe ich noch zehn Brötchen, Tortillas, Apfelsinen, Bananen und vier kleine Joghurt – das ist der reine Luxus –, aber alles andere ist dafür sehr billig.

Wir sind auf dem Weg zum Vulkan Paricutin, wo ein verschüttetes Dorf liegen soll. Ich und Ida reiten auf einem weißen Pferd und Hjalte und Emil auf einem etwas größeren, hellbraunen. Ach, wie ist das romantisch! Wir blicken uns verliebt an. Wir sind ein Prinz und eine Prinzessin – nein, zwei Prinzen und zwei Prinzessinnen!

Auf steilen Pfaden reiten wir zum Fuß des Vulkans, und unser Pferdeführer erzählt uns, wie es damals war, als 1943 der Vulkan plötzlich aus der Erde hervorbrach. Die Erde hat zwanzig Tage und zwanzig Nächte gebebt, und die Lava ist langsam zum Dorf geströmt. Nach einem einstündigen Ritt sind wir da angelangt, wo das alte Dorf gelegen hat. Nur der Kirchturm ragt noch aus der Lavamasse heraus, die die Erde bedeckt wie klumpige Grütze. Im Hintergrund raucht der Vulkan. Zwei große Hotels werden an der Lavaebene errichtet, und eine Straße soll gebaut werden, so daß es vorbei sein wird mit den Reittouren.

Wir sind ziemlich gerädert, als wir zum Dorf zurückkommen; es ist ganz schön hart, zu zweit auf viel zu kleinen Sätteln zu sitzen! Die Tour wird etwas teurer als wir gedacht haben, aber der Pferdeführer erklärt uns, daß er schon die Hälfte der Summe für das Mieten der Pferde bezahlen müsse. Uns geht da erst richtig auf: Der abgehärmte Mann hat fast drei Stunden für 13 DM gearbeitet! Aber der Ausflug war so etwas wie eine Roßkur für unser Portemonnaie; jetzt haben wir nur noch 200 Pesos, und es ist immer noch weit bis Mexico City. Wir müssen durchhalten und uns auf unser Glück verlassen.

Die nächsten zwei Tage fahren wir durch eine Landschaft, die *Mil Cumbres*, tausend Zinnen, heißt. Und so schlängeln wir uns durch das Land der tausend Zinnen herunter zu der wohlgepflegten Kurstadt Ixtapan.

Dort wohnt ein deutsches Mädchen, und wir hoffen, bei ihr übernachten zu können. Aber als wir endlich zu dem Haus finden, gibt es niemanden, der sie kennt. Wir sind so verstaubt und dreckig, daß wir nicht mit den Leuten diskutieren mögen. Es ist nicht besonders lustig, abends in einer Stadt zu stehen, wenn man kein Geld für ein Hotel hat. Doch die Frau, die jetzt in dem Haus wohnt, lädt uns ein, bei ihr zu übernachten! Die Motorräder können wir im Hof bei ihrem Bruder abstellen.

Die gastfreundliche Frau zeigt mir, wie man Nudeln in Mexiko zubereitet. Zuerst brät man die Nudeln in Schweinefett, dann fügt man Wasser hinzu, eine frische Chili und eine kleine Dose Tomatenmark; das läßt man zehn Minuten kochen, und schon ist das Essen fertig.

Die Frau wohnt alleine im Haus mit ihren drei Töchtern; der Mann hat die Familie verlassen. Im Wohnzimmer befinden sich eine Sofagruppe und ein großer Fernseher. Auf der Kommode stehen eine Menge bemalter Gipsengel und Heilige und ein Plastikweihnachtsbaum. Die Mädchen bringen Papier und Farben und helfen Ida und Emil beim Zeichnen.

Wir Erwachsenen sitzen auf dem Sofa und versuchen uns zu unterhalten, aber das ist nicht leicht, denn der Fernseher läuft dabei ununterbrochen. Und weil es nichts gibt, was sich anzuschauen lohnt, wird die ganze Zeit umgeschaltet.

Es werden dreizehn Programme vierundzwanzig Stunden lang gesendet, und das überrascht mich, weil es überhaupt nicht mit dem zusammenpaßt, was ich in Mexiko erlebt habe. Die Mexikaner, die ich gesehen habe, wohnen in einfachen Häusern aus Beton, Lehm oder Zweigen, und fast alle sind mehr oder weniger indianischer Abstammung. Nur fünf Prozent der Bevölkerung von Mexiko sind Weiße. Aber hier vor mir steht ein großer Farbfernseher, und auf allen Kanälen sieht man nur reiche, weiße Menschen über den Bildschirm flimmern. Hoffentlich ist da keiner, der glaubt, daß wir aus der gleichen Glitzerwelt kommen!

Wir dürfen oben auf der Dachterrasse schlafen, und in dieser milden Nacht klingt von vielen Seiten Gesang zu uns hoch. Es ist die Nacht zum 12. Dezember, und die Schutzheilige Mexikos, die

Jungfrau von Guadelupe, wird mit Gesang und Musik in den Straßen gefeiert. Zusammen mit den Kindern schlummern wir ein und schlafen bis Mitternacht – als eine Trompete klar und laut ertönt! Acht Tenöre fangen an zu singen, begleitet von Geigen, Baß und Gitarre. Sie singen mehrstimmig, und es ist wunderschön und mitreißend: Musik und Gesang erfüllt von Liebe. Wir gehen an die Dachkante und schauen hinunter. Da stehen sie mit ihren gelbbestickten Hüten. Der Gesang und die Musik gehen weiter bis zum hellen Morgen, und wir genießen es. Von der Terrasse aus können wir viele Gruppen von Sängern und Musikern sehen, die durch die Stadt von Haus zu Haus ziehen. So fängt Weihnachten in Mexiko an.

Als es hell wird, erkenne ich eine Frauengestalt mit einem Kind, die durch die Straßen geht, und ich frage verwundert, ob das nicht die Jungfrau Maria ist.

Doch sie ist es! Kenne ich denn nicht die Jungfrau von Guadelupe? Ja, aber war die Jungfrau Maria denn nicht aus Bethlehem? Die brave Frau, bei der wir übernachtet haben, antwortet ohne zu zögern, daß man hier in Mexiko glaubt, daß die Jungfrau Maria nach Guadelupe gekommen ist, um die Schutzheilige Mexikos zu werden. Und ich kann an ihrer Stimme erkennen, daß man mit ihr über diese Sache nicht diskutieren kann. Hier ist die Religion ein Fest, und Weihnachten wird mit einer Menge von Kanonenschlägen begrüßt.

Als wir uns von unserer Gastgeberin verabschieden, scheint die Sonne von einem strahlend blauen Himmel. Die Kinder stellen erfreut fest, daß jedes einzelne Dorf, durch das wir fahren, mit bunten Papierstreifen geschmückt ist, die im Wind flattern. In einem ganz kleinen Dorf mit schiefen Steinhäusern ist alles mit blauem Kreppapier geschmückt. Die Streifen sind wie ein Himmel über einen kleinen Marktplatz gezogen. Auf dem Marktplatz liegen alle Dorfbewohner auf den Knien vor einem einsamen Lautsprecher auf einem Kasten. Aus dem Lautsprecher ertönen Worte und Gesang – ein Gottesdienst. Wir können nicht anders als anhalten, und wie schon oftmals vorher sind wir von der Situation so ergriffen, daß wir uns nicht durchringen können zu fotografieren.

Schon hundert Kilometer vor Mexico City wird die Straße breiter und besser. Obwohl wir noch weit außerhalb auf dem Lande sind, ist die Straße schon vierspurig. Später weitet sie sich auf sechs Spuren aus, und es herrscht schon ziemlich viel Verkehr. Draußen vor der Stadt werden es gar acht Spuren, und der Verkehr wird dichter. Man fährt hier ständig mit hundert Sachen – aber aufmerksam! Wir halten bei einer Pemex-Tankstelle an, um mehr Luft in die Reifen zu füllen – da bemerken wir die Katastrophe: Wir haben den Poncho verloren! Das muß auf den letzten zwanzig Kilometern passiert sein. Wir fahren zurück, können ihn aber nicht finden. Der Poncho ist und bleibt weg – hoffentlich hat ihn jemand gefunden, der ihn brauchen kann.

Wenn wir daran denken, daß wir eine ganze Woche Entbehrungen gelitten haben für nichts und wieder nichts... Aber selten haben wir so intensiv an einen guten Freund gedacht. Wir haben gelernt, mit fünf Mark am Tag auszukommen, und nehmen diese Erfahrung ohne Erbitterung auf. Nun stellen wir fest, daß es Freitag ist, und wenn wir es nicht schaffen, zum Diners-Club-Büro zu kommen, bevor sie schließen, stehen wir das ganze Wochenende ohne Geld da. Es heißt jetzt also, möglichst schnell nach Mexico City zu kommen!

Die Stadt liegt in einem Kessel, umringt von hohen, kalten Bergen. Wir fahren durch Gebiete mit erbärmlichen Hütten, Lastern und Bussen, schmierigen Werkstätten, Benzintanks und toten Hunden. Wir kommen in eine Stadt mit zwölf Millionen Menschen – und wir haben keinen Stadtplan! Es hätte Stunden dauern können, aber wir haben mal wieder Glück. Nette Menschen führen uns zu der richtigen Adresse, indem sie uns im Auto vorausfahren. Die Stadt ist großartig und verschwenderisch, gebaut für Riesen, aber wir haben kaum genug Zeit, um das zu sehen.

Hjalte geht ins Büro an der breiten Avenida, und ich komme mit einem Mann ins Gespräch, der sein Motorrad auf dem Vorplatz abgestellt hat. Er fragt, ob wir bei ihm wohnen wollen. Er hat eine moderne Wohnung mit Bad, und als Hjalte wieder kommt, entschließen wir uns, daß wir gerne bei Alberto, so heißt er nämlich, wohnen wollen – wir benötigen unter anderem dringend ein Bad!

Das Lächeln der Mayas
(Hjalte)

Ich knöpfe den obersten Knopf meiner Jacke zu, so daß man nicht sehen kann, wie schmutzig ich bin, richte mein Haar ein wenig, doch bei meinen verstaubten Stiefeln gebe ich es auf. Mit weltmännischer Miene, die hoffentlich zum Büro des Diners Club paßt, öffne ich die Tür. Wir haben nur noch hundert Pesos. Die kleine Plastikkarte muß sich jetzt also bewähren! Drinnen scheint der Strom ausgefallen zu sein. Undeutlich sehe ich die smarten Angestellten im Halbdämmer umherhuschen oder vor schwarzen Bildschirmen sitzen. Ich kann mich kaum zurückhalten, laut loszulachen. Eine Dame kommt auf mich zu und fragt, was sie für mich tun kann.

Ich reiße mich zusammen und sage: „Ich möchte gern Geld abheben, wenn es möglich ist, und ich hätte gern gewußt, ob Post für mich da ist."

Ihr hübsches, dunkles Gesicht erhellt sich zu einem kompetenten Lächeln, und etwas später kommt sie mit Briefen und Geld. Ich eile hinaus zu Nina und den Kindern, und wir verschlingen die lieben, aber besorgten Briefe von zu Hause.

Hier, wo wir jetzt stehen, lag einmal eine andere, phantastische Stadt: Tenochtitlán, die Hauptstadt der Azteken. Eine Millionenstadt mit Kanälen, Brücken, schwimmenden Gärten und riesigen Tempeln. Die Stadt lag mitten im Texcoco-See – umgeben von Wasser und den Bergen. Im See spiegelten sich zwei schneebedeckte Vulkanspitzen: der Krieger Popocatepetl und seine Geliebte Ixtaccíhuatl, beide über fünftausend Meter hoch. Die Berge und das Tal sind noch zu erkennen, aber alles andere ist verschwunden. Im Jahre 1521 nahmen der spanische Eroberer Cortez und seine Soldaten die Stadt ein, brannten sie bis auf die Grundmauern nieder, machten alle Tempel dem Erdboden gleich, versklavten die Indianer und begannen den See mit Erde aufzufüllen.

Der 5452 m hohe Popocatépetl im Südosten von Mexico City grüßt mit seinem schneebedeckten Vulkangipfel

Das Badewasser bei Alberto ist warm und seine Bar reichhaltig, aber es zieht uns trotzdem schnell wieder auf die Straße. Alberto benimmt sich unmöglich: Er verdrischt seine Frau, und während sie heulend im Schlafzimmer liegt, spielt er für uns den vollendeten Gastgeber. Nachts laufen beide schreiend und kreischend durch die Wohnung.

Wir fahren am Morgen von Coyacan los, um uns die Pyramiden anzuschauen. Vorher schlängeln wir uns durch kleine Gassen mit lustigen Gärten und spielenden Kindern, die hinter den Motorrädern herrennen. Dann kommt ein Dorf mit abenteuerlichen Wegen, dahinter die breite Avenida mit Bussen, die durch die immer dicker werdende Luft fahren, bis alles zum Stillstand kommt. Auf dem Zócolo-Platz hängt die Luft in grauen Klumpen unter dem gigantischen Weihnachtsstern des Rathauses.

Wir folgen dem Verkehrsstrom, überqueren hellrote Plätze mit Stuckfassaden aus der spanischen Zeit, und neugierig blicken wir auf Ausgrabungsplätze, wo Aztekentempel zu neuem Leben erwachen – direkt neben den chaotischen Maulwurfshügeln des Metro-Baus. Wir segeln durch den Gestank, der von den Fischhallen kommt, verfahren uns in Vorstädten, in denen Millionen in staubigen, ungemütlichen Vierteln ohne Straßennamen, ohne sanitäre Anlagen oder Rechte zurückgelassen wurden. Wir fahren über die ersten Berge hinaus zu den Dörfern – und dahinter erblicken wir endlich die Pyramiden von Teotihuacan!

Es sind die größten Pyramiden in Amerika, so groß wie die Cheopspyramide in Ägypten und gebaut von einem Volk, das man nicht kennt. Die Sonnenpyramide erhebt sich an der Straße der Toten, und am Ende liegt die Mondpyramide. Später bauten die Azteken neue Tempel im Tal. Heute schlafen die von Menschenhand errichteten Berge, und nur Touristen klettern die schwindelnd hohen Treppen hinauf zur Spitze. Es werden keine blutenden Opfergaben mehr dargebracht, das Schaudern der Menge erschüttert nicht mehr, und nur der Wind pfeift noch um die Ecke beim Tempel des Quetzalcoatl.

Wir fahren zurück zur Stadt. In den Dörfern hängt Weihnachtsschmuck über den Straßen, und von der Höhe sehen wir, daß unten im Tal zwölf Millionen Mexikaner Weihnachtskerzen angezündet haben. Ein blinkendes Lichtermeer, in dem ein phantastisches Leben von Geschwindigkeit und Lärm sich verbirgt. Hundert Meter hohe Kirchtürme, geschmückt wie Weihnachtsbäume, ragen in den Himmel. Wir sehen verwöhnte Millionärssöhnchen auf den teuersten Motorrädern, überholen sie im Verkehrskreisel, in dessen Mitte ein vergoldeter Engel steht, ein Karussell leuchtender Busse, heulender Taxis und quietschender Reifen. Gesichter und Körper, Arme und Beine spiegeln sich in den Schaufenstern der Boutiquen. Das Blinken der Ampeln auf den vielen Kreuzungen hämmert sich in unsere Köpfe. Der Lärm wird größer und größer, steigert sich zu einem kaum auszuhaltenden Crescendo, das über Mexico City explodiert. Wir wanken in Coyacan durch die Tür, glücklich, daß wir noch am Leben sind, kaputt und völlig fertig.

Wir brauchen eine Woche, bis wir mit unserem Weihnachtsgeschenk zum richtigen Postamt kommen. Zum Schluß sind wir uns sicher, daß alle zwölf Millionen Einwohner der Stadt ganz bewußt direkt vor unseren armen Hondas ein Verkehrschaos veranstalten und daß unser Geschenk deshalb nie rechtzeitig in Dänemark ankommen wird. Wir müssen ein Moto-Cross-Rennen durch Baustellen und vorbei an gaffenden Arbeitern und verschreckten Schulkindern fahren, um noch rechtzeitig das Postamt am letzten Tag, den wir in der Stadt sind, drei Minuten vor Dienstschluß zu erreichen. Nina muß zum Schalter hinrasen und darauf bestehen, daß es noch nicht 13 Uhr ist, um die Postbeamtin, die bereits angefangen hat, ihre Tortillas zu verspeisen, so weit zu bringen, unser Paket noch entgegenzunehmen. Ihr fallen beinahe die Augen aus dem Kopf, als sie die vertrockneten Kaktuszweige sieht, und sie fragt teilnahmsvoll, ob wir kranke Familienmitglieder in *Dinamarca* haben, die die Zweige in pulverisierter Form einnehmen sollen.

Weihnachten feiern wir bei den „Leuchtenden Elefanten", einer herumreisenden Theatergruppe von eingefleischten Hippies, die in einem schönen, fruchtbaren Tal etwas südlich von Mexico City wohnen. Ein paar der Begründer der Gruppe sind Mexikaner. Sie wohnen mit ihren zwölf Kindern in romantischen alten Bussen aus den USA. Es sind alles freundliche, gastfreie Menschen, und sie haben einen Haufen niedlicher Kinder, mit denen Emil und Ida zusammen sind.

Am Weihnachtsmorgen tritt Nina direkt vor dem Zelt auf einen Skorpion. Das tut verdammt weh! Aber Tove von der Gruppe erklärt, daß die Skorpione hier im Winter zum Glück ziemlich lahm sind. Sie holt bei einer Nachbarsfrau „Hoja Elegantes" den Stengel einer giftigen Pflanze –, das das Gift neutralisiert.

Es ist ein warmer Weihnachtsabend, alle Kinder flitzen nackt herum, und am Abend schlagen sie auf eine *pinjata*. Einem nach dem anderen werden die Augen verbunden; sie bekommen einen Schläger in die Hand, werden um die eigene Achse gedreht und versuchen taumelnd, die *pinjata* zu treffen. Aber die anderen

Kinder ziehen sie an einem Tau hoch und runter, während sie schreien und sich halb totlachen. Plötzlich trifft Robin das Gefäß – und es zerspringt in tausend Stücke! Die Kinder stürzen sich wie wild auf die Süßigkeiten und die Feuerwerkskörper, die herausfallen.

Die Berge von Morelo und Pueblas verschwinden hinter uns. Emil hat seinen Fliegeranzug an. Er sitzt gut und warm zwischen meinem Bauch und der Tanktasche. Der Windschirm gibt ihm Schutz und der Motor hält seine Füße warm. Ich fühle mich so geborgen, wenn sein kleiner Körper sich gegen meinen drängt. Emil geht mit beim Fahren und ist noch nie heruntergefallen. Wir unterhalten uns über unseren „Sprechapparat". Wir haben zwei Plastikschläuche gekauft und sie im Helm direkt vor dem Ohr festgemacht. Ich halte den Schlauch von Emils Ohr zwischen den Zähnen, und Emil kann meinen Schlauch zum Mund führen, wenn er etwas sagen will. Die Verbindung klappt gut. Ich erzähle ihm von den Kiefernwäldern, durch die wir fahren, aber Emil empfindet das alles ganz anders. Er bemerkt nicht die schöne Aussicht, sondern die kleinen Dinge am Wegrand. Er schaut zur Seite und nicht durch den verstaubten Windschutz.

Die Kurven kommen auf uns zugesaust. Ich spanne die Armmuskeln, neige mich mit dem Motorrad nach innen und beschleunige am Ende der Kurve, so daß der Motor uns wieder hochzieht. Er muß hart arbeiten, denn die Straße steigt an, doch dann rasen wir wieder bergab. Das Vorderrad steuert elegant um den Kies herum. Handgas, Bremse und Gleichgewicht: Ich halte Leben in den Händen! Das Motorrad wird zu einem Stück von mir selbst. Mein Rückgrat spürt den Boden durch Räder und Federn, und es leitet uns sicher an den Gefahren vorbei, Kilometer für Kilometer. Aber mein Kopf träumt von dem ewig Neuen, das auf uns zukommt. Der weite Horizont liegt vor meinen Augen, alle Gerüche erreichen meine Nase, und der Wind erzählt meinen Wangen, wo wir sind. Es besteht ein direkter Kontakt mit den Geheimnissen des Daseins.

„Hallo, hallo! Hast du die Verbindung verloren?" ruft Emil. „Hast du nicht den Hund gesehen, den sie überfahren haben?" Nina fährt zu mir heran und zeigt aufgeregt auf mein Motorrad. Der eine Leinensack mit den Schlafsäcken fällt fast herunter – die eine Schlaufe ist zerrissen! Das ist schnell in Ordnung gebracht, aber ich bemerke dafür, daß Ida ihren einen Stiefel verloren hat. Was sollen wir machen? Ida kann nicht wie Emil in Sandalen fahren, weil sie sich am Motor verbrennen kann. Und wir können hier keine so kleinen Stiefel bekommen. Wir sind seit unserem zweiten Frühstück fünfzig Kilometer gefahren. Der Stiefel kann leicht in einen Graben gerollt sein... Trotzdem beschließen wir zurückzufahren. Wir müssen einfach Idas Stiefel finden! Wir sind bereit, den ganzen Weg zurückzufahren, auch wenn wir heute nicht mehr weiterkommen. Wir wollen nicht, daß unsere Sachen verschwinden und unsere Ausrüstung sich langsam auflöst. Es ist wichtig, sich schon über die ersten Dinge, die verschwinden, Sorgen zu machen und nicht die Probleme zu verdrängen, bis das große Chaos da ist.

Die Augen werden vom Ausschauhalten schnell müde. Der Weg ist so leer wie ein Spiegel, die Landschaft schrumpft zu einer Wiederholung von Asphalt und Unkraut zusammen. Ob wir am Stiefel vorbeigefahren sind, ohne ihn entdeckt zu haben? Nein, da liegt er! Fünfzehn Kilometer zurück in einer Kurve, ganz alleine auf dem warmen Asphalt. Ida freut sich sehr, und jetzt machen wir zwei Knoten in die Schnur – das wird halten!

Am Abend des Dreikönigsfests kommen wir nach Oaxaca. Die Häuser auf dem Markt sind erleuchtet, und auf einer Statue ist ein großes Gemälde von den drei Königen, die auf einem Elefanten, einem Kamel und einem Esel reiten, angebracht. Ihre Augen und Kronen sind aus bunten Lampen, und rund um den Platz stehen Plastikweihnachtsbäume mit blinkenden Birnen.

Wir sind, seit wir die USA verlassen haben, viertausend Kilometer gefahren, und es ist genau noch einmal so weit bis zur Grenze von Belize. Mexiko ist ein großes Land.

In einem alten Kloster lernen wir Frau Yaniz kennen, die die Direktorin von „Fonapas", der staatlichen Kulturorganisation, ist. Hier in der Stadt betreibt man ein Kulturhaus in einem Kloster. Die Frau läßt uns in einem unbenutzten Zimmer schlafen.

Um die Mittagszeit kommt Nina in unser Zimmer gestürzt, wo ich mit Emil Lego spiele. Sie ruft mit einem verstörten Ausdruck in den Augen, daß jemand versucht hat, mein Motorrad zu klauen! Am Anfang begreife ich das gar nicht so recht und frage nur besorgt, ob mit dem Motorrad etwas passiert sei.

„Du kannst froh sein, daß es überhaupt noch hier ist!" ruft Nina noch immer erregt, während ich auf die Straße laufe. Da steht die Honda, ein wenig zerkratzt, aber immerhin unbeschädigt.

Aufgrund eines Mißverständnisses haben wir mein Motorrad unverschlossen vor der Tür von „Fonapas" stehen lassen. Ernestina, die Dame an der Rezeption, hat gerade in dem Augenblick von ihrer Arbeit hochgeguckt, als sich das Spiegelbild des Motorrades im Fenster des gegenüberliegenden Geschäftes bewegt hatte. Mit einer bewundernswerten Geistesgegenwart hatte sie alles stehen und liegen lassen und war auf die Straße gerannt. Mit der ganzen Kraft ihrer Lungen hatte sie gebrüllt: *La moto, la moto!"*

Zwei junge Typen hatten sich auf die Honda gesetzt und angefangen, den langen Berg hinunterzurollen, während drei Kumpel vom Vorplatz wegflitzten. Schreiend und mit den Armen wedelnd ist die mutige Frau hinter ihnen hergelaufen; im gleichen Moment ist Ernestinas Mann mit ihrem Essenspaket vorbeigekommen. Er hat sofort den Ernst der Lage erfaßt und ist den Räubern hinterhergesaust. Glücklicherweise bekamen die Jungen Angst und haben das Motorrad weggeworfen. Alle fünf sind in einer schmalen Seitengasse verschwunden. In derselben Sekunde ist Nina die Straße heraufgefahren gekommen und hat mein Motorrad umgekippt mit drehenden Rädern daliegen sehen. Ernestinas Mann war aus dem Auto gesprungen und hatte Nina geholfen, das Motorrad aufzurichten.

Ich weiß nicht, womit wir es verdient haben, daß eine unglaubliche Kette von Zufällen mein Motorrad gerettet hat. Mit klammen Händen fasse ich es an und vergewissere mich, daß es noch immer da ist... Wir kaufen eine Flasche Wein und einen großen Kuchen für Ernestina, die uns gerettet hat.

Ernestina ist eine Frau in den Dreißigern, modisch gekleidet und diskret geschminkt. Sie hat nicht viel in der Rezeption zu tun und unterhält die Besucher mit ihrer guten Laune. Von Emil ist sie besonders angetan und lädt ihn ein, mit zu ihr nach Hause nach Nazarena zum Mittagessen zu kommen. Sie lockt ihn mit den leckersten Früchten, mit Limonen und Papayas, aber Emil will nicht. So lädt sie uns alle vier für den nächsten Tag ein – und dazu haben wir große Lust.

Während Ida schläft, verbringen Emil und ich mehrere Stunden in der Bücherei von „Fonapas". Sie haben eine große Auswahl an Büchern, auch für Kinder. In Mexiko gibt es keine Zensur, und die meisten der progressiven lateinamerikanischen Autoren kommen hier heraus. Emil weiß sofort, welches Buch er haben will. Märchen und Bücher in dieser Richtung werden schnell durchgeblättert und zurückgelegt. Emil wählt „Das Buch des jungen Wissenschaftlers über Raumschiffe".

Auf einer Bergspitze außerhalb Oaxacas liegt die Tempelstadt Monte Alban, die alte Hauptstadt der Zapoteken. Es gibt immer noch viele Zapoteken in Oaxaca, und der Markt ist überwältigend. Alle möglichen Gerüche steigen uns in die Nase: vom Duft der intensiven Kräuter und süßesten Früchte bis zu dem strengen Fischgestank und dem betäubenden Geruch von warmen, blutigen Eingeweiden. Da gibt es schwindelnd hohe Stapel von Früchten, Gemüse, Käse, Fleisch, Fisch, Mehl, Bohnen, Kräuter, Buden mit Schuhen, Taschen, Ponchos, Hemden, Schals, Stoffen, bestickten Blusen und Kleidern, Gürteln mit Vogel- und Blumenmotiven, gestrickten Pullovern im mexikanischen Doppelstrickmuster, Tonwaren, Perlenketten, Eisenwaren und Werkzeug. Auch gibt es eine Menge von Ständen, die Essen verkaufen, außerdem Losverkäufer, Gaukler und Hellseher.

Eine der schönsten spanischen Kirchen ist in Oaxaca erhalten. Und obwohl Nina und ich nicht besonders viel vom Christentum im allgemeinen und besonders nichts von kolonialen Kirchen halten, raffen wir uns auf und gehen dorthin. La Iglesia de Santo Domingo de Guzmán ist von außen eine ganz einfache Kirche. Aber drinnen ist sie überladen mit Barockverzierungen. Es gibt nicht einen Flecken an der Decke, auf den Säulen, an den Wänden oder am Inventar in der großen Kirche, der nicht ausgeschnitzt und vergoldet ist. Blutende Christusfiguren und Apostel mit versteinerten Gesichtern, fette Engel und überirdische Madonnen starren den Indianern in die Augen.

Es fällt mir schwer, zu verstehen, daß das Christentum hier so populär ist. Weder die Erinnerung an das dreihundertjährige Joch der christlichen Kolonialzeit noch die Volksrevolution haben die Frömmigkeit der Mexikaner zerstören können. Es ist fast zweihundert Jahre her, daß Mexiko selbständig geworden ist; der Staat ist heutzutage bestimmt nicht klerikal – wie andere Länder in Lateinamerika –, aber das Christentum lebt weiter. Es ist immer noch ein voll integrierter Teil des Alltagslebens, fröhlich und erfüllt von Kanonenschlägen und frohen Gesängen.

Auf dem Weg heraus nach Nazarena sehen wir den Tule-Baum. Er ist der größte Baum der Welt; man braucht fünfundvierzig Schulmädchen, um den enormen Stamm zu umfassen, und man schätzt, daß er dreitausendfünfhundert Jahre alt ist.

Nazarena selbst liegt versteckt hinter zwei anderen Dörfern am Ende eines langen Sandweges. Hier ist es sehr ländlich und primitiv. Der Staub steigt hinter unseren Motorrädern in die warme Luft auf, ein paar Köter verschwinden schnüffelnd hinter den Kaktushecken. In dem flachen Tal liegen verstreut kleine Häuser. Wir haben versucht, uns Ernestinas Zuhause vorzustellen, aber unser naives dänisches Verständnis von ihrer niedlichen Erscheinung hat uns total in die Irre geleitet. Als wir endlich ihr Haus finden, sieht es genauso aus wie die anderen: ein kleines Haus aus Ziegelsteinen mit einem wackeligen Zaun. Es gibt nur zwei kleine Zimmer, Betonfußböden und ein Blechdach. Ich kann in dem einen Zimmer zwei, in dem anderen Zimmer drei Betten stehen sehen; es gibt fast nichts eigenes, nur zwei kleine Regale, ein Jesusbild und eine Kiste mit Kleidern. Ernestina begrüßt uns und stellt uns ihren Mann und ihre alte Mutter vor. Sie ist achtzig Jahre alt, aber immer noch frisch und munter. Sie hantiert energisch draußen in der Küche herum. Der Mann hat das Haus in seiner Freizeit selbst gebaut. Im Haus wohnen Mann und Frau, die drei Kinder und die Großmutter. Die Küche ist das Zentrum des Hauses, hier steht der Eßtisch, und hier sitzen wir und reden. Das Haus hat einen Anbau aus luftigen Bambuswänden und mit Sandfußboden. Ernestina hat Plastiksäcke an die Wände gehängt, die an den Schweinestall des Nachbarn angrenzen. Das Wasser kommt über einen Schlauch mit einem Hahn aus dem Garten, und das verbrauchte Wasser schüttet sie nach draußen. Aber hier herrscht keine Armut; ich bemerke, daß sie einen Kosangasherd hat und alles sauber und ordentlich ist. Wir haben Winter, aber hier ist es wärmer als im Sommer in Dänemark. Das Heizen und das Isolieren sind Probleme, die man hier nicht kennt.

Ida sitzt auf Ninas Schoß, und Emil hält sich etwas schüchtern an meinem Arm fest, aber es dauert nicht lange, bis er mit Ernestinas Kindern spielt. Wir bekommen ein kleines Glas Wein, einen Teller Bohnenmus, ein Stück Schweinefleisch vom Nachbarn, ein Spiegelei und ein Stück Frischkäse aus dem Dorf. Die alte Mutter zerstößt ein paar Chilis in einem Steinmörser, der jenen gleicht, die wir in einem Museum für Altertumskunde gesehen haben. Sie stellt frisches *salsa picante* vor uns. Die Geschichte von der phantastischen Rettung des Motorrads wird wieder und wieder erzählt. Der Mann sagt, daß es gefährlich werden kann, diese Art von Banden zu verfolgen, denn sie sind oft bewaffnet.

Später gehen wir hinaus. Zuerst besuchen wir den Nachbarn, der einen Teil der Schweine draußen in einem Betonstall hat. Sein eigenes Haus besteht ganz aus Bambus und hat ein Vordach, unter dem ein Tisch und ein Haublock stehen. Auf der Erde fließt das Blut von den Schweinen. Die Ehefrau zerteilt gerade die letzten sechs Schweine. Unter dem Dach hängen die Eingeweide – schwarz vor Fliegen. Der Nachbar ist der Schlachter des Dorfes, und während unseres Aufenthaltes kommen öfter Kunden und kaufen Fleisch.

Im Dorf wachsen hauptsächlich Kakteen und solche Pflanzen, die sich der Trockenheit angepaßt haben. Deshalb sind die Obstbäume der Stolz des ganzen Dorfes. Ein alter Mann hat sie angepflanzt. Er sitzt vor seiner Hütte und flicht Körbe aus Bambus, der in einem kleinen Wäldchen hinter seiner Hütte wächst. Er steht sofort auf und führt uns stolz zu seinen Obstbäumen. Die Limonen wachsen auf kleinen Bäumen und ähneln Zitronen. Doch sie haben einen wässerigen Geschmack, der sehr erfrischend ist. Am stolzesten ist der alte Mann allerdings auf seine Papayabäume, und er stellt sich unter die gelben und grünen Früchte, um fotografiert zu werden. Ida bekommt eine reife, weiche Papaya von ihm. Sie freut sich sehr darüber und trägt sie den Rest des Spazierganges wie eine Puppe.

Der alte Mann führt uns zu der zweiten Sehenswürdigkeit des Dorfes, dem neuen kollektiven Kuhstall. In einem kleinen Haus ist eine Maschine installiert, mit der Frischkäse hergestellt wird, den man in Oaxaca verkauft. Auf dem Weg zu seinem Haus frage ich ihn, was für ihn die größte Veränderung in seinem Leben auf dem Dorf gewesen ist. Er antwortet, ohne lange nachzudenken, daß es das fließende und saubere Wasser gewesen sei, das sie vor sieben Jahren bekommen haben. Er zeigt auf den kleinen Wasserturm mit der Wasserversorgungsmarke des Staates.

„Wann habt ihr Strom bekommen?" frage ich.

„Das war vor neun Jahren, aber das ist nicht so wichtig wie Wasser", antwortet er.

Ich kann ihn gut verstehen, denn nach den vier Jahren, in denen wir in „Christiania" in Kopenhagen ohne Strom und Wasser im Haus gelebt haben, haben wir gelernt, daß Strom ein Luxus ist, Trinkwasser aber eine Notwendigkeit – eine Notwendigkeit, für die die meisten Menschen noch immer lange laufen müssen.

Wir fahren weiter nach Süden zu den Oaxacatälern, die sich nach allen Seiten in unendlich verschiedenen Blautönen erstrecken. Eine heiße Bergwelt mit Agaven und Kakteen. Wir kommen weiter zum Pazifik, zu dem Matriarchat von Tehuantepec, wo die Zapotekenfrauen in ihren gewaltigen, geblümten Kleidern präsidieren. Dicksein ist hier noch immer ein Statussymbol. Hinter Tuxla Gutierrez fahren wir nachts mit rollenden Rädern über einen Teppich der Dunkelheit. Jede einzelne Kurve hebt uns herauf zu den Sternen der Milchstraße; noch immer ganz schwindelig kommen wir auf die Straße zurück und fahren weiter bergauf. Auf dem Bergkamm steht ein Sendemast, und wir legen uns in der Nähe zum Schlafen auf die Erde. Es ist eine trockene Nacht.

In Chiapas sind die Indianer sehr arm. Hier können sie es sich nicht leisten, Hosen aus Terylene und Nylonhemden zu tragen – sie laufen noch immer in ihren hübschen, handgewebten Trachten herum. Die Männer haben rosa, rote und orangefarbene Ponchos an, mit großen, leuchtenden Quasten, dazu tragen sie flache Hüte mit langen, flatternden Bändern. Am Wegrand sehen wir eine Frau mit einem Packen Brennholz herankommen, das sie auf dem Rücken trägt und mit einem Riemen über der Stirn hält. Ihr kleines Kind schläft oben auf der Bürde, und vier Kinder gehen im Gänsemarsch hinter ihr, jedes mit einem Bündel auf dem Rücken.

Emil sitzt in seinem gelben Regenzeug auf dem Motorrad. Er dreht sich um und ruft mir zu, daß er eine kleine, gelbe Raupe sei. Es ist unangenehm geworden, auf den Schläuchen unseres Sprechapparates herumzukauen, und so sind wir wieder darauf zurückgekommen, uns zuzurufen oder die Zeichensprache zu verwenden. Der Schlauch hängt aber noch an Emils Helm, und das erscheint einem Tankwart sehr rätselhaft. Er fragt mitleidig, ob das arme Kind während der Fahrt Sauerstoff haben muß.

Nachts steht die Petroleumlampe unter dem Vorzelt und wirft einen warmen Lichtschein in das Zelt. Emil und Ida erfinden ein langes Märchen über eine Kartoffel. Wir werden allmählich müde, und am Ende fällt auch die kleine, gelbe Raupe in den Schlaf. Die Kinder atmen regelmäßig. Ida liegt auf dem Rücken, halb aus ihrem Schlafsack herausgewühlt und die Beine zur Seite gedreht, wie es nur kleine Kinder können. Emil liegt gut eingerollt in seinem Schlafsack. Wie wunderbar ist es doch, sie bei uns zu haben! Wir freuen uns die ganze Zeit über sie, auch wenn wir Emil mal ausschimpfen müssen, weil er sich nicht die Zähne putzen will, oder wenn wir vor Müdigkeit fast umfallen, weil Ida dreimal in einer Nacht ihr Bettzeug vollgepinkelt hat.

Regen hängt über den Kiefernwäldern, und es könnte ein kalter Sommermorgen in Norwegen sein, wenn da nicht die Indios wären. Sie stehen in ihrem klammen Wollzeug und starren uns nach, während zwischen den Schindeldächern ihrer Häuser der blaue Rauch hervorquillt. Wir passieren die Wasserscheide und fahren der Karibik entgegen. Kiefernwälder werden zu Regenwäldern. Es ist das erstemal, daß wir auf sie treffen, und es ist wunderhübsch anzusehen, wie sich die hohen Bäume wie ein grüner Lavastrom zum Tiefland erstrecken. Wir baden im Blauen Fluß und besuchen die Ruinen von Palenque. Schließlich überqueren wir die flachen, überschwemmten Grasflächen von Tabasco. Spät am Abend wirft das Licht der Hondas einen schwachen Schimmer auf die Kirche von Sabancay. Die Häuser der Stadt verschwinden dahinter, und ein paar Boote schaukeln glucksend im Mondlicht – wir sind am Meer angelangt!

Sobald die Motoren ausgeschaltet sind, hüpfen Emil und Ida herunter in den Sand und laufen ins Wasser. Da sie die ganze Zeit gesessen haben, haben sie viel überschüssige Kraft. Sie fangen am Strand im warmen Mondlicht zu spielen an. Hier scheint der Ort zu sein, endlich einmal in unseren Hängematten zu schlafen!

Nina bindet sie zwischen den biegsamen Kokospalmen fest und versucht, die Schlafsäcke darin zurechtzulegen. Aber das Ganze ist aus Nylon, die Hängematten werden schmal wie Taue, und die Schlafsäcke fallen heraus wie große, unförmige Seifenstücke. Mit

Nach einem Bad im Meer gibt es zum Frühstück Kokosnüsse

gemeinsamer Anstrengung können wir die Hängematten überlisten und liegen zum Schluß zu viert in einer Reihe – total verkrampft, um nur nicht herauszufallen. Es ist unmöglich, sich umzudrehen. Und immer hören wir das infernalische Summen der Moskitos, die uns von allen Seiten anzugreifen versuchen. Wir können uns dagegen nicht anders wehren, als die Schlafsäcke fest zu verschließen. Aber die Nächte sind nicht kühl in diesen Breitengraden, und bald lüften wir die Schlafsäcke mit heftigen Bewegungen, Bruchteile von Sekunden nur, bevor wir vor Hitze explodieren. Die Moskitos greifen sofort wieder an und zwingen uns, die Reißverschlüsse zuzuziehen. Ich fühle einen Stich auf der Stirn, reiße den Schlafsack auf und schlage zu. Dabei verliere ich die Balance und falle aus der Hängematte.

Mit einer Reihe von schlimmsten Verwünschungen stehe ich auf und rufe der lachenden Familie zu, daß sich die Reisebüros ihre Geschichten in den Werbeprospekten vom Schlafen in Hängematten unter sich wiegenden Palmen an den Hut stecken können. Ich kapituliere auf jeden Fall und schlage mein Zelt auf!

Wir sind noch vor der Sonne hoch und freuen uns über dieses Fleckchen Erde. Das Karibische Meer ist wunderbar! Die Farben wechseln von hellgrün bis azurblau. Große Schneckenhäuser rollen am Strand, und Muscheln wispern uns zu, daß wir hier bleiben können. Ida hebt ein weißes Schneckenhaus auf und steckt ihren Finger in ein Loch. Ein Einsiedlerkrebs beißt sich so sehr in ihrem Finger fest, daß es blutet. Der freche Krebs landet mit seinem Schneckenhaus auf einer Palme . . .

Die Kokospalmen rauschen mit ihren großen Wedeln, und oben an der Spitze der schlanken Stämme hängen in großen Trauben grüne Nüsse. Die Nüsse sind schwer und sitzen sehr fest. Ein Steinwurf holt sie nicht herunter, aber überall auf dem Boden sind Nüsse verstreut. Allerdings sind sie schwer zu öffnen. Außen um die Nuß herum sitzt eine dicke Schicht Fasern, so daß wir schließlich unser langes Reifeneisen benutzen, um ein Loch in die Nuß zu bekommen. Der Strand ist voll von Nüssen, und wir essen so viel davon, daß wir schier platzen. Sogar den Kaffee kochen wir aus Kokosmilch, aber der schmeckt wirklich widerlich.

Am Nachmittag bekommen wir Besuch von Tieren, die schon 500 Millionen Jahre auf unserer Erde sind. Zwei armlange Königskrabben schwimmen heran und graben sich am Ufer ein. Die seltsamen lebenden Fossilien sehen aus wie ein Zwischending zwischen einer Kasserolle und einem Krebs.

Wir machen ein Feuer aus Palmenzweigen und alten Kokosnüssen. Sie geben eine hervorragende Glut ab, und die Fische schmecken prächtig. Die Kinder schlafen friedlich. Der Mond ist bis jetzt noch nicht aufgegangen, und ich starre ein wenig müde hinaus aufs Meer. Meine Gedanken sind durcheinander, sie wandern ziellos herum und enden mit einer verwirrten Reflexion über die Welt.

Wir haben seit Wochen keine Zeitung gelesen. Ist die Welt überhaupt noch da? Ist sie schon festgefahren, ohne daß wir etwas ahnen? Das Meer ist schwarz und leer. Es gibt niemanden, der uns erzählt, wie es mit der Welt steht.

„Nützt es denn, etwas zu wissen, wenn man sowieso nicht handelt?" fragt Nina.

Wir bleiben einige Tage am Strand, ernähren uns von Kokosnüssen, spielen mit Legosteinen und waschen Windeln. Nina baut eine Palmenhütte für Emil und Ida, und unser abendlicher Fisch wird immer besser. Selbst mit den Moskitos werden wir fertig. Draußen auf dem Meer segeln Fischer vorbei und machen mit Stangen Lärm in ihren Booten, um Fische in die Netze zu jagen. Nachts lieben wir uns zu dem Geräusch von Kokosnüssen, die mit dumpfem Dröhnen von den Bäumen fallen.

Jenseits von Champoton liegt das Maya-Land. Ich weiß nicht, ob es nur das Land der Freude ist, aber es ist auf jeden Fall ein Land von lächelnden Menschen, viel sanfter und lieblicher als an anderen Orten. Entlang der Straße stehen hübsche Frauen und Männer und winken uns zu mit ihrem stillen, harmonischen Lächeln. Die Dörfer bestehen aus Bambushütten, die weiß und sauber sind. Sie sind oval mit palmengedeckten Dächern. Große Hängematten schaukeln in den Räumen von der einen Türschwelle zur nächsten. Die Straßen entlang laufen niedrige weiße Mauern, die schwarze Schweine und braune Kinder schützen.

In Hopelchen kommt ein Mann auf den Markt und lädt uns zum Kaffee ein. Er ist Bienenzüchter und wohnt in einem Steinhaus. Es hat sehr hohe Decken, und die Räume gehen gerade hoch bis zum Blechdach. Im Wohnzimmer sitzt ein jüngerer Mann und füllt getrocknetes Schlangenfleisch in Gelatinekapseln, die gegen Rheuma helfen sollen. Seine Ehefrau eilt in die Küche und macht Kaffee für uns. Im Wohnzimmer sind außer dem Tisch eine sehr große Hängematte aus dünnem Garn und zwei Schränke mit Glasscheiben, hinter denen einige Fotografien von Kindern, zwei Porzellankrüge und einige Bücher stehen. Oben auf dem Schrank steht ein Bild vom Heiland, und eine nackte Glühbirne hängt unbeweglich an einem langen staubigen Draht von der Decke herab. Der Fußboden ist aus glatten, kühlen Fliesen. Die Ehefrau kommt mit dem Kaffee und bietet Ida einen Keks an. Die ist etwas quengelig, weil sie ein paar neue Zähne kriegt. Eine schwarze Katze kommt zum Fenster hereingesprungen und Emil sagt: „Mis, Mis" und lockt sie. Der Imker blickt erstaunt auf Emil und erzählt uns, daß „Katze" in der Maya-Sprache genauso heißt: „Mis". Es zeigt sich, daß unser Gastgeber die Maya-Sprache sowohl sprechen als auch schreiben kann. Sie ist hier immer noch sehr gebräuchlich, obwohl sie nicht mehr in Hieroglyphen geschrieben wird.

In einem anderen, winzig kleinen Dorf kaufen wir Tortillas, und während wir auf sie warten, wird Ida von einer Maya-Frau zum Apfelsinenessen nach Hause eingeladen. Sie trägt ein weißes *huipel*, ein Baumwollhemd mit Spitzen am viereckigen Halsausschnitt und am Saum. Etwas später kommt sie mit unserer kleinen, schmutzigen Motorradfahrerin zurück, die sie inzwischen von oben bis unten geschrubbt hat. Alle Kinder des Dorfes gucken uns an, während wir auf einer Bank essen. Später spielen sie mit Emil Ball. Er kann gut mit fremden Kindern spielen, und sie sind unheimlich nett zu ihm. Sie geben ihm die ganze Zeit den Ball und lassen ihn anführen. Ida stapft mit einem ganzen Schwanz Mädchen hinter sich davon, die lachend darauf warten, was sie wohl als nächstes Ziel ansteuert. Wir sitzen auf der Bank und amüsieren uns über die Kinderschar. Bevor wir fahren, dürfen alle der Reihe nach eine Runde mit uns auf dem Motorrad drehen.

Am Abend treffen wir einen Bauern mit seinem Fahrrad auf dem Nachhauseweg und fragen, ob wir das Zelt irgendwo aufschlagen können. Seine braunen Augen sagen uns, daß unser Besuch die schönste Überraschung für ihn ist. Mit einer großzügigen Handbewegung lädt er uns ein, unser Zelt auf dem Fußballplatz des Dorfes aufzuschlagen. Er hat keine Bedenken oder Mißtrauen gegenüber uns Fremden, nur eine unmittelbare Freude an seinen Mitmenschen. Ein paar dicke Maya-Frauen kommen vorbei. Sie tragen ihre Huipel-Hemden und einen Unterrock, der unten etwas herausguckt, so daß man die feine Spitze sehen kann. Sie streichen Ida über das Haar, bevor sie durch den Hain ins Dorf zurückgehen. Später lassen sie uns alle in Ruhe, völlig anders, als es an anderen Orten in Mexiko gewesen ist.

Am Abend besuchen wir die alte Maya-Stadt Uxmal. Die große Pyramide ist blau, und die Zimmer im „Haus der Tauben" sind blutrot. Der Regengott Chac leuchtet violett über dem Palast der Nonnen, wo Stimmen über den Platz schallen und Musik zu den Toren hereinströmt. Die Farben wechseln immer wieder, und ständig werden neue Details vor unseren Augen lebendig. Göttersagen der Mayas steigen an dem stillen, milden Abend vor uns auf. Der Tempel der Pyramide des „Zauberers" flammt scharlachrot auf, und jadegrünes Licht beleuchtet Stufe für Stufe der steilen Treppe.

Belize, jenseits der Grenze, ist völlig anders. Die schwarzen Zollbeamten haben eine ganz andere Stimme als die Menschen in Mexiko, sie klingt englisch und laut. Ein verschlissener Union Jack hängt neben der Flagge Belizes vom Fahnenmast herab. Ein paar englische Lastwagen tuckern durch den Schlamm. Ich finde es irgendwie witzig, in ein Land mit schwarzen Menschen zu kommen.

Früher war Belize ein Teil des Maya-Landes. Vor etwa hundertzwanzig Jahren wurde dieses kleine Land von der Größe Hessens englische Kolonie; 1981 wurde es schließlich unabhängig. Auf dem flachen, sumpfigen Boden des Küstenlandes wächst hauptsächlich Zuckerrohr. Kleine Holzhäuser stehen auf Stelzen. Vor den Häusern haben die Menschen mannshohe Holztonnen für Regenwasser.

In den Sümpfen im nördlichen Belize

In Belize, der ehemaligen Hauptstadt, sind die ausgefahrenen Sandwege voll von lachenden Schulkindern in grauen Uniformen. Sie johlen hinter Nina her, und die Luft ist erfüllt von Rufen und Schreien.

Die Stadt liegt nur einen halben Meter über dem Meer, und in jeder einzelnen Gasse stinkt eine offene Kloake in der feuchten Hitze. Die Häuser gleichen denen draußen im Sumpf, und auch hier trinkt man Regenwasser aus großen Holzfässern. In den Gassen stehen die Männer und spielen auf alten Benzintonnen Poker. Sie rauchen „Tops" –Marihuanajoints –, die selbst den stärksten Mann umhauen. Die Kinder spielen mit Hula-Hoop-Reifen.

Der Strom ist ausgefallen als wir über die Kanäle nach Hause gehen, und in allen Holzhäusern brennt Kerzenlicht. Im Hotelzimmer steht eine Weinflasche mit abgekochtem Wasser gegen den Durst, denn der Abend bringt keine Abkühlung. Unten auf der dunklen Straße holpern die Autos durch die Schlaglöcher. Wir hören leidenschaftliche Streitereien aus jedem Haus, Rufen und Schreien von Kindern, die weinen.

Als der Autolärm aufhört und die Menschen endlich zur Ruhe kommen, fangen die Hunde ein Höllenkonzert an. In der Nähe bellt und jault eine Meute ein paar Minuten wie besessen, und als sie dann beinahe wieder ruhig sind, fängt ein Stück weiter weg ein anderer Köter zu bellen an. Und sofort sind da fünf, sechs heulende Promenadenmischungen, die antworten. Das setzt sich durch die ganze Stadt fort, ohne daß es während der Nacht für eine Minute still wird. Dann wird es hell, und die verdammten Köter halten endlich die Klappe. Nun fangen die Hähne an! Ein wahnsinniges Gekrähe schallt über die Blechdächer als die Sonne aufgeht. Als die Hähne meinen, daß es genug sei, sind schon längst die Autos unterwegs, und das Leben auf der Straße drängt in unser Zimmer.

In einem kleinen Plattengeschäft kaufen wir eine Reggae-Platte der besten Gruppe von Belize für den großen Bruder Max. Die Musik und die Kultur sind Abkömmlinge aus Jamaica und haben nichts mit der lateinamerikanischen Sentimentalität zu tun.

Wir müssen zum Konsulat, das in einer schönen Villengegend am Strand liegt. Natürlich hat auch eine kleine Stadt reiche und arme Klassen – und die entsprechenden Wohngegenden.

Die Seefahrer sagten übrigens früher, daß Belize *at the back of the beyond*, hinter dem Jenseits, liegen würde – und dort liegt es eigentlich heute noch.

Guatemala
(Nina)

Es dauert nicht lange, bis wir von einer Militärpatrouille angehalten werden.

„Was haben Sie in dem Gepäck da?"

Wir öffnen und beginnen Spielzeug und Regenanzüge herauszuziehen.

„Stopp! Das ist genug. Fahren Sie weiter!"

Die Maschinengewehre werden von uns weggedreht und auf die nächsten, die auch auf dem Weg nach Quiroga sind, gerichtet. Auf jeden Lastwagen springt ein Soldat, der kontrolliert, daß keine Waffen für die Guerillas transportiert werden. Mit einem Finger am Abzug winken sie uns vorbei, und wir beeilen uns weiterzukommen.

Auf einem Schild bei Lago Petén steht „Camping 3 km", aber der Weg ist überschwemmt und endet in einem großen Schlammloch. Was nun? Ein Indianer gleitet in einem ausgehöhlten Baumstamm an uns vorbei.

Ich rufe ihm zu: „Hallo, können wir hier im Gebüsch unser Zelt aufschlagen?"

Der Indianer paddelt heran und antwortet, daß wir lieber unser Zelt bei seinem Haus, das drüben auf einem Hügel liege, aufschlagen sollen. Er ruft zu seiner Familie rüber, die auf dem Hügel steht, und sie antwortet ohne zu zögern: „Ja, ja, kommt nur."

Er paddelt zu uns heran, damit wir trockenen Fußes in sein Boot steigen können, während Hjalte sich mit den Maschinen durch den Schlamm kämpft. Die ganze Familie blickt uns neugierig entgegen und kommt mit einem Tisch und zwei Hockern, damit wir nicht auf der Erde sitzen müssen. Bei einer Flasche Apfelwein ertrinkt die Sonne im stillen Moskitowasser des Sees.

Es hat fünf Monate lang geregnet, und obwohl es schon vor zwei Monaten wieder aufgehört hat, ist der Wasserspiegel immer noch höher als normal. Entlang dem Ufer stehen überschwemmte Holzhütten, deren Palmdächer sich im Wasser spiegeln. Frische Seerosen blühen zwischen ihnen, und weiße Enten schwimmen umher. Wir fahren im frühen Morgennebel daran vorbei – auf dem Weg zur Ruinenstadt Tikal, die tief im Dschungel liegt.

Dort ist es wie ausgestorben. Es gibt nur ein primitives Hotel, in dem die Besucher verpflegt werden. Ich darf die Wäscheleine benutzen. So können die Kleider, die ich heute morgen im See gewaschen habe, trocknen, während wir uns die Ruinen ansehen.

Das Gebiet ist zu groß, um es zu Fuß abgehen zu können. Aber es läßt sich gut im Schneckentempo auf den Feldwegen durch die vom Dschungel verdeckte, alte Stadt fahren. Eine steile Pyramide liegt neben der anderen. Wir besteigen ein paar und genießen die Aussicht über den Dschungel. Früher wohnten hier zehntausend Menschen um die Tempel herum, von denen nur ein Bruchteil ausgegraben ist. Vor tausend Jahren verließen die Mayas ganz plötzlich ihre Stadt – man weiß nicht, warum.

Flores, die Hauptstadt der Dschungelprovinz, liegt auf einer Insel im Lago Petén Itza. Auf einem schmalen Damm fahren wir dorthin. Durch die Überschwemmung stehen die untersten Gassen unter Wasser. Wir halten auf dem Marktplatz vor der Kirche.

„Mister, Mister!" erklingt es ... Nun sehen wir, daß wir genau vor dem Gefängnis stehen. Durch ein solides Holzgitter strecken die Gefangenen die Hände nach uns aus. Vor dem niedrigen Gebäude gehen ein paar Wachen auf und ab. Wir stehen wie gelähmt und starren auf die winkenden Hände. Die Gefangenen bitten um Geld. Ein Wächter bringt uns eine Tasche, die einer der Gefangenen geknüpft hat. Er erzählt, daß der Gefangene hungert, weil seine Familie weit weg wohnt. Der Arme streckt seinen mageren Kopf durch das Gitter. Tief erschüttert geben wir ihm zwei Dollar. Einige Frauen und Freundinnen kommen, um sich mit ihnen zu unterhalten und ihnen Essen zu bringen. Es ist hart, das mit anzusehen. Der Wächter zeigt uns im Haus nebenan das Frauengefängnis. Eine einzige arme Frau sitzt darin. Wir hören Kindergeschrei, als wir Brot und Obst durch die Gitterstäbe reichen.

Das Gefängnis von Flores in Guatemala liegt direkt am Marktplatz

Im Hotel *La Esquina* wohnen wir mit friedlichen Maya-Indianern zusammen. Während wir gemeinsam mit ihnen in den „Comedor", das Speisezimmer, gehen, kommt Hjalte mit ihnen ins Gespräch. Der Speisesaal ist ein Teil der Privatwohnung. Wir setzen uns an einen großen Tisch, während die Familie am anderen Ende des Zimmers hinter einer Abgrenzung aus Pappe und alten Teppichen herumschleicht.

„Guten Abend", sage ich. „Was können wir zu essen bekommen?"

Eine dumme Frage. Die Frau überlegt einen Augenblick und sagt dann stolz: „Reis und Bohnen mit Spiegelei."

Na ja, wir werden es wohl noch einmal runterkriegen, obgleich es sehr trocken ist. Es soll aber Leute geben, die das jeden Tag essen können. Ich mache mich davon, um mir die Küche anzusehen. Unter einem kleinen Wellblechdach steht ein Herd. Ansonsten ist es ein völliger Wirrwarr von Dosen, Eimern, Töpfen und Abfall. Der Frau ist es etwas peinlich, aber das braucht es ihr nicht zu sein, denn so sieht es bei allen hier aus.

Als ich klein war, habe ich mir immer gedacht, wie phantastisch es sein müßte, in der Zeit zurückzureisen und plötzlich mitten im Mittelalter aufzutauchen. Dort gäbe es genug Dinge, die man den Leuten beibringen könnte. Ich stellte mir vor, Zauberer zu sein. Jetzt aber sehe ich ein, daß es so bestimmt nicht sein würde. Hier leben Vergangenheit und Gegenwart Tür an Tür. Die Frau hat sicher schon einmal einen Küchentisch, einen Schornstein oder ein Spülbecken gesehen, aber das hat nichts an ihrer Situation geändert.

Spät am Abend spielen die Kinder der Stadt auf der Straße. Emil beeilt sich, dabeizusein, und Ida ist ihm auf den Fersen.

Unten am Ufer des Sees liegen Boote für sechzehn Personen. Wenn ein Boot voll ist, fährt es hinüber zum Markt nach San Benito, das hinter grünen, bewaldeten Inseln liegt. der Markt quillt über vor Waren, und wir kaufen eine Menge frisches Obst. Die Frauen hier sind sehr hübsch und tragen Kleider in strahlenden Farben. Ich könnte drei Meter handgewebten Stoff mit einem schönen Muster für sechzehn Dollar erstehen. Wir überlegen, aber wir wagen es nicht, soviel Geld auszugeben, bevor wir in Guatemala City sind. Diesmal ärgere ich mich wirklich, daß wir so wenig Geld haben.

Der Weg durch den Dschungel, der die Petén-Provinz mit der Umwelt verbindet, ist total ausgefahren, und wir holpern durch tiefe Löcher hindurch. Bei Sonnenuntergang gelangen wir zu einem Militärposten. Dort hält ein Bus, und die Passagiere stehen mit den Händen nach oben in einer langen Reihe und werden von Soldaten abgetastet. Andere Soldaten sind dabei, das Gepäck genauestens zu untersuchen. In dem Augenblick, als sie uns zurufen, sehen wir ein Schild mit dem Wort Camping, und uns wird erlaubt, dorthin zu verschwinden.

Auf dem Gatter des Campingplatzes sitzt ein wundervoller Vogel. Das muß ein grüner Quetzal sein, Guatemalas Nationalvogel. Die alten Azteken und die Mayas verehrten die Quetzals als Götter der Luft und trugen ihre Federn an Feiertagen als Schmuck. Der Vogel vor mir ist nicht größer als eine Taube, doch die leichten grünen Schwanzfedern sind einen Meter lang. Seine Brust leuchtet orangerot. Der Quetzal ist sehr selten, aber hier sitzt er genau vor uns! Leider müssen wir auf den Campingplatz, und als ich das Gatter öffne, fliegt der Vogel weg. Ich stehe und schaue ihm nach, bis er zwischen den Bäumen verschwindet.

„Habt ihr den Vogel gesehen?" rufe ich.

„Nee", sagt Hjalte. „Was für einen Vogel?"

Man sagt, daß dieser Vogel nur in Freiheit leben kann und in Gefangenschaft stirbt – doch vielleicht ist das nur eine Legende, die aufgrund der unglücklichen politischen Situation Guatemalas entstanden ist.

Den ganzen nächsten Tag quälen wir uns auf einem unmöglichen Weg weiter. Emil ist schlecht. Er sagt, daß er völlig ducheinandergeschüttelt wird, und das können wir verstehen. Ich habe die schlimmsten Schreckensvisionen von Brücken gehabt: nur ein schmales, schwankendes Brett mit schwarzem Wasser darunter. Hier sehen die Brücken wirklich fast so aus. Wenn wir nicht viel hin und her wackeln, haben wir auf jeder Seite noch 20 bis 30 cm Spielraum. Der Weg vor der Brücke ist weggespült. Ich gebe Gas, komme durch das Loch und lande auf den schrägen Brettern. Das Problem ist nur, daß die Planken gebrochen sind und ich auf der Brücke nicht halten kann, da nirgends Platz ist, um die Füße aufzusetzen. Nach ein paar besonders schlechten Brücken muß ich kurz anhalten und mein Herz wieder an die richtige Stelle rücken, bevor ich weiterfahre.

Wir halten irgendwo bei einem Haus und fragen, ob wir auf der Wiese davor unser Zelt aufschlagen dürfen. Natürlich dürfen wir das! Das Haus ist ein gewöhnliches Maya-Haus, aus Ästen geflochten, mit einem Dach aus Palmenblättern. An der Seite, wo die Tür ist, wird das Essen zubereitet, und in einem abgeschirmten Raum schläft die ganze Familie auf dem Boden. Die Frau ist alleine zu

Hause. Ihre kleinen Kinder kommen und betrachten all das Merk-würdige, was wir mithaben. Sie selbst geniert sich und bleibt bescheiden in der Küche. Erst spät am Abend kommt ihr Mann mit seiner Gitarre und einer Flasche Wein nach Hause.

Es regnet die ganze Nacht, und wir hören die kleinen Kinder drinnen im Haus husten. Der Himmel ist grau, als der Morgen kommt. Wir beeilen uns wegzukommen, solange der Weg noch befahrbar ist.

Es ist nicht kalt, obwohl der Regen immer stärker wird. Vor uns haben sich Lastwagen festgefahren und versperren den Weg. In einer Schlammwolke verschwinden Hjalte und Emil. Ich warte und warte. Wo bleiben sie bloß? Ich schaffe es fast nicht, mich durch die Wasserlöcher zurückzukämpfen. Einen Kilometer zurück finde ich sie mit einem Nagel im Hinterreifen – unsere erste Reifenpanne! Wir packen unser Montiereisen und Flickzeug aus, und Emil und Hjalte ziehen das Hinterrad ab. Sie flicken es mitten im Schlamm. Nachdem ich Ida gewickelt habe, pumpe ich den Reifen mit der Handpumpe auf. Es regnet in Strömen, und als wir Punta Rosa erreichen, sind wir die letzten, die noch durchgekommen sind, bevor alles im Morast versinkt und die Straße gesperrt wird.

Über der Hauptstraße in Guatemala City hängen Neonreklamen so dicht nebeneinander, daß sie ein Dach bilden. Es sind mehr als in Manhattan. Große, strahlende Fensterauslagen bieten alle moder-nen Waren an. Ich glaube, ich kenne keinen Ort, an dem so viele flotte Modesachen angeboten werden. Auf jedem dritten Schild steht „Fiorucci-Jeans". Ein Polizist hält mich an, weil Ida keinen Helm aufhat. Sie hat gestern einen Kratzer am Kopf abgekriegt und wollte deshalb ihren Helm heute nicht aufsetzen. Während ich mit dem Polizisten, der sein Maschinengewehr auf mich gerichtet hat, rede, sehe ich durch mein bespritztes Visier, daß im Fenster hinter ihm ein Korsett an einem künstlichen Hintern aus Schaumgummi ausgestellt ist. Ich kann mir das Lachen kaum verkneifen.

Das Hotel erinnert mich an zu Hause. Die Häuser im guten, alten Kopenhagen waren sicher im selben Stil gebaut. Zwei verwinkelte Höfe liegen hintereinander, durch einen schmalen Gang verbun-den. Die kleinen Zimmer haben ihre Türen direkt zum Hof. Eine

Holztreppe führt in die erste Etage, auf der alle Zimmer von der Empore abgehen. Waschgelegenheit und Wäscheleine sind auf dem Hof... Doch trotzdem ist es ganz gemütlich.

Die Motorräder wirken in der ärmlichen Umgebung protzig. Dicht neben unserem Zimmer im hintersten Hof stehen sie sicher und gut. Einige Leute wohnen hier ständig. Hinten in der Ecke wohnt in einem kleinen Zimmer eine Familie mit drei Kindern, und genau neben uns wohnen zwei Handwerker, die das Zimmer als Werkstatt benutzen. Auf der Wäscheleine hängen Spitzenhöschen, die verdeutlichen, daß hier auch eine Hure oder Stripteasetänzerin wohnt.

Wir gehen in die Stadt, um den Kindern Spielzeug zu kaufen. Emil bekommt das Lego-Raumschiff, das er sich so heiß gewünscht hat, und Ida ein Spielzeug aus Zahnrädern. Es ist teuer, aber die Kinder freuen sich riesig. Ida hält ihr Paket gut fest. Sie hat so wenig, die Kleine, ihren Schnuller, ihren Schlafsack und ihre paar Kleider. Ich weiß nicht, ob sie viel damit spielen wird, da sie sonst mit allen möglichen Dingen um uns herum spielt – aber es bedeutet ihr viel, daß sie etwas Eigenes bekommen hat.

Endlich wieder auf den Rädern! Es ist immer wieder eine Befreiung, aus einer Großstadt herauszukommen. Wir sitzen am Wegrand und teilen eine Wassermelone. Eine kleine Indianerin kommt zu uns und fragt, ob wir nicht etwas kaufen wollen. Was „etwas"? Sie nimmt uns mit zu ihrem Haus, das gleich hinter dem Graben liegt. Die kleine Familie mit der Tochter hat vor einem Schuppen einen kleinen Gemüsegarten angelegt. Auf der Flucht vor dem Bürgerkrieg in den Bergen sind sie vor neun Monaten hierher gezogen und wohnen illegal auf diesem Stück Land. Der Mann erzählt uns, daß sie jeden Tag auf den Markt fahren und Gemüse verkaufen. Doch das ist ziemlich schwer, weil ihre Preise zu hoch sind. Dafür ist ihre Ware erste Klasse. Das Feld ist nicht größer als dreißig Quadratmeter. Alles ist gejätet und sehr ordentlich. Zwiebeln, Radieschen und Salat strotzen vor Frische.

Die Frau nimmt uns mit ins Haus, das nur einen Raum hat. Die Kleider der ganzen Familie liegen sauber und ordentlich in nur einer Kiste. Auf dem Erdboden liegt ein Webgerät, dessen Enden auf der einen Seite am Gürtel festgemacht werden und auf der anderen an der Wand. Unter großem Gelächter dürfen wir alle ihre Sachen anprobieren, und als wir wenig später Abschied nehmen, habe ich eine handgewebte Bluse im Koffer. Sie ist gut verarbeitet und hat ein kompliziertes Muster. Es hat viel Zeit gekostet, sie zu nähen. Vielleicht ist die Bluse etwas abgetragen, aber mir ist sie die achtzehn Dollar wert, und hauptsächlich ist sie ein Andenken an die kleine Familie in Guatemala. Sie haben heute ein gutes Geschäft gemacht, und die Freude steht ihnen ins Gesicht geschrieben, als wir zum Abschied winken. Sie werden es schon schaffen, denke ich, mit der kleinen tüchtigen Frau, die sowohl Geschäftssinn als auch Charme hat.

An der Front – El Salvador
(Hjalte)

Die „Panamericana" überquert auf einem kleinen Hügel die Grenze zwischen Guatemala und El Salvador. Am Wegrand stehen Bäume mit rosafarbenen Blüten. Die Wärme flimmert über dem Asphalt, und in der Luft hängt ein trockener Duft von Gras. Wir sehen die wartenden Lkws und die Schilder und Ketten über der Straße. Auf dem Hügel flattert die blau-weiße Flagge El Salvadors.

Noch bevor wir die Motoren abgeschaltet haben, sind wir von johlenden, barfüßigen Jungen umringt, die uns durch den Schlamm der Bürokratie lotsen wollen. Ich nehme den Helm ab und merke, wie durstig ich bin. Nina bindet den Wasserkanister ab, nimmt einen Schluck und reicht mir den Kanister. Ida schläft friedlich und spürt nichts von den neugierigen Blicken, die auf uns und den Motorrädern ruhen.

Emil folgt mir in die Büros. Die Jungen warten geduldig darauf, daß wir abgefertigt werden, und führen uns dann zum nächsten Büro mit dem nächsten Stempel. Draußen in der Sonne ist die Militärpolizei dabei, einen Lkw mit Zwiebeln aus Guatemala zu untersuchen. Die Fahrer müssen alle Säcke abladen und in Reihen auf die Straße legen. Routiniert wird jeder Sack mit einer Eisenstange durchbohrt, um zu kontrollieren, ob Waffen darin versteckt sind.

Hier sind viel mehr Soldaten als an den anderen Grenzen. Schwerbewaffnet überwachen sie alles. Unbeweglich stehen sie und starren durch ihre Sonnenbrillen auf uns. Ich kann ihre Augen nicht sehen, nur das verzerrte Spiegelbild meiner eigenen. Neben dem Schild mit der Aufschrift „Migration" sitzt ein großer Kerl mit schwarzen Rändern unter den Augen. Auf dem kleinen Tisch vor ihm liegen ein Stempel und ein Revolver.

„Was wollt ihr hier in El Salvador?" fragt er und sieht mich prüfend an.

„Wir wollen nach Honduras, und da der Weg durch El Sal..."

Er unterbricht mich und schreibt über den Einreisestempel „Fünf Tage".

„Ihr könnt fahren. Gute Reise."

Fünf Tage sind mehr als genug, denn El Salvador ist kleiner als Hessen. Bevor wir weiterfahren, kommt ein Soldat zu uns und sagt eindringlich: „Denkt an das Ausgangsverbot. Nach sieben Uhr abends werdet ihr erschossen!"

Mit vielsagender Miene klopft er auf sein Maschinengewehr.

Obwohl es nur noch hundertzwanzig Kilometer bis zur Hauptstadt sind, geben wir es auf, sie heute noch zu erreichen, da es schon zu spät geworden ist. Der Soldat rät uns, zum Lago de Coatepeque zu fahren. Dort sei es recht friedlich. Das letzte, was wir von San Cristobal Frontera sehen, ist die kleine Militärkaserne, die sich hinter einem hohen Wall von Sandsäcken versteckt. Die Farben sind schwächer geworden und die Schatten länger, aber es ist immer noch Tag. Menschen gehen vor den Sandsäcken und dem Maschinengewehr, das auf die Felder zeigt, ruhig hin und her. Ich halte nach dem Krieg Ausschau, über den ich in den Zeitungen gelesen habe. Ich kann ihn nicht sehen. Die Berge wirken bläulich wie alle anderen Berge auch bei Sonnenuntergang. Die Menschen, die wir sehen, arbeiten wie alle anderen, an denen wir vorbeigefahren sind. Auf den Feldern verrichten die Bauern ihre Arbeit. Am Straßenrand ist eine alte Frau mit einem großen Bündel Reisig auf dem

Rücken auf dem Weg nach Hause. Zwei Frauen kommen uns mit Wasserkrügen auf dem Kopf entgegen. Vor einem Bauernhaus winken uns zwei Kinder zu. Ich winke zurück.

Gegen sechs Uhr erreichen wir den Lago de Coatepeque. Der See liegt schwarz und blank tief unten in einem riesigen Vulkankrater. Die Bergwände stürzen in das stille Wasser ab. Bis zum anderen Ufer sind es mehrere tausend Meter. Vor dem Flammentanz des Sonnenunterganges erheben sich zwei Vulkankegel. Santa Ana ist der höchste Vulkan des Landes, zweitausenddreihundert Meter hoch.

Die Indianer nennen ihn Ilama Terec. Im Licht der untergehenden Sonne schillern die Laubbäume, Mimosen und Zypressen grün, gelb und blau. Die Straße führt zum Wasser. Am Ufer steht eine Luxusvilla neben der anderen, und auf der gegenüberliegenden Seite liegen die Hütten der Diener eingeklemmt zwischen den Bergwänden.

Die Straße endet bei ein paar Häusern, dem Hotel und einem Kiosk. Vor dem Kiosk steht ein Mann, klein und stämmig, lässig an die Wand gelehnt und trinkt eine Limonade. Er trägt ein schwarzes Unterhemd und betrachtet uns mit einem melancholischen Ausdruck in den Augen. Emil krabbelt vom Motorrad und läuft zum Kiosk, um sich etwas zu trinken zu kaufen. Nina nimmt den Helm ab und fragt den Mann, was die Übernachtung im Hotel kostet.

„Das ist teuer", sagt er, während er Emils blondes Haar bewundert.

„Glaubst du, daß es hier einen Platz gibt, wo wir unser Zelt aufschlagen können?" fragt Nina weiter.

„Ich wohne in dem Haus hier direkt hinter dem Kiosk. Wenn ihr wollt, könnt ihr auf der Veranda schlafen."

Wir gehen mit dem Mann zum Haus hinüber. Es ist ein Riesenklotz mit einer gefliesten Veranda und einem langen Gang durch das Haus. Zu beiden Seiten davon liegen recht große Zimmer, voll mit aufgehängter Wäsche. Sie wirken fast unbewohnt, und nur schwaches Licht dringt durch die schmutzigen Fenster. Auf dem Fußboden stehen einige Pappkartons.

Der Mann erzählt uns, daß er Modesto heißt und im Hotel

arbeitet. Er zeigt auf die Zimmer und erklärt, daß die meisten Angestellten des Hotels wegen des Ausnahmezustandes hier wohnen. Im unteren Teil des Hauses ist eine Wäscherei. Daher stammt die ganze Wäsche in den Zimmern. Modesto lädt uns zum Essen ins Hotel ein. Wir holen die Motorräder und stellen sie auf den Parkplatz neben das Haus.

Das Hotel Torremolinos liegt zwischen dem See und der Straße. Es ist wirklich ein etwas teures Hotel mit schweren Möbeln und häßlichen schmiedeeisernen Arbeiten. Es dauert eine Weile, bis ich merke, daß etwas Eigenartiges an diesem Ort ist. Es ist hier zu still und zu dunkel. Auf den Tischen sind noch tadellos weiße Tischdekken. Teller, Gläser und Besteck liegen genau so, wie sie sollen – doch alles ist verstaubt.

Es ist ein schöner Raum. Die eine Seite ist durch Arkaden zum See hin geöffnet. Die Sonne verschwindet hinter den beiden Vulkanen, und der See verwebt sich mit der Dämmerung. Groß und gelb steht der Mond über dem Kraterrand. Das Mondlicht legt einen blassen Phosphorglanz auf das tiefe, stille Wasser und wirft verzerrte Spiegelungen in den dunklen Raum. In der entferntesten Ecke sitzt jemand. Das sind sicher ein paar Kellner und ein Küchenmädchen, die fernsehen. Modesto wechselt leise ein paar Worte mit der Küchenhilfe, und wir setzen uns an einen Tisch dicht am Wasser. Etwas später kommt die Frau mit Tellern voll Reis und Bohnen und ein paar gebratenen Bananen zurück. Das essen alle hier in El Salvador. Doch es ist sicher nicht das, was die amerikanischen Touristen hier einmal serviert bekommen haben.

Modesto erzählt, daß seine Familie das Hotel besitzt. Lago de Coatepeque ist ein richtiger Touristenort, aber jetzt ist es über ein Jahr her, daß hier die letzten ausländischen Gäste waren. Sie sind durch die Unruhen im Land verscheucht worden. Seine Familie hat keine andere Einnahmequelle und versucht deshalb, mit den einheimischen Salvadorenos auszukommen, die an den Wochenenden hierherkommen. Er beklagt sich nicht, denn seine Familie kommt besser klar als so viele andere, und er liebt den See. All die Reichen aus den Luxusvillen sind nach Amerika gereist, fügt er hinzu, aber das würde er nie tun. Er hat vor einigen Jahren in Los Angeles gearbeitet und wir können gut verstehen, daß er es dort schrecklich fand. Er will dort nicht wieder hin . . .

Ich lehne mich im Stuhl zurück und blicke übers Wasser. Modesto schweigt. Emil und Ida gehen zu den Leuten beim Fernseher. Es ist selten, daß die Kinder fernsehen, deshalb finden sie es witzig, die flimmernde Show und die plumpe Reklame anzusehen. Ich bin von der Atmosphäre im Haus irgendwie bedrückt. Ich schaue zu Nina hin. Sie ist auch schweigsam und in Gedanken versunken. Es ist so still über dem Wasser, daß ich beinahe den Flügelschlag der Geschichte hören kann.

Doch das dunkle Hotel läßt mich die Oberklasse nicht vergessen, die immer noch an der Macht sitzt und nur auf Urlaub an einem anderen Ort ist. Modesto erzählt, daß der See, die Berge rundherum und das Mondlicht einem Mann gehören. Die Menschen, die hier wohnen, sind immer noch bettelarm.

„Was glaubst du, wird mit El Salvador geschehen?" fragt Nina zum Schluß.

„Quien sabe?" – Wer weiß? – antwortet Modesto mit einem traurigen Lächeln.

Die Nachtwache läßt uns trotz des Ausgangsverbotes hinaus, und wir laufen über die Straße zum Haus. Es hat angefangen zu regnen, und Modesto fragt, ob wir nicht lieber drinnen in einem leeren Zimmer schlafen wollen. Das wollen wir gern und machen uns auf den Fliesen ein Bett aus unseren kleinen, gelben Matratzen zurecht. Emil schläft schnell ein, aber Ida quengelt, weil wir ihren Schnuller im Hotel vergessen haben. Wir können jetzt nicht zurückgehen und ihn suchen und bemühen uns deshalb abwechselnd, sie zum Schlafen zu bringen.

Ida will am liebsten bei ihrer Mutter sein. Sie legt sich ganz zu ihr und krabbelt herum, bis sie halb auf Ninas Bauch liegt. Hier schläft sie ein und Nina traut sich nicht, sich auch nur ein bißchen zu bewegen. Aber es dauert nicht lange, bis Ninas Körper steif ist und es ihr weh tut. Vorsichtig legen wir Ida auf ihren kleinen Schlafsack, doch sie wacht auf und beginnt wieder laut zu weinen. Von neuem versucht Nina, sie zu beruhigen, und ich helfe, so gut ich kann, mit beruhigenden Worten. Emil dagegen schläft wie ein Murmeltier, ganz gleich, wie laut Ida weint. Schließlich sind unsere Reserven an einlullenden Geräuschen erschöpft, und wir geben ihr eine Halspastille zum Lutschen. Endlich schläft sie ein.

Emil erwacht frisch und munter. Nina und ich sind todmüde. Auch Ida erwacht, sieht verwirrt um sich. Wo bin ich? – Sie ist zu Hause, denn hier sitzen ihre Mutter und ihr Vater, und da ist Emil, der sie zärtlich umarmt und sagt: „Komm!" Sie laufen auf die Veranda. Emil will ihr Ameisen zeigen.

Das ist also ihr Zuhause, denke ich, ein kleines Nest aus Liebe, ausgebreitet an den merkwürdigsten Stellen auf dem Weg durch Lateinamerika. Ein Zuhause ist kein Haus, keine Wohnung, sondern ein sicherer Beweis, daß die Liebe nie verlorengeht, eine Sicherheit sowohl zwischen mir und Nina wie auch zwischen Emil und Ida und uns allen.

Zum Frühstücken gehen wir ins Hotel. Wir setzen uns auf die überdachte Terrasse, die an den See grenzt. Emil und Ida setzen sich auf die Kante und beobachten Fische im Wasser. Die Sonne glitzert über dem See und spiegelt die grünen Berge im Wasser wider. Etwas weiter am Ufer steht eine Gruppe von Frauen, die auf einem flachen Stein im Wasser Wäsche wäscht. Der gestrige Dornröschenschlaf hängt immer noch über diesem Ort. Wir sind die einzigen Gäste, und Modesto kommt selbst mit dem Frühstück zu uns.

Nina liest die Zeitung aus der Hauptstadt San Salvador. Im ganzen wurden gestern siebenundzwanzig Tote gezählt. Die meisten sind Opfer von rechtsgerichteten Terrorakten. Sie sind so verstümmelt, daß sie nicht zu identifizieren sind. Auf unserer Karte kann ich die Dörfer und Slums ausfindig machen, in denen die Morde geschehen sind. Sie liegen nördlich und östlich der Hauptstadt. Die Zeitung berichtet auch von mehreren Zerbombungen von Brücken, Hochspannungsleitungen und der Zerstörung von zwei Guerilla-Lagern.

Der alte Mann mit der Schirmmütze auf dem Stuhl vor dem Hotel ist der Nachtwächter. Jede Nacht sitzt er hinter verschlossener Tür und paßt auf das Hotel auf, während er in die Nacht hinaus lauscht. Aber er versichert uns, daß hier weder Militär noch Guerilla vorbeikommt.

„Hier unten am See haben wir es wirklich friedlich", sagt er. „Eigentlich ist es nicht so gefährlich in El Salvador, wie man hört. Wenn man keine Gewalt will, kann man ihr auch entgehen. Ja, ich meine, daß auf Gewalt wieder Gewalt folgt. Wenn sie aufhören würden, könnten wir uns friedlich einigen."

Ich sehe auf den alten Mann, der im Schatten vorm Hotel sitzt. Ich meine, einen Schimmer von Angst in seinen Augen erkennen zu können.

Nach einer kurzen Pause zeigt er über den See und fragt mich, ob ich weiß, was da drüben passiert ist.

„Ja", sagt er, „da drüben ist mein Vater, als ich zwölf Jahre alt war, ermordet worden. Er war Landarbeiter in Izalco. 1932 war die Ernte schlecht, und viele Landarbeiter starben. Zum Schluß gab es einen Aufstand gegen die Gutsbesitzer. Mein Vater ging mit, doch sie hatten keine Waffen. Das Militär kam, und in zwei Tagen töteten sie dreißigtausend Menschen. Es war nicht einmal ein Krieg, es war ein furchtbares Gemetzel. Alle Dörfer um Izalco wurden zu Gespensterdörfern, fast ausgestorben. Mein Onkel wurde auch ermordet", schließt er.

Ich bin erschüttert und sitze schweigend da.

Der Nachtwächter fügt mit einem schwachen Lächeln hinzu: „Aber ich bin noch nicht tot, und ich will gut leben, bis ich sterbe. Ich werde mich nicht einmischen."

Emil kommt vom Strand zurück. Er war zu einer Angeltour von einer Familie aus dem Ort eingeladen worden und war mehrere Stunden weg. Er erzählt ganz aufgeregt, daß sie einmal um die Insel im See gefahren sind und zwei Fische gefangen haben.

Ich sehe Emil an und denke an die Geschichte des Nachtwächters. Ich denke an die Guerilla in den Bergen und an alle verstümmelten, elternlosen Kinder, für die ihr Vater nur ein toter, verschwundener Mann ist.

Emil und Ida bauen ein Haus aus Abfällen über die Ameisen, die in langen Reihen an den Rissen in den Fliesen auf der Veranda entlangeilen. Wie schön auch das Haus sein mag, die Ameisen ziehen es vor, draußen zu bleiben. Die Kinder lachen darüber und sind völlig in ihr Spiel mit den emsigen Ameisen versunken.

Nina ist mit einem großen Sack voll Windeln, einem Stück Seife und einer kleinen, harten Bürste zum See gegangen. Während sie wäscht, repariere ich einige Kleinigkeiten an den Motorrädern.

Als wir losfuhren, hatten wir uns eine ganz andere Arbeitsteilung gedacht, doch hier zeigt sich alles von einer ganz anderen Seite. Es gibt ziemlich viel zu waschen und recht wenig an den Motorrädern zu tun – Gott sei Dank! In der Regel kauft Nina ein, und ich mache das Essen. Wir packen gemeinsam jeden Abend das Zelt aus und wechseln uns mit dem Aufstellen und Matratzenordnen ab. Morgens machen wir zusammen Frühstück. Jeder belädt sein eigenes Motorrad. Die Tage sind für uns mit kleinen Tätigkeiten ausgefüllt, die wir gemeinsam verrichten müssen, wenn wir es ermöglichen wollen, mit zwei Kindern auf Motorrädern unterwegs zu sein. Die Reise hat die Arbeitsteilung zur Solidarität werden lassen, und dies zu erkennen ist ein herrliches Erlebnis.

Den Rest des Tages bringe ich die Motorräder in Ordnung. Mein Hinterreifen hat ein kleines Loch. Zwei Tage bin ich so damit gefahren, doch jetzt nehme ich mich endlich zusammen und flicke den Schlauch. Die letzten zwei Tage hatte ich das Gefühl, daß der Motor an Kraft verliert, wenn er warm ist. Ich schraube den Benzintank ab und stelle die Ventile ein. Mit einem Steckschlüssel ziehe ich sorgfältig alle Schrauben nach. Wir sind jetzt zehntausend Kilometer gefahren und alles funktioniert noch perfekt. Das ist beruhigend und verspricht nur Gutes für die nächste Etappe nach Panama.

Ein junger, hübscher Mann hat lange dagestanden und mir bei der Arbeit zugesehen. Endlich nimmt er sich ein Herz und fragt mich, woher ich komme.

„Dinamarca", antworte ich und zeige auf das Motorrad, wo ich es aufgemalt habe.

„Dinamarca?" wiederholt er fragend.

„In Europa", erkläre ich.

„Ah, Europa!" Er ist beeindruckt und fragt verwundert, ob ich wirklich den ganzen Weg auf dem Motorrad gefahren bin?

Das sind wir. Ich verschweige die Autotour durch die USA, um die Sache nicht zu kompliziert zu machen.

Er betrachtet die Hondas eine Weile und kommt dann mit der unvermeidlichen Frage: „Wieviel kosten eure Motorräder?"

„Für jedes haben wir in Los Angeles zweitausend Dollar bezahlt."

Der junge Mann steht und denkt über den Preis nach, versucht ihn in Colones umzurechnen und sagt dann mit schlecht verstecktem Neid, daß dies hier in El Salvador der Preis für ein Mofa von Honda sei. Ich finde zwar, daß wir billig leben – wir kaufen auf dem Markt ein, wir essen kein Fleisch, wir rauchen nicht und trinken auch fast nichts –, trotzdem verbrauchen wir einen durchschnittlichen Monatslohn von einem Salvadoraner in einer Woche.

Ich will das Gespräch auf die Guerilla im Land lenken und frage, ob er nicht findet, daß es hier am See ruhig ist.

„Nur an der Oberfläche", versichert er und schweigt einen Augenblick. „Die meisten hier sind arm, und Armut ist ein großes Problem in unserem Land. Du weißt ja vielleicht, daß ein Mann alles hier besitzt?"

Ich nicke.

„Deshalb ist es nicht verwunderlich, daß einige zur Guerilla gehen", fährt er fort.

Ich spitze die Ohren.

„Die Junta hat außer bei den Amerikanern keinen Rückhalt. Aber der hilft nicht viel. Doch ich glaube auch nicht, daß die, die in den Bergen kämpfen, etwas verändern können."

„Glaubst du denn nicht, daß sie gewinnen können?" frage ich.

„Nee, darum geht es nicht, denn ich glaube, daß sie gewinnen werden. Nein, das Problem ist, daß die, die heute in den Bergen kämpfen, morgen ganz oben sitzen. Die Situation mit einigen oben und den anderen unten wird sich nicht ändern, solange das Denken der Menschen sich nicht ändert. Das ist ein langsamer Prozeß."

Ich bin über das Gesagte recht erstaunt und warte darauf, daß er näher erläutert, was er meint, doch er fährt mit etwas ganz anderem fort.

„Das, was sich das Volk wünscht, ist Arbeit, um sich mit dem Geld Dinge kaufen zu können. Deshalb sind so viele arme Salvadoraner in die USA gegangen. Dort arbeiten sie hart, bekommen Geld und können sich das, was sie gerne haben wollen, kaufen. Hier in El

Salvador arbeiten sie auch hart, bekommen aber kein Geld. Sie können sich nichts kaufen, denn alles ist teuer. Vielleicht kann die Guerilla Arbeit für die Leute beschaffen, doch es wird noch viele Generationen dauern, bis eine einheitliche Gesellschaft geschaffen ist." Er schweigt wieder.

Ich frage, wie er sich das vorstellt, die Denkweise der Menschen zu ändern. Er antwortet nur vage, daß es durch die Erziehung der Kinder, vielleicht durch die Schulen geschehen müßte.

Als er zu seiner Schwester zum Mittagessen muß, verabschieden wir uns.

Auf der Veranda sitzt Nina mit Ida. Jetzt erst sehe ich, daß Idas Haare geschnitten worden sind, und frage, was passiert ist.

„Arme, kleine Ida", sagt Nina, „sie hatte eine große, entzündete Wunde auf dem Kopf, und um sie zu reinigen, mußte ich ihr die Haare abschneiden. Aber sieht sie nicht trotzdem noch süß aus?"

Ich lache, nehme Ida auf den Arm und gebe ihr einen Kuß. Sie ist zufrieden, die kleine, starke Maus.

„Deshalb konnte sie gestern den Helm nicht aufsetzen", fügt Nina hinzu.

Die Waschfrau des Hotels, die zu uns gekommen ist, streichelt Ida mit ihrer großen, roten Hand und sagt: „Que linda, que linda! – Nein, wie ist sie niedlich!"

In der Tür erscheint der kleine Koch des Hotels und gibt uns ein Zeichen, daß wir kommen sollen. Er wohnt in dem Zimmer gegenüber und hat uns erzählt, daß er eigentlich in Santa Ana, einer großen Stadt, dreißig Kilometer vom See entfernt, wohnt. Nachdem der Ausnahmezustand vor einem Jahr erklärt wurde, konnte er abends nicht mehr nach Hause fahren und wohnt jetzt in diesem tristen Raum. Er zeigt halb entschuldigend, halb verächtlich auf die wenigen Sachen im Zimmer und sagt, daß er in die USA will, um alle die Dinge zu bekommen, die er hier nicht hat. Er möchte, daß wir über Amerika berichten, denn er ist ganz sicher, daß es sein Traumland ist. Der Koch hat nur über Reklame und Filme von Amerika gehört und hat nur eine vage Vorstellung von einem Land mit reichen Menschen. Ich sage ihm, daß es dort auch arme Menschen gibt, und daß es für einen spanisch sprechenden Gastarbeiter schwer werden kann, sich durchzuschlagen. Aber das will er nicht hören. Er ist in seinem Traum verloren. Ich schweige. Vielleicht wird er es in den USA ja besser haben als in diesem armen, unsicheren Land.

Heute abend ist Licht im Restaurant. Eine kleine Gesellschaft sitzt und trinkt, und draußen auf dem Badesteg stehen eine Frau und ein Mann und beobachten den Mondaufgang. Der Mann kommt mehrere Male an unserem Tisch vorbei. Er ist recht dick, ist um die Dreißig und hat nur eine Badehose an. Schließlich kommt er zu unserem Tisch, redet über alltägliche Sachen und stupst Ida mit seinem dicken Finger an. Ich kann es nicht lassen, auf seine Badehose, in der ein großer Revolver steckt, zu starren.

Die Gesellschaft wird immer lauter. Sie trinken viel, und es scheint, daß sie im Hotel übernachten wollen, da schon einige Stunden seit Beginn der Sperrzeit vergangen sind. Eine Frau erhebt sich und steuert auf uns zu. Sie ist ziemlich jung und hat ein knallrotes Kleid an. Schwankend lehnt sie sich über mich und ruft mit einer etwas näselnden Stimme: „Was macht ihr hier? Das ist kein Ort, um zu bleiben!" Sie setzt zu einem Strom von hoffnungslosen Klagen über das Leben in El Salvador an und nimmt dann die Hand von meiner Schulter, zielt auf meinen Kopf und schreit: „El Salvador – päng, päng, päng!"

Die Gesellschaft lacht laut. Und auch die junge Frau beginnt zu lachen, während die Angst aus ihren Augen leuchtet. Sie streicht Emil übers Haar und torkelt zu ihrem Stuhl zurück.

Es ist Sonntag, und viele Familien sind zu einem Ausflug an den See gekommen. Wir wollen nach San Salvador und verabschieden uns von Modesto und den anderen Leuten vom Hotel. Modestos Tochter schenkt Ida ein Medaillon mit einem weißen Vogel, über das Ida sich sehr freut. Es bildet sich ein richtiger Menschenauflauf, und sie winken uns zum Abschied zu. Die verwunderten, unruhigen Seitenblicke bei unserer Ankunft sind jetzt zu einem freundlichen Lächeln geworden.

Wir fahren langsam den Vulkankrater hinauf, weg von dem stillen See. Die Landschaft wird zu Feldern, die bestellt sind und fruchtbar aussehen. In einer Bude sitzen Landarbeiter und warten auf den Bus, der sie vor der Sperrstunde nach Hause bringen soll. Wir halten und kaufen das beste Obst, das wir bisher gegessen haben. Glücklich schwelgen Emil und Ida in den süßen, saftigen Früchten. Nina muß ihnen danach trockene Sachen anziehen.

Die letzten fünfzig Kilometer vor San Salvador ist die „Panamericana" Autobahn. Der ehemalige Diktator Romero baute eine sechsspurige Autobahn, um der Welt zu zeigen, wie entwickelt El Salvador sei. Nun liegt sie da; fast unbefahren schneidet sie durch Felder, Dörfer und Berge direkt bis zur Hauptstadt, genauer gesagt, bis zum Palast des Präsidenten. Ab und zu liegen kleine Hütten auf den Anhöhen entlang der Straße. Ihre Blechwände klappern jedesmal, wenn ein Lkw vorbeidonnert.

Stadteinwärts herrscht dichter Verkehr. Alle kommen von einem Wochenendausflug nach Hause und beeilen sich, vor der Sperrstunde daheim zu sein. Hier draußen in den Vorstädten gleicht die Stadt zusammengewachsenen Dörfern, die traurig und verfallen aussehen. Die Straßen führen hinunter ins Zentrum und sind voll von Abgasen. Wir halten irgendwo kurz, um auf die Karte zu sehen. Sofort stoppt ein Auto, und eine Familie ruft uns zu, daß wir vor neunzehn Uhr von der Straße sein müssen, sonst würden wir erschossen werden.

Wir kommen zu einem großen Markt, der gerade schließt, und es wimmelt überall von Menschen. Wir werden sofort von mehreren hundert Menschen umringt. Das erste, was sie uns sagen, ist, daß wir an das Ausgangsverbot denken sollen. Danach fragen alle durcheinander, wo wir heute nacht schlafen werden. Wir sagen, daß wir ein einfaches Hotel suchen. Die, die uns am nächsten stehen, diskutieren kurz miteinander, und ein junger Mann auf einem Roller bietet sich an, uns zu einem zu führen. Erleichtert, daß wir in guten Händen sind, winken die anderen uns zum Abschied zu.

Es ist kurz nach achtzehn Uhr, und unser Führer hat es eilig. Wir sausen durch den chaotischen Verkehr. Das erste Hotel ist belegt, und wir müssen ein anderes finden. In voller Fahrt geht es durch die graue, dicke Luft. Es ist ganz schön schwer, alle Haken des Mannes mit unseren Motorrädern nachzufahren. Doch wir bleiben durch das Labyrinth von Einbahnstraßen bis zum nächsten Hotel hinter ihm. Hier ist noch etwas frei. Wir können uns bei dem Mann kaum bedanken für seine Hilfe – schon ist er mit quietschenden Reifen um die nächste Ecke verschwunden.

Das Hotel ist ein altes, flaches Haus mit einem dafür typischen Hinterhof. Hier sieht es nicht sehr gemütlich aus. Der Wirt ist ein junger Mann mit einem ungesunden Aussehen, der zusammen mit seiner Frau und seiner kleinen Tochter in einer miefigen Kammer ganz hinten im Haus wohnt. Mit gegenseitiger Hilfe heben wir die Motorräder über den Bordstein und die Treppe. Wir schieben sie durch den kleinen Gang hinaus in den Garten. Unser Zimmer liegt zum Hof hinaus und besteht aus einem schmalen Bett, einer Hängematte und einem kleinen Waschtisch. Wir müssen noch einmal, weil wir noch etwas zu essen brauchen, hinaus. Der Wirt schärft uns ein, ja vor neunzehn Uhr zurück zu sein. Punkt neunzehn Uhr schließe er die Tür und öffne sie nicht wieder.

Emil ist ganz nervös, daß wir nicht rechtzeitig zurückkommen und schaut zum Hotel zurück. Etwas weiter liegt ein *comedor*. Zwei Männer sitzen an einem schmierigen Tisch und verschlingen ihren Reis mit Bohnen, wobei sie dauernd auf die Uhr sehen. Die Frau brutzelt uns etwas auf ihrem Herd zusammen. Da es zu spät geworden ist, um hier zu essen, bekommen wir es in einer Tüte mit.

Es ist jetzt halb sieben, und der Verkehr ist fast zum Erliegen gekommen. Eine angenehme Wärme steigt vom Asphalt auf. Der Abend ist eigentlich sehr schön, doch keiner bemerkt es. Nur ein paar Taxis rasen verspätet über rote Ampeln.

An der Ecke gegenüber vom Hotel setzt eine Frau eine Blechplatte vor ihren Zeitungskiosk. Ich kann sehen, daß sie für sich und ihre Kinder hinter den Blechplatten Betten zurechtgemacht hat. Die beiden Kinder sitzen still da und schauen uns an. Erst morgen früh um fünf Uhr können sie ihr Gefängnis wieder verlassen. Heute nacht sind sie alleine, keiner wird ihnen helfen, wenn sie es sind, die auf die Straße gezerrt werden...

Drei Soldaten mit Stahlhelmen und Maschinengewehren sind auf die Kreuzung gekommen. Sie sind dabei, eine Sperre über die

Straße zu ziehen. Weiter unten an der nächsten Kreuzung kann ich auch Soldaten sehen. Die Stadt ist besetzt. Sobald wir ins Hotel gekommen sind, beeilt sich der Wirt, die Tür zu verschließen und zu verrammeln. Die anderen Gäste gehen auf ihre Zimmer und legen sich schlafen. Wir essen das elendige Essen aus dem *comedor*. Ich schaue aus dem Fenster. Alles ist still. Die Stadt wirkt wie ausgestorben. Ein paar Hunde streifen im letzten Licht umher, und bei der Straßensperre stehen die Soldaten, rauchen und unterhalten sich. Ich mache heimlich ein Bild. Ich weiß nicht, ob es verboten ist, aber die Stimmung ist so bedrückend, daß ich keine Lust habe, die Kamera zu weit hinauszustrecken.

Zwei Minuten nach sieben kommt die Wirtin ins Zimmer und schließt unser offenes Fenster mit einer vielsagenden Miene. Während sie die Gardine zuzieht, sagt sie: „Das Fenster muß geschlossen und die Gardine zugezogen bleiben. Die schießen in alle offenen Fenster – als Warnung! Wenn es hier zu warm wird, könnt ihr die Tür zum Gang öffnen."

Es ist unbeschreiblich schwül im Zimmer. Emil sitzt stumm und ängstlich auf dem Bett. Wir prägen Ida, die noch nicht begreifen kann, was ein Ausnahmezustand ist, ein, ruhig zu sein. Wir haben nichts anderes zu tun als uns schlafen zu legen. Die Kinder schlafen auf dem Bett, Nina liegt auf einer Matratze auf dem Fußboden, und ich liege in der Hängematte. Wir beide drehen uns unbehaglich von einer Seite auf die andere.

Ich kann mich erinnern, als ich das erstemal von El Salvador gehört habe. Es war 1979, als ein Bischof hier in der Stadt beerdigt werden sollte. Die internationale Presse war wie immer dabei. Die Begräbnisgäste waren bei glühender Hitze auf dem Platz vor der Domkirche versammelt. Plötzlich fingen die Mikrofone Schüsse ein und vor den laufenden Kameras brachen Leute tot zusammen. Panik brach aus, Leute flüchteten und suchten Deckung, während die Schießerei anhielt. Es war der rechte Flügel, der sich an den Anhängern des Bischofs rächte, weil sie den Mut gehabt hatten, gegen die Oberklasse anzugehen.

Die Fernsehfilme gingen damals um die Welt, und mit Entsetzen ging mir auf, was in diesem kleinen Land geschah.

San Salvador – verlassene Straßen während der Ausgangssperre

Um zehn Uhr höre ich vier Maschinengewehrsalven. Sie kommen von weit her, und danach senkt sich wieder Stille über die Stadt. Ich kann nicht einschlafen und lausche in die Dunkelheit. Aber schließlich sind wir wohl doch alle eingeschlummert, denn um fünf Uhr werden wir alle von einer großen Explosion in der Nähe geweckt. Der Knall läßt die Fensterscheiben klirren, und Ida beginnt zu weinen. Nina nimmt sie zu sich, und ich beruhige Emil. Alles wird wieder still, und wir schlafen unruhig ein.

Wir erwachen müde. Wir lassen unsere Sachen stehen und streifen zu Fuß durch die Stadt. Im Zentrum ist die Fassade eines Bürohauses völlig weggesprengt. Überall liegen Glasscherben. Das Personal fegt sie auf, während fünf oder sechs Soldaten ihre Gewehre auf die Passanten richten, die einen kurzen Blick auf die Verwüstung werfen und schnell weiterhasten.

Es sind viele Menschen auf der Straße, und es herrscht dichter Verkehr. Das Warenangebot in den Geschäften ist groß. Scheinbar geht das Leben seinen gewohnten Gang, doch ich finde die Stimmung ungeheuer gespannt. Die Leute schauen nicht geradeaus, sondern vorsichtig zur Seite, während sie hastig ihren Geschäften nachgehen. Es verwundert, wie wenig Polizisten und Militär eigentlich zu sehen sind. Keiner von ihnen traut sich allein unter die Leute. Wenn wir sie sehen, dann nur in Gruppen und auf Lkws. Dort stehen sie unfreundlich und zielen mit ihren Gewehren auf die Leute.

Auf dem großen Markt ist die Stimmung besser. Hier ist die Unterhaltung freier und der Handel lebhaft.

Wieder im Hotel, verlangt der kleine Wirt mehr Geld. Er behauptet, daß das, was wir gestern bezahlt haben, nur bis fünf Uhr morgens gelte, dann müsse man raus, damit das Zimmer stundenweise an Prostituierte vermietet werden kann. Seine Frau steht mit der kleinen Tochter auf dem Arm an der Tür und verfolgt das Ganze. Wir wissen nicht, ob es stimmt, doch bezahlen wollen wir nicht. Zum Schluß sieht er ein, daß er von uns nicht mehr bekommen kann. Merkwürdigerweise scheint ihm unsere Haltung Respekt abzunötigen. Seine Frau lächelt uns sogar zu, während er uns hilft, die Motorräder auf die Straße zu befördern.

Die Sonne knallt vom Himmel. Es ist bereits Mittag. Als das ganze Gepäck festgezurrt ist und wir in unseren Jacken und Helmen schwitzend bereit sind, abzufahren, kommen zwei Soldaten zu uns. Sie bleiben einen Meter vor uns stehen, die Maschinengewehre direkt auf unsere Bäuche gerichtet und einen Finger am Abzug.

„Her mit euren Papieren!" kommandiert der Anführer.

Emil und Ida, die betreten der Streiterei im Hotel beigewohnt hatten, sehen erschrocken auf die Soldaten. Sie glauben, daß sie gekommen sind, weil wir nicht mehr bezahlt haben. Ich beruhige sie, und Nina gibt dem Soldaten die Papiere. Er blättert sie sorgfältig durch.

„Kennt ihr jemanden in der Stadt?" fragt er Nina, die den Kopf schüttelt.

„So, und warum wohnt ihr dann nicht in einem ordentlichen Hotel? Warum seid ihr hier? Und wer bezahlt eure Reise?"

Der andere Soldat stößt mir das Gewehr in den Bauch.

„Kennst du mich nicht?"

„Nein", antworte ich verwundert.

„Das warst doch aber du, der gestern aus dem Fenster hing, nicht wahr?" Er macht mir ein Zeichen, daß ich die Hände hoch nehmen soll und durchsucht mich. Er zieht die beiden Fotoapparate heraus und fragt mich, warum ich fotografiere, was ich für Bilder mache und ob ich Bilder von Soldaten gemacht habe. Ich antworte ihm, daß ich nur Bilder von der Landschaft gemacht habe und füge hinzu, daß die Natur in El Salvador sehr schön sei.

Er unterbricht mich.

Der Anführer hat jetzt begonnen, Nina auszufragen, was wir im Gepäck auf den Motorrädern haben, aber sie ist ganz ruhig. Der Schweiß läuft ihnen unter ihren Stahlhelmen hervor. Ich sehe den Hotelwirt an der Tür lauern. Er hat Angst vor den Soldaten.

Schließlich bekommen wir unsere Papiere wieder, und der Anführer sagt warnend, daß wir aufpassen sollten, da El Salvador kein Land für Touristen sei. Ich frage ihn nach dem kürzesten Weg aus der Stadt.

Das letzte, was wir vom Militär sehen, ist eine große Kaserne am Rand von San Salvador hinter dicken Betonmauern und Sandsäkken. Vor der Einfahrt steht ein Panzer, auf dessen linke und rechte Seite groteske Totenköpfe mit gekreuzten Knochen gemalt sind.

Wir fahren auf der Hauptstraße in Richtung San Miquel auf der anderen Seite des Landes, hundertsechsunddreißig Kilometer von hier. Die Straße schlängelt sich ostwärts zwischen kleinen Hügeln, die in der Sonne schimmern. Ich bin erleichtert, fast euphorisch darüber, daß wir unbeschädigt aus San Salvador gekommen sind. Ich habe nie eine Stadt in einer solchen Trance von Angst erlebt.

Das Motorrad folgt der Straße über eine Brücke. Hier werden meine Gedanken unterbrochen. Eisen und Beton liegen da, die eine Fahrspur ist weggerissen. Ein Gruß von der Guerilla...

Fünfundzwanzig Kilometer hinter der Hauptstadt versinkt die „Panamericana" in Baustellen und Ausgrabungsorten, die schon lange stillzuliegen scheinen. Wir müssen auf dem Seitenstreifen weiterfahren. Unser Weg führt uns durch die kleine Ortschaft Santo Domingo und beginnt über Staub und Schlaglöcher die Berge hinaufzuklettern. Endlich sind wir auf der Paßhöhe und haben eine phantastische Aussicht über den Flickenteppich von Maisfeldern im Tal. In der Ferne, auf der anderen Seite des Tales, thront ein vollkommener Vulkankegel, der San Vincente.

Ich halte an und setze Emil ab. Emil und Ida wollen gerne zu Mittag essen. Wir nehmen die Küchentasche von Ninas Motorrad und setzen uns unter einen Baum. Nina repariert etwas an ihrem Motorrad, da kommt ein Lastwagen vorbei. Als sich der Staub wieder gelegt hat, kommt sie zu mir und sagt, daß der Lastwagen voll von Soldaten war – in Zivil.

„Hast du Waffen gesehen?" frage ich sie.

„Ja, sie hatten alle Gewehre, aber keiner zielte nach draußen mit ihnen – so wie das Militär." Bevor wir den Gedanken zu Ende bringen können, kommt ein kleiner Pkw vorbei. Die zwei Männer im Wagen sehen uns und bremsen. Das Auto kommt in voller Fahrt rückwärts auf uns zu. Einer der beiden lehnt sich aus dem Fenster und fordert uns auf zu verschwinden.

„Ihr befindet euch im Gebiet der Guerilla! Die können jeden Augenblick hier sein."

„Kommen die nicht nur nachts?" frage ich zögernd.

„Ihr seid verrückt – macht, daß ihr wegkommt! Die lassen keinen aus und nehmen eure Motorräder. Sie nehmen alles!" ruft er und kurbelt das Fenster hoch. Sie geben Gas, und das Auto verschwindet in einer Staubwolke.

Nina hat genug. Sie gibt Emil und Ida eine Banane, packt die Küchensachen in die Satteltaschen und beeilt sich, sie am Motorrad festzuspannen.

„Dann waren es also Guerilleros, die da vorhin vorbeigekommen sind", sagt sie. Ich ärgere mich, daß ich sie nicht gesehen habe.

Wir müssen die Front gekreuzt haben. Eine unsichtbare Front, die wir nicht sehen können.

Die Straße läuft hoch über dem Tal weiter. Ich spähe über die Felder. Dort sind die Bauern wie überall dabei, ihren Mais anzubauen – und doch leben sie auf der anderen Seite der Front. Aber vielleicht sind sie schon morgen wieder auf der Seite des Militärs. Die Guerillafront bewegt sich unaufhörlich. . . . Nach ungefähr fünf Kilometern geht es wieder bergab, weg von den Bergen der Guerilla.

Wir kommen an einer großen Kreuzung, an der es von Bussen und Menschen wimmelt, zurück auf die „Panamericana". Es ist ein großer staubiger Platz mit vielen Buden, in denen die Bauersfrauen Essen und Erfrischungen verkaufen. Wir beschließen, hier Mittag zu essen, und stellen unsere Motorräder vor einer Bude ab. Die Frauen scharen sich um uns, und ein paar Reisende betrachten uns neugierig. Die Bude, in der wir sitzen, besteht nur aus ein paar Brettern als Bank, einem Tisch und einer kleinen Feuerstelle, auf der die Frau Bananen und kleine Fleischstücke als Füllung für die Tortillas zubereitet. Darüber ist eine Plane gegen die glühende Sonne gespannt. Wir bestellen Limonade und nehmen unser Essen mit hinaus. Die Frau öffnet die Flaschen und gießt die Limonade in eine Plastiktüte mit Eis drin. Dazu steckt sie in jede Tüte noch einen Strohhalm. Es ist sehr erfrischend. Es sind vergnügte, energische Frauen, die die Buden betreiben. Jedesmal, wenn ein Bus anhält, laufen sie mit ihren Pfannen, Tüten und Spießen in die Sonne zu den offenen Busfenstern. Es ist ein fortwährendes Gewimmel, Hupen und Rufen.

Plötzlich kommen drei kleine Lkws auf die Kreuzung geprescht und bremsen scharf. Heraus stürzen bewaffnete Guerilleros. Ich glaube, es sind ungefähr zwanzig Männer. Sie sind mit Maschinengewehren bewaffnet und haben die Munitionsmagazine über Kreuz vor der Brust. Es sind hauptsächlich junge Männer in Jeans und Unterhemden. Ein kleiner Mann mit einer großen Funkausrüstung auf dem Rücken und einer langen wippenden Antenne über dem Kopf stellt sich mitten auf die Kreuzung. Er leitet anscheinend die Operation und dirigiert Leute zu den verschiedenen Einmündungen der Kreuzung. Ein paar Minuten später kommt ein Bus in voller Fahrt die Bergstraße herunter. Aus der offenen Tür hängt ein junger Kerl, fast noch ein großer Junge, mit einem großen Gewehr. Der Bus hält mit quietschenden Reifen, und der Junge springt mit sechs anderen heraus. Die letzten Guerilleros kommen kurz danach auf einer großen Planierraupe. Auf dem Kühler weht eine rote Fahne.

Ich sauge das Geschehen in mich auf, während die Frauen in den Buden wegsehen. Ich spüre deutlich, daß sie Angst haben. Nur wenige Frauen trauen sich, draußen auf der Kreuzung herumzugehen und Essen zu verkaufen. Die meisten sitzen in ihren Buden und warten, bis alles überstanden ist. Alle haben ein flaues Gefühl im Magen, weil sie in der Schußlinie sitzen.

Den Guerilleros können unsere Motorräder nicht entgangen sein, doch sie nehmen keine Notiz von uns. Das tun dafür die Frauen in der Bude, als sie entdecken, daß ich dabei bin, den Fotoapparat aus der Jacke zu holen. Weg, weg! sagen sie mit deutlichen Handbewegungen und zeigen aufgeregt auf die Männer auf der Kreuzung. Ich bin mir nicht klar darüber, ob ich mit einer unbedachten Fotografie mich selbst oder jemand anderen in Gefahr bringen könnte. Emil wird ermahnt, nicht auf die Männer zu zeigen. Er begreift den Ernst der Situation, denkt aber trotzdem daran, etwas zu essen zu bekommen. Ida genießt die gefüllte Tortilla, die ihr die Frau gegeben hat. Ich versuche zu erfahren, was eigentlich los ist, aber keiner in der Bude versteht meine Fragen. Ein Mädchen erkennt ihren Geliebten, läuft quer über die Kreuzung und gibt ihm einen ordentlichen Kuß.

Die Guerillakämpfer bleiben eine halbe Stunde auf der Kreuzung, dann verschwinden sie genauso plötzlich, wie sie gekommen sind. Der Mann mit dem Funkgerät fährt in einem Bus davon und steckt die Antenne durchs Fenster. Einige verschwinden in Lkws, und die letzten fahren mit Bussen den Bergweg hinauf, den wir gekommen sind. Mit dem letzten verschwindet auch die Furcht. Die angespannten Gesichtsmuskeln lösen sich, und entspanntes Lächeln breitet sich aus. Der Handel beginnt wieder, und Emil und Ida bekommen noch eine Limonade. Nina und ich entspannen uns und essen noch ein paar Tortillas. Dann ist die Mittagspause beendet, und wir setzen unseren Weg in Richtung San Miquel fort. Wir hatten nicht damit gerechnet – vierzig Kilometer weg von San Salvador –, die Guerilla hier auf der Hauptstraße zu treffen. In Zukunft sind wir auf alles gefaßt.

Ich muß hinter einem Bus bleiben, der eine unheimliche Staubfahne hinter sich herzieht, während er mit siebzig Kilometer in der

Stunde zwischen den Löchern, Steinen und Kieshaufen Slalom fährt. Ich gebe Gas und gebe ihm mit meiner Lichthupe Zeichen, daß ich überholen möchte. Doch plötzlich rammt mein Vorderrad einen großen, staubbedeckten Stein. Das ganze Motorrad wird hoch in die Luft geschleudert. Gott sei Dank halten wir das Gleichgewicht! Emil hängt einen Augenblick in der Luft und landet hart wieder auf der Tanktasche. Er ist geschickt und hält sich gut fest. Es ist fast nicht zu glauben, daß der Vorderreifen und die vordere Gabel nicht zusammengeknautscht sind. Doch die Honda fährt weiter. Ich drehe mich im Sattel um und versuche fieberhaft, Nina zu signalisieren, daß sie auf die andere Straßenseite fahren soll. Sie versteht und umfährt den Stein.

Am Lempa-Fluß führt die Straße über die Cuscatlán-Brücke, die längste Hängebrücke Mittelamerikas. Hier eine Bombe – und El Salvador wäre in zwei Hälften geteilt. Doch auch hier ist kein Militär zu sehen. Offenbar kann es nicht einmal diese wichtige Einrichtung kontrollieren. Wir registrieren nur einige verrostete Schuppen mit schmutzigen Kindern davor.

Kurz nach fünf kommen wir nach San Miquel und halten außerhalb der Stadt, dort, wo die Straße nach Honduras abzweigt. Es sind noch etwa sechzig Kilometer bis zur Grenze. Wir fragen einige Leute, die Kokosnüsse verkaufen, ob wir sie vor der Sperrzeit erreichen können. Sie raten uns ab, so spät noch zu fahren.

San Miquel ist mit 150 000 Einwohnern die zweitgrößte Stadt des Landes, wirkt aber viel kleiner. Man sieht nur flache, alte Häuser mit abweisenden Fassaden zur Straße hin und großen Hinterhöfen. Die in roten und gelben Pastelltönen gekalkten Mauern sehen hübsch aus. Die Herberge, die wir finden, ist fast voll, aber trotzdem sehr ruhig. Schon um halb sieben schließt der Wirt die beiden Tore zur Straße hin. Sein Restaurant ist zur Zeit geschlossen, da das Elektrizitätswerk vor zwei Tagen von der Guerilla in die Luft gesprengt worden ist. Bald senkt sich völlige Dunkelheit über die Stadt.

Es ist sehr warm. Mein Hemd klebt am Körper. Wir sitzen bei flackerndem Kerzenlicht in dem kahlen Zimmer und essen den Rest unseres Proviants aus San Salvador. Emil will mit seinen Legosteinen spielen und setzt sich dazu auf das Bett. Es ist ihm jedoch zu dunkel, und er gibt es auf. Ida ißt die letzte Apfelsine, und wir trinken jeder einen Becher Wasser. Es ist lauwarm und schmeckt nach Plastik. Im Haus ist es still. Ich ziehe das Bett vor die Tür, damit sie einen Spalt aufbleiben kann. Emil und Ida schlafen nach diesem aufregenden Tag schnell ein.

Nina und ich lauschen in die Nacht. Ein paar Hunde kläffen. Wir sprechen gedämpft über unsere heutigen Erlebnisse. Doch die meiste Zeit lauschen wir. Obwohl wir keine Angst um uns oder die Sicherheit der Kinder haben, spüren wir doch die Vibrationen dieser ungemütlichen Nacht. Ein paar Stunden, nachdem die Kinder eingeschlafen sind, hören wir plötzlich jemanden rufen und ununterbrochen gegen das Tor der Herberge donnern. Keiner wagt es, etwas zu unternehmen. Stille liegt schwer und unbarmherzig über der Straße; niemand macht auf. Bevor das Rufen verstummt, höre ich einen Lastwagen in die Straße fahren. Das kann nur Militär sein. Er fährt langsam vorbei, danach herrscht wieder Stille. Gegen Morgen wird sie durch Schüsse zerrissen. Wir hören deutlich das Rattern der Maschinengewehre. Dann ist es ein paar Minuten ruhig. Danach folgen vereinzelte Schüsse, dann wieder Maschinengewehrsalven.

Um fünf Uhr, als die Sperrzeit aufgehoben ist, beeilen sich alle, auf die Beine zu kommen. Wir machen uns auf dem Zimmer etwas zum Frühstück und packen zusammen. Auf der Straße ist keine Spur von dem nächtlichen Drama zu sehen. Auf dem Bürgersteig stehen ein paar Männer und mustern uns neugierig. Wir schwenken auf die Straße und werden mit einem freundlichen Lächeln verabschiedet. Woher nehmen sie bloß die Kraft zum Lächeln?

Heute läuft unsere Aufenthaltsgenehmigung ab, und wir müssen das Land verlassen. Die „Ruta Militär" Richtung Grenze führt durch eine verdorrte, fast wüstenartige Landschaft mit armseligen Bauernhütten. Ab und zu passieren wir einen Ochsenkarren. An der Wegkreuzung nach Morazan stehen zehn Soldaten und kontrollieren Busse. Morazan grenzt an Honduras, und hier schleust die Guerilla Männer und Vorräte ein. Die Soldaten halten uns an, lesen unsere Papiere und beginnen mißtrauisch unser Gepäck zu durchsuchen. Als sie auf Emils Legosteine stoßen, hören sie verblüfft auf. So etwas haben sie noch nie gesehen. Es ist eindeutig keine zerlegte Waffe, aber was ist es dann?

Emil lacht ihnen zu und zeigt auf sich. „Es para mi!" – Es gehört mir! sagt er. Und so können wir weiterfahren.

Endlich sehen wir den Rio Goascorán, der in einem tiefen Cañon breit und langsam in seinem flachen Kiesbett fließt. Noch zwei Kilometer bis zur Grenze. Wir halten im Schatten eines Betonhauses, nehmen die Helme ab und lächeln einander erleichtert zu.

„Es ist alles gutgegangen. Wir sind unversehrt durch El Salvador gekommen!"

Emil und Ida lachen auch. Sie begreifen, daß es einen Grund zur Freude gibt. Wir sitzen mehrere Stunden und warten auf unseren „Exit"-Stempel. Ich schaue zurück auf die bleiche Landschaft, die vor Hitze flimmert, und versuche den Alptraum abzuschütteln. Dann werden wir herangewinkt und können über die Brücke nach Honduras fahren.

Auf rollenden Rädern
(Nina)

Hjaltes Mutter hat uns einen Zeitungsartikel geschickt, in dem steht, daß ein dänisches Mädchen aus Honduras ausgewiesen wurde, nachdem ihr Verlobter, ein Führer des linken Flügels, erschossen worden war.

Was wissen wir sonst über Honduras? Hat sich hier nicht mein Bekannter, der schöne René, niedergelassen? Ein Künstler und Schwindler, Frauenbetörer und Hochstapler, der auf Besuch nach Dänemark kam und dort sofort einen richtigen südamerikanischen Hahnenkampf arrangierte. Alle waren aufgeregt bei dem Gedanken an die blutige Unterhaltung. Die Spannung stieg und die Geldscheine knisterten in der Luft. Aber leider fehlte den dänischen Hähnen vollkommen das Gespür für Showbusiness. Sie begannen ganz ruhig, ihre Körner zu picken, und die erotische Kampfstimmung verdampfte wie der Morgennebel über den Feldern. Der schöne René benahm sich daraufhin wie ein richtiger Señor: Er drehte den Hähnen in rasender Wut die Hälse um, was ihn aber auch nicht vor dem Spott rettete.

Es ist heiß. Wir fahren in unserer luftigsten Kleidung. Mit einer Windel versuche ich, Ida Schatten zu geben, aber trotzdem bekommt sie einen Sonnenbrand auf ihren Bäckchen. Das Wasser im Rio Grande ist warm. Wir baden bei einer kleinen Sandbank und schlagen unser Zelt auf. Ganz in der Nähe ist eine Lehmgrube, in der ein paar Arbeiter Ziegelsteine mit der Hand formen und sie zum Trocknen in die Sonne legen. Ich frage einen der Männer nach Streichhölzern zum Anzünden des Lagerfeuers, und mit einem breiten Lächeln reicht er mir getrockneten Schweinemist, in dem ein Feuer glimmt.

Die Menschen hier haben nur ihre durchlöcherte Kleidung, die sie am Körper tragen. Viele Kinder laufen barfuß oder mit zwei verschiedenen Schuhen herum. Trotzdem fühlen wir uns sicher, keiner denkt hier daran, uns zu bestehlen. Wir erregen Neugier, aber die Menschen sind gut.

Tegucigalpa, die Hauptstadt, ist eine Enttäuschung. Wie kann man eine Adresse finden, wenn keiner weiß, wie die Straßen heißen? Wenn fast keiner lesen kann? Sicher ist es unvernünftig, aber wir werden langsam ungeduldig und verärgert, daß wir das Büro, auf dem Briefe von der Familie für uns liegen, nicht finden können. Um uns sammelt sich eine Menschenmenge, aber keiner weiß irgend etwas Genaues. Ich gehe in eine Bank und frage, wie diese Straße heißt? Sie wissen es nicht! Ja, aber wie lautet denn die Adresse der Bank? – Aha! Die Adresse ist: Nationalbank gegenüber vom *Hotel Bristol*. Das ist doch zum Verrücktwerden! Sie wissen nicht einmal ihre eigene Adresse auf der Bank – und im Hotel wissen sie sie auch nicht! Hier lautet die Adresse nämlich: *Hotel Bristol* gegenüber der Nationalbank.

Wir kaufen einen Stadtplan, doch der hilft uns nicht weiter, weil alle Straßenschilder fehlen, und was soll man auch damit, wenn die Leute nicht lesen können?

Mitten in der tropischen Hitze haben sich die Kinder erkältet. Sie haben die letzten Nächte nur geheult und gehustet. Ida hat, wie immer, wenn sie sich erkältet, Bronchitis bekommen. Ich bin so müde und erschöpft, daß ich fast nicht mehr weiß, wer ich selber bin. Bevor sie krank geworden sind, hatte Ida Zahnschmerzen. Das und einige Dinge mehr haben dafür gesorgt, daß es fast zehn Tage her ist, daß ich das letztemal eine ganze Nacht durchgeschlafen habe. Hjalte hat sich schon so daran gewöhnt, daß ich nachts der Kinder wegen wach bin, daß er es überhaupt nicht mehr beachtet.

Zu Hause gab es immer noch mal die Möglichkeit, zwischendurch eine Stunde zu schlafen. Die gibt es hier nicht, und Hjaltes Mangel an Verständnis ist entmutigend. Ich bin so müde und verbraucht, daß ich mich über nichts mehr freuen kann. Ich kann noch fahren, auf die Kinder aufpassen und stöhnen, wenn wir miteinander schlafen, aber ich bin ausgehöhlt und fühle mich wie ein Waschlappen. Die Ungleichheit tötet die Liebe, selbst wenn man noch so verliebt ist. Ich bin soweit, das Flugzeug zu nehmen und morgen nach Hause zu fliegen – aber es ist auch *meine* Reise, und ich möchte sie eigentlich auch nicht aufgeben. In mir braut sich eine riesige Wut zusammen, ein Sturm vor der Stille.

Wir halten bei einem Fluß, um zu baden und Mittag zu essen. Der breite Fluß ist ziemlich flach. Wir stehen im Schatten einer Brücke. In der Nähe steht eine junge Frau und wäscht mit ein paar Mädchen Wäsche. Plötzlich fällt von allen Seiten ein Sturm über uns her. Sand und Kies peitschen unsere nackten Körper, das Wasser erhebt sich in Spiralen, und die Kinder schreien vor Schreck. Eine Sekunde später springt der eben geborene Taifun an das Ufer des Flusses und saust weiter über die Wiese hinweg. Die Frau und die Mädchen trösten Emil und Ida, denen der Schreck in den Gliedern sitzt. Sie erzählen uns, daß dies hier im Frühjahr nichts Ungewöhnliches ist.

Diese Episode löst etwas in uns aus. Endlich können wir miteinander reden. Von jetzt ab wollen wir die Arbeit gerechter verteilen. Wir wollen uns abwechseln, so daß ich mit Emil zusammen bin und Hjalte mit Ida schläft. Unterwegs will Hjalte abwechselnd Ida wickeln, damit auch ich Zeit habe, die Aussicht zu genießen.

Wir legen uns, ohne das Zelt aufzubauen, hin. Es ist warm und trocken. Der Mond scheint über unserem kleinen Lager, und Ida sagt, auf ihn zeigend: „Mon, Mon." Das ist das Wort, das sie am liebsten mag, und der Mond war das erste, was sie in ihr Malbuch gemalt hat. Wir unterhalten uns über die Sterne, und ich zeige Emil die Milchstraße. Es ist schön und überwältigend, auf der Erde zu wohnen! Kann man sich etwas Unglublicheres vorstellen als einen Planeten, auf dem sich die Elemente in einer Unendlichkeit von Strukturen organisiert haben, die sich immer wieder verändern und Formen wie Blumen und Bäume annehmen können? Ganz zu schweigen von den Gebilden, die sich auf der Erde, im Meer und in der Luft bewegen. Das alles verdanken wir dem Wunder, das wir Leben nennen.

Trotzdem befällt mich eine kleine Melancholie, wie ich hier liege und ins Universum schaue. Was haben wir eigentlich anderen Welten zu geben? Unsere Phantasien vom Weltraum sind so beschränkt: Gibt es etwas dort draußen, das wir nutzen können, Profit draus schlagen können?

In der Nacht fallen die ersten Tropfen. Ich wecke Hjalte, und wir können gerade noch das Vorzelt über uns ausbreiten, bevor es in Strömen zu gießen beginnt. Die Kinder schlafen fest, während Hjalte und ich, jeweils mit einem erhobenen Arm das Zelt hochhaltend, daliegen. Kurz darauf läßt der Regen nach. Wir können das Zelt richtig aufschlagen und die Zeltschnüre festspannen. Am Morgen erwachen wir bei strahlendem Sonnenschein. Es ist kaum zu glauben, daß es geregnet hat, so rein und blau ist der Himmel über uns. Wir werden von einem Glücksgefühl überwältigt. Das Vergangene liegt hinter uns – die Zukunft offen vor uns. Wir leben in den Tag hinein.

Ida genießt das Fahren. Sie sitzt so gut hier vor mir, denn ich halte sie sowohl zwischen meinen Armen als auch meinen Beinen. Wir verzichten darauf, den Sicherheitsgurt, den ich für sie genäht habe, zu benutzen. Er hatte nur eine psychologische Bedeutung, keine praktische. Alle Leute fragen immer, ob sie nicht runterfallen könne? Ich antworte, daß sie es praktisch gar nicht kann – und so ist es. Ich kann die ganze Zeit spüren, wie es ihr geht, und wenn sie schief sitzt, kann ich eine Hand vom Lenker nehmen und sie zurechtrücken.

Ich habe nie das Bedürfnis, allein zu sein, doch ab und zu möchte ich etwas Ruhe haben. Ich tröste mich damit, daß es auch zu Hause mit Kindern anstrengend ist. Wenn ich länger darüber nachdenke, ist es dort eigentlich schwieriger. Ich erinnere mich gut an das Gefühl, wenn sich das Kind an mein Hosenbein klammerte, und an die Gereiztheit, die daher rührte, daß man nichts zu Ende führen konnte, ohne 117mal unterbrochen zu werden.

Jetzt habe ich wenigstens, solange wir fahren, Ruhe. Das ist etwas, was ich vorher gar nicht bedacht hatte, aber es ist eine große Erleichterung. Obwohl ich immer aufmerksam sein muß, habe ich während der Fahrt Spielraum für meine Gedanken. Es gibt Stunden, in denen ich mir laut diktiere, was ich in mein Tagebuch schreiben will. Man neigt dazu, die Gedanken um die Vergangenheit kreisen zu lassen. Es ist leichter, an etwas zu denken, was man bereits erlebt hat, als an etwas, was vor einem liegt. Ich ertappe mich selbst dabei, daß ich dasitze und über gleichgültige Dinge nachdenke, entdecke, daß ich die Stirn runzle über alten Ärger am anderen Ende der Welt.

Wie dumm! Ich beginne eine Melodie zu komponieren. Ich singe sie nicht, denke sie nur. Die Töne strömen durch meinen Kopf und folgen den Kurven der Berge, während die Augen eifrig jeden Stein wahrnehmen. Ich blase meine Melodie auf der Bambusflöte, erweitere sie für ein ganzes Orchester, ändere sie für Gitarre und Schlagzeug, Chor und Synthesizer. Die Möglichkeiten sind unbegrenzt. Die Landschaft formt meine Musik zu großartigen, überwältigenden Symphonien, die nur dieses eine Mal vor einem auserwählten Publikum aufgeführt werden können. Genauso führe ich Ballettstücke mit Hunderten von Tänzern auf. Ich tanze selbst mit, manchmal mit der großen Zehe, ein anderes Mal mit den Wadenmuskeln oder mit den Schultern, manchmal nur mit der Nase. Während der Applaus bei meinem Solopart über mir zusammenschlägt, bewege ich die Muskeln soviel, wie es auf dem Motorrad eben möglich ist.

Nicaragua – achtzehn Monate nach der Revolution
(Nina)

Als wir in der Mittagshitze die Grenze von Nicaragua erreichen, ist sie geschlossen. Auf eine Felswand ist ein großes Porträt des Nationalhelden Nicaraguas, Augosto Cesar Sandino, gemalt. Wir setzen uns in den Schatten, während Sandino entschlossen von dem Fels auf uns herunterstarrt. Vor fünfzig Jahren kämpfte er mit anderen Nationalisten für die Befreiung Nicaraguas von der amerikanischen Besatzungsmacht. 1932 ernannte der amerikanische Oberbefehlshaber Anastasio Somoza zum Alleinherrscher über das nicaraguanische Heer. Dies war der Beginn der totalen Diktatur der Somoza-Familie. Am 19. Juli 1979 wurde Nicaragua befreit, und die Guerillaführer begannen ihren Kampf für eine neue Gesellschaft. Somoza hielt sich damals reich, aber besiegt in Miami auf, wurde jedoch später in Asunción, der Hauptstadt Paraguays, ermordet. 43 Jahre lang hatte die Somoza-Familie mit der Unterstützung von den USA Nicaragua wie ihr eigenes Geschäft geführt. Sie hinterließen ein Land voller Trümmerhaufen, mit einer Auslandsschuld von über 500 Millionen Dollar. Das Land wird die nächsten zwanzig Jahre oder noch länger unüberwindliche ökonomische Schwierigkeiten haben.

Am Zollgebäude hängen Plakate, die der Revolution huldigen und alle auffordern, ihre Arbeit sorgfältig auszuführen. Das tun die Zollbeamten dann auch. Zum erstenmal auf unserer Reise wird das gesamte Gepäck untersucht, sehr höflich, aber gewissenhaft und gründlich.

Es führt nur eine Straße von Norden nach Süden, und während der größte Teil des Landes unberührt ist, ist entlang dieser Route jeder Quadratmeter genutzt. Hier wohnen neun Zehntel der drei Millionen Einwohner des Landes.

Wir fahren in das schöne, aber arme Land hinein. Gibt es überhaupt Länder, die nicht schön sind? Wir werden jedesmal von der Ausdruckskraft der Natur überrascht! Jede Landschaft besitzt ihre eigene Schönheit. Ich bin immer wieder von den verschiedenen Gesichtern der Welt und der Menschen überwältigt, denn gerade durch diese Mannigfaltigkeit erleben wir das Glück, das wir Schönheit nennen.

Als die Dunkelheit sich niedersenkt, suchen wir nach einem Platz, um unser Lager aufzuschlagen. Es ist gar nicht so einfach. Wir versuchen mehrere kleine Feldwege, aber das Ergebnis ist jedesmal dasselbe: Die Wege führen zu einem Dorf mit kleinen Häusern, und alle Felder sind bestellt und eingezäunt.

Plötzlich steht er vor uns, mein Traum von einem Cowboy zu Pferde, halb Indianer wie die meisten in Nicaragua, einen Hut mit breiter Krempe auf dem Kopf und wahnsinnig dunklen Augen. Vor seinem Pferd steht ein kleiner Junge von drei Jahren – eine gute Ergänzung für einen richtigen Cowboy. Der Mann auf dem Pferd erzählt uns, daß er in einem Dorf, nicht weit von hier, wohnt. Zusammen mit seinem kleinen Sohn hat er dort an einem neuen Haus für sich und seine Familie gebaut. Er will im Dorf fragen, ob wir bei der neuen Schule, die gerade erbaut, aber noch nicht in Betrieb genommen worden ist, unser Zelt aufschlagen dürfen. Wir warten höchstens eine Viertelstunde, dann kommt er zurück und sagt, daß wir gerne bei der Schule übernachten dürfen, wenn wir vorsichtig mit offenem Feuer sind. Es ist das erstemal, daß die Kinder hier in der Gegend in die Schule gehen können, und darauf ist das Dorf sehr stolz. Trotzdem haben sie soviel Vertrauen zu uns, daß wir dort übernachten dürfen.

Es ist ein kleines Steinhaus mit einem roten Ziegeldach und weißgestrichenen Türen und Fenstern. Ein Klassenzimmer ist im Haus und eines draußen unter einem von Pfählen gestützten Dach. Der Schulhof ist eine große Wiese mit zwei Feuerstellen, auf denen Essen für die Kinder gekocht werden kann. Wir ziehen es vor, draußen zu schlafen, und schlagen unser Zelt unter dem Dach auf.

*

In Esteli ist die Markthalle zerbombt, und an allen Häusern gibt es Einschußlöcher. Wir halten an, um Mittag zu essen, und werden sofort von einer Anzahl Erwachsener und Kinder umringt. Sie lächeln uns an und berichten uns von den positiven Auswirkungen der Revolution. Sie sagen, daß alle Männer jetzt Arbeit haben und alle Kinder zur Schule gehen können. Frauen und Männer in mittlerem Alter erzählen stolz, daß sie lesen gelernt haben. Am Nachmittag wird das Wetter schlechter. Große, schwarze Wolken bedecken den Himmel, und der Wind frischt auf.

Emil und Ida sind schlapp und immer noch erkältet nach dem vielen Baden in den Flüssen von Honduras. Sie haben Ohrenschmerzen. Wir öffnen ein Gatter und fahren auf ein Feld mit einem Stall. Heute können wir nicht weiterfahren. Es stürmt, und Emil und Ida haben Fieber. Sie bekommen Nasentropfen, die wir von zu Hause mitgenommen haben. Dann werden sie ins Zelt gelegt. Draußen braut sich ein Unwetter zusammen.

Am Morgen erwachen die Kinder frisch und ohne Fieber, auch die Ohrenschmerzen sind verschwunden. Wir fahren in Richtung Managua, Nicaraguas Hauptstadt. Aber welch ein Schock! Die Stadt ist weg. Dort, wo sie einst lag, sind heute nur noch Ruinen und Trümmerhaufen. Die Außenwände der Kathedrale stehen zwar noch, aber das Dach fehlt. Ein verfallenes Straßennetz, mit Gras bewachsen, führt uns ins Nichts. Managua wurde 1931 durch ein Erdbeben zerstört, und das, was übriggeblieben war, verbrannte fünf Jahre später. Die Stadt wurde mit modernen Häusern wieder aufgebaut und hatte 300 000 Einwohner, als sie 1972 erneut durch ein Erdbeben dem Erdboden gleichgemacht wurde. Die internationalen Hilfsmittel, die nach der Erdbebenkatastrophe nach Managua geschickt wurden, steckte die Somoza-Familie in ihre eigene Tasche. Zwischen den Steinbrocken ist man dabei, ein Regierungsgebäude zu bauen, einen Platz und ein paar Straßen anzulegen. Rund um den alten Stadtkern ist ein Ring von Notquartieren und ein provisorisches Geschäftsviertel mit Kinos und Diskotheken entstanden. Man hat beschlossen, die Stadt mit Parks und Grünanlagen wieder aufzubauen, aber das wird noch viele Jahre dauern.

Esteli (Nicaragua). Bei unserer Ankunft sind wir die Hauptattraktion des Ortes

Es gibt keinen Grund zu bleiben, und wir fahren weiter nach Masaya, das ungefähr zwei Stunden Fahrt von Managua entfernt liegt. Als wir etwas außerhalb des Ortes tanken, treffen wir den Arzt der städtischen Kinderklinik. Er ist Indianer, und seine Augen strahlen, als er von all dem Guten, das die Revolution den Kindern gebracht hat, erzählt – er findet, daß Masaya der beste Ort der Welt ist. Masaya ist eine alte Stadt: flache Steinhäuser, Kopfsteinpflaster, Karren mit Holzrädern, reger Handel und ein Gewimmel von Menschen. Die Häuser mitten in der Stadt sind alt und dicht aneinandergebaut. Sie schmiegen sich in langen Reihen entlang der Straßen aneinander, und durch Umbau und Anbauten sind im Laufe der Zeit mystische Gänge und geheime Winkel entstanden, wo früher offene Höfe waren.

Es ist nicht leicht, eine Übernachtungsmöglichkeit zu finden. Es gibt nur kleine Pensionen, wo wir die Motorräder nicht unterbringen können. Wir wählen eine Pension gegenüber vom Bahnhof und dem Handwerkermarkt. Der Eingang zum Hof mit vier kleinen Räumen führt durch ein Lebensmittelgeschäft. Die Frau des Händlers kommt mit uns über die Straße zur Feuerwehr. Hier dürfen wir die Motorräder in der großen Garage parken, wenn wir die Löschfahrzeuge nicht behindern.

Wir erwachen Sonntag morgen in dem kleinen Zimmer mit zwei türkis- und zwei rosafarbenen Wänden und sagen zu uns selbst: Sollen wir nicht ein paar Tage hier in Masaya bleiben, wo es so hübsch und munter ist?

Als wir am Markt, dem schlagenden Herzen der Stadt, ankommen, liegen dort noch die Trümmer der zerbombten Markthalle. Gehandelt wird jetzt draußen in Buden und Zelten, und welch buntes Treiben herrscht da! Heute ist der große Markttag mit viel Gedrängel und guter Laune. Es wird gehandelt, geschubst und gelacht. Vom Land kommen Ochsenkarren voll mit Früchten und Gemüse. Es wird mit Küchengeräten, Brillen, Knöpfen, Fahnen, Spielzeug, Schaukelstühlen, Büstenhaltern und Brennholz, ja, fast mit allem gehandelt.

Später wandern wir zum anderen Ende der Stadt. Fast alle Häuser haben einen kleinen Garten. Die Küche besteht in der Regel nur aus einer Feuerstelle draußen unter einem Vordach und einem Wasserhahn irgendwo in der Nähe. Es herrscht große Wohnungsnot. Viele Häuser sind durch das Erdbeben eingestürzt; andere sind während der Revolution zerschossen worden. Wir reden mit den Leuten, die wir auf der Straße kennenlernen, und sie zeigen uns, daß Leute immer noch nur unter einem Regenschutz in den Höfen wohnen. Trotzdem ist es überall ordentlich. Viele Bauarbeiten sind im Gang. Wir sehen mehrere Krankenhäuser und Schulen, und es ist verständlich, daß es hier keine Unterkünfte für Touristen geben kann, solange den Einwohnern der Stadt selbst Häuser fehlen.

Die Beine schmerzen, und Mutlosigkeit breitet sich aus. Mir ist schlecht, und wir müssen schließlich ein Pferdewagentaxi zurück zur Pension nehmen. Ich habe Fieber und lege mich hin. Bis heute habe ich mich so gesund gefühlt, daß ich glaubte, unverwüstlich zu sein. Draußen sind fast vierzig Grad, doch ich zittere vor Kälte, und das Fieber steigt und steigt. Ich lasse mich gehen und überlasse Hjalte die ganze Verantwortung, während ich in Träumen und den allzu weichen Federn des Bettes versinke.

Es ist unmöglich zu schlafen. Überall in den Gliedern schmerzt es, und mitten in der Nacht beginnt draußen im Hof ein schrecklicher Spektakel. Der Mann des Hauses kommt betrunken und aggressiv nach Hause. Er schlägt auf seine Frau ein und schreit und brüllt. Später kommen Sohn und Tochter dazu, doch auch sie beziehen Prügel. Schließlich ist er zu erschöpft, um weiterzuschlagen, und es kehrt wieder Ruhe im Haus ein. Es klang, als ob die Familie diese Szene schon oft gespielt hätte.

Am nächsten Morgen habe ich immer noch Fieber und muß im Bett bleiben. Diesmal ist es Hjalte, der die Wäsche beim Waschtisch im Hof wäscht. Er scheuert und schrubbt ein paar Stunden lang und bekommt Rückenschmerzen und wunde Hände. Ich liege mit glänzenden Augen und genieße es, die saubere Wäsche auf der Wäscheleine hängen zu sehen. Der jähzornige Ehemann sitzt mit einem dicken Kopf im Schaukelstuhl auf dem Hof, während seine Familie leise umherschleicht. Ihnen fallen fast die Augen aus dem Kopf, als sie Hjalte sehen, der fröhlich und energisch eine dreckige Windel nach der anderen wäscht, während ich im Bett liege.

Noch eine Nacht genieße ich das Privileg, das Bett für mich alleine zu haben, während die anderen auf dem Boden schlafen. Dann wache ich ohne Fieber auf und bin wieder gesund. Doch mitten auf meinem Bauch habe ich einen Flohstich, der sich entzündet hat. Rasch packen wir unsere Sachen zusammen. Wir wollen so schnell wie möglich aus diesem mit Krankheit behafteten Zimmer heraus.

In Granada leisten wir uns ein Zimmer mit drei Betten und zwei Schaukelstühlen. Der Preis ist erträglich, 2 Mark pro Nacht und Bett. Die *Pension Cabrera* ist ein typisches Haus dieser Stadt, groß und hübsch. Es ist um einen hufeisenförmigen Hof gebaut mit einem Garten voll mit schattenspendenden Bäumen in der Mitte. Fast alle Häuser der Stadt sind in mehrere Wohnungen unterteilt, und hier ist eine Pension daraus gemacht worden.

Emil im Hof unseres kleinen Hotels in Granada (Nicaragua)

Granada wirkt wohlhabender als Masaya. Die Straßen sind breiter und die Häuser größer. In der Hauptstraße liegen richtige Geschäfte mit Schaufenstern, und mir fällt auf, daß die Leute gut gekleidet sind. Man trägt Baumwollkleider, und es gibt unzählige Nähstuben und Schneider in der Stadt. Wir nutzen die Gelegenheit, die Kleidung der Kinder zu ergänzen. Emil bekommt eine blaue Hose und Ida ein gelbes Trägerkleid mit Smokarbeit. Sie sehen bezaubernd aus in ihren neuen Sachen, die zusammen etwa 6 Mark gekostet haben.

Der kleine entzündete Pickel auf meinem Bauch ist größer geworden und wächst noch ständig. Ich werde nicht darum herumkommen, morgen zum Arzt zu gehen. Aber der Furunkel wächst und wächst im Laufe des Abends, so daß ich mit einer Kur aus unserer mitgebrachten Apotheke beginne. Als ich aufwache, ist der Furunkel so groß wie eine Apfelsine, und die Drüsen in der Leiste sind wie überreife Pflaumen. Rote Streifen breiten sich von dort aus. Verdammt! Und ich hatte geglaubt, mich selbst kurieren zu können.

Gott sei Dank gibt es mehrere Ärzte hier in der Nähe. Der liebe Onkel Doktor drückt hier und da ein wenig und sagt etwas, was wohl Furunkel bedeuten muß. Ich erkläre ihm, daß Tetracyclin nicht hilft. Er schreibt mir dann ein Rezept für ein Antibiotikum aus, das gespritzt werden muß, und sagt, ich soll gleichzeitig mit dem Medikament fortfahren, mit dem ich begonnen habe. Ich kaufe die Medizin und die Spritzen. Dann nehme ich ein Taxi zum Stadtrand, wo das Krankenhaus liegt. Eine Fahrt innerhalb der Stadt kostet nur fünfzig Pfennig, da Taxis und Pferdewagen öffentliche Verkehrsmittel sind.

Es sind keine anderen Patienten in der ambulanten Station, und die zwei Ärzte, ein junger Mann und eine junge Frau, liegen in makellos weißen Kitteln und mit kleinen grünen Operationshauben auf dem Kopf gemütlich auf einer Liege. Ihre Gesichter strahlen. Sie scheinen ineinander verliebt zu sein. Ich bekomme sofort meine Spritze, und es kostet nichts. Ich komme mir ziemlich dumm vor mit dem Furunkel mitten auf dem Bauch, und der Gedanke, alle sechs Stunden vier Tage lang hierherkommen zu müssen, ist nicht gerade erheiternd. Ich beschließe, mir die Spritzen selbst zu geben, was ja wohl auch nicht so schwer sein kann. Ich desinfiziere die Haut mit Wodka, ziehe die Spritze auf, ziele auf die eine Pobacke – und treffe!

Ich fühle mich nicht krank, aber der Furunkel tut gemein weh. Die Kinder sind es gewohnt, immer auf meinem Schoß zu sitzen oder auf meinen Arm genommen zu werden, und können nicht verstehen, warum ich so empfindlich bin.

Am Abend gehen wir am Nicaraguasee entlang und essen Fisch in einem Restaurant am Ufer. Vor dem Restaurant fallen reife Mangofrüchte von den Bäumen, die sich im Wind biegen, während drinnen der letzte Hit von Abba aus der Jukebox ertönt. Einige junge Leute tanzen.

Wir schlendern zurück in die Stadt. Überall gibt es Schaukelstühle. Es scheint hier in Nicaragua mehr Schaukelstühle als in anderen Ländern zu geben. Alle lieben sie.

Auf dem größten Platz der Stadt stehen Frauen mit Töpfen und bieten Gerichte auf frischen, hellgrünen Palmenblättern an.

„Como te llamas?" – Wie heißt du? fragt eine junge Frau und streicht Ida zärtlich übers Haar.

Plötzlich höre ich Ida antworten: „Ada, Ada."

Es ist das erstemal, daß sie versucht, ihren eigenen Namen zu sagen, und ich platze fast vor Stolz.

Vor der Post steht ein Heer von Männern, die Geld zum halben Preis wechseln. Es scheint legal zu sein, denn niemand versucht es zu verheimlichen. Ohne Gewissensbisse wechseln wir einige Dollars. Auf der anderen Seite ist eine politische Versammlung, bei der leidenschaftlich durch Mikrofone geschrien wird.

Durch die Stadt rattern Kolonnen von schweren Lkws mit Soldaten der Volksmiliz. Die meisten sind sehr junge Männer, aber auch einzelne Frauen befinden sich darunter. Die Fahrzeuge sind mit Parolen bemalt, und es wird gerufen und geschrien. Aus einigen Wagen ertönt Gesang. Die Leute auf der Straße bleiben stehen und grüßen die Soldaten.

Vier Tage sind vergangen, und der Furunkel ist kleiner geworden, als ich wieder vor dem Arzt sitze. Ich soll die Behandlung noch vier Tage fortsetzen, und ich bitte ihn eindringlich darum, mir die Medizin in Pillenform zu verabreichen, denn nach sechzehn Spritzen in den Hintern kann ich bald weder stehen noch liegen. Von den Pillen wird mir allerdings so schlecht, daß ich es bitter bereue, nicht bei den Spritzen geblieben zu sein.

Nachmittags sitzen die Alten vor den Häusern in ihren Schaukelstühlen und grüßen die Passanten. Ein dicker, alter Mann ruft auf englisch hinter uns her, und so lernen wir Enriques Fernando Morales kennen. Er kann nur schlecht gehen und hat somit viel Zeit, sich mit uns zu unterhalten. Er lädt uns in sein Haus ein. Wir schauen uns in seinem tropischen Zuhause um, in dem die Zimmer zum Hof hin offen sind. In der Mitte über dem Bett hängt ein weißes, geklöppeltes Moskitonetz. Die Wände sind mit selbstgemalten Bildern bedeckt. Überall sind Erinnerungen an ein Leben, das reich an Erlebnissen gewesen sein muß. Es ist ein sehr ungewöhnliches Zuhause. Die meisten Leute haben nur ein Bett, einen Tisch und ein paar Schaukelstühle, ansonsten sind die Zimmer leer, und nur eine nackte Glühbirne strahlt die gekalkten Wände an.

„Bist du Maler?" fragen wir.

Der Alte lächelt verschmitzt und erzählt, daß er fast alles in seinem Leben probiert hat. Er hat als Seemann und Koch gearbeitet, hat an der Kunstakademie studiert, hat Theaterstücke geschrieben, hat Ballett getanzt und als Gärtner und Schauspieler gearbeitet.

Während wir uns unterhalten, kommen einige seiner Freunde vorbei, um zu plaudern. Das Hausmädchen hat Ida gewaschen und ihr gelbes Kleid zum Waschen eingeweicht. Wir trinken Kaffee, und Emil und Ida spielen mit der kleinen Tochter des Hausmädchens. Bevor wir uns verabschieden, versprechen wir, am folgenden Tag wieder vorbeizukommen. Enriques sagt, daß er uns helfen kann, ein Haus für uns zu finden. Aber im Innersten unseres Herzens wissen wir, daß das Haus erst an der Reihe ist, wenn die Reise vorbei ist. Am nächsten Morgen fahren wir zu Enriques und verabschieden uns. Er ist traurig, daß wir fahren, aber ich bin fast wieder gesund, und das Reisefieber meldet sich mit unwiderstehlicher Kraft.

Wir fahren hundert Kilometer am Nicaraguasee entlang und finden einen Fähranleger. Mitten im See liegt die Insel Omotepe, auf der sich der Vulkan Concepción vor dem blauen Himmel erhebt. Er sieht schön und gewaltig aus mit seinem 1600 Meter hohen Krater und Dunstwolken um den Gipfel herum. Es ist windig am See. Er liegt braun und wutgeladen mit hohen Wellen und weißen Schaumkronen da. Das Boot, das zur Insel Omotepe fährt, ist ein mittelgroßer Kahn und trägt den romantischen Namen *Die Frau vom See*. Das Boot liegt etwa vier Meter von der Mole entfernt und ist mit zwei Ankern im See und zwei Tauen am Bollwerk festgemacht, damit es bei Seegang nicht zerschlägt.

Wie in aller Welt sollen wir die Motorräder an Bord bekommen? Zum Boot führt nur ein schmales, schwankendes Brett. Die Bootsleute helfen den Passagieren an Bord, indem sie sie festhalten, bis sie zur Mitte des Brettes gelangt sind. Nach ein paar unsicheren Schritten werden sie von anderen Männern an Bord gezogen. Hjalte ist ein unverbesserlicher Waghals und Optimist. Er will Schwung holen und über das Brett fahren. Er will sich nicht davon abhalten lassen. Zu guter Letzt gebe ich es auf, auf ihn einzureden, und wir müssen eben damit rechnen, daß eines unserer Motorräder in Kürze auf dem Grund des Nicaraguasees liegen wird.

Hjalte startet das Motorrad, und seine Augen leuchten vor Angst und Spannung. Aber – was ich nicht geschafft habe, besorgen die Bootsleute!

„Warte einen Augenblick!" rufen sie. „Steig mal ab, und mach den Motor aus."

Dann greift einer der Männer an das Vorderrad und ein anderer an das Hinterrad, und während der eine in kleinen Schritten rückwärts geht, schieben sie das Motorrad vorsichtig über das Brett, das zwar bedrohlich wackelt, aber hält.

Es bläst kräftig über den See, und das Holzboot ächzt und schaukelt. Emil bekommt Angst und glaubt, wir gehen unter.

„Jetzt kentern wir gleich!" sagt er erschrocken.

Ich bin ganz grün um die Nase und lege mich mit Ida, die auch seekrank ist, hin. Schließlich gehen wir auf Omotepe an Land, und die ganze Besatzung, die so stark wie die eines Tankers zu sein scheint, kommt auf den Kai, um die Motorräder zu bewundern. Um sie nicht zu enttäuschen, muß ich versuchen, frisch und munter auszusehen.

Es tut gut, wieder festen Boden unter den Rädern zu haben. Der hohe, schwarze Vulkankrater erhebt sich schroff und zerklüftet neben uns und schickt eine dünne Rauchsäule gen Himmel. Unter den Reifen knirscht Schlacke und schwarze Asche. Auf der anderen Seite der Straße ziehen sich Felder bis hinunter zum Seeufer.

Nachdem wir ein ganzes Stück auf einem holprigen Feldweg gefahren sind, kommen wir zu einer *finca*, einem Bauernhof. Ein Schwein wühlt in der Erde, und auf einem Holzkarren sitzen ein paar zerlumpte Kinder und schauen uns an. Das Haus ist aus weißgekalkten Brettern gebaut und wirkt aufgrund seiner Größe recht wohlhabend. Der Weg endet am See, und wir können genausogut hier fragen, ob wir unser Zelt aufschlagen dürfen. Wir werden von der Frau ins Haus gebeten. Sie erlaubt uns, im Hof zu schlafen. Von außen wirkt das Haus wohlhabend, aber innen ist es sehr ärmlich. In der Mitte liegt ein kleiner viereckiger Garten, in dem verkümmertes Unkraut und Abfall Platz gefunden haben. Eine Seite des Gartens begrenzt eine Mauer, und zur Küche hin zieht sich eine Hecke. An zwei Seiten befinden sich überdachte Gänge, deren Böden glatt gefliest sind. Dort stehen ein paar alte Schaukelstühle, und hinter den Gängen liegen zwei dunkle, fensterlose Schlafzimmer.

Wir bekommen einen Besen und fegen die verwelkten Blätter weg, bevor wir unsere Matratzen auf die Fliesen legen.

Ich nehme unseren Kocher und unsere Essenstasche und gehe mit der Frau in die Küche. Sie hält eine kleine Öllampe vor sich, die dauernd ausgeht. Es ist Zeit, Abendessen zu machen. Ich bin gespannt, was es geben wird. Die Frau stellt die Lampe in der Küche ab, geht hinaus aufs Feld und kommt mit vier großen, grünen Bananen zurück, die roh nicht eßbar sind. Gekocht sind sie trocken und mehlig. Sie heißen *machos*; ich nenne sie Kartoffelbananen. Die Feuerstelle besteht aus zwei Reihen Steinen, die auf einer gemauerten Tischplatte liegen. Die Frau legt brennendes Kleinholz zwischen die Steine. Dann gießt sie Wasser in einen Topf und setzt die Bananen aufs Feuer. Nur die Feuerstelle und die Öllampe erhellen die Küche. Es gibt weder Fenster noch einen Schornstein. Die verwachsenen Hecken sind schwarz vom Rauch, der sich seinen Weg nach draußen suchen muß. Das Wasser steht in einem Tonkrug, und es wird sparsam damit umgegangen. Statt eines Abflusses gibt es ein Loch in der Wand, durch das man das Abwasser zu den Schweinen schütten kann. Ich koche ein Gemüsegericht aus Kartoffeln, Zwiebeln, Mohrrüben, Tomaten und roten Beten und setze es in unserem kleinen Aluminiumtopf auf. Die Frau bewundert den Kocher und den Aluminiumtopf. Was für wundervolle moderne Dinge! Sie hat noch nie vorher einen Kocher mit flüssigem Brennstoff gesehen. An einem großen Tisch am anderen Ende der Küche sitzen ihre sechs Kinder schon auf der Bank und essen friedlich. Sie haben jeder eine Tasse mit einem Stück Banane bekommen. Sie haben keine Teller, und ich bin sicher, daß dies jeden Tag ihr Abendessen ist. Ich frage die Frau, ob sie auf der Insel geboren ist? Ja, das ist sie und ihr Mann auch. Sie haben ihr ganzes Leben hier gewohnt. Sie und ich sind gleichaltrig, aber trotzdem liegen mehrere hundert Jahre zwischen uns . . . Wir genießen es, gemeinsam in der Küche zu arbeiten. Wir erleben beide etwas Ungewöhnliches, obwohl wir nicht sehr viel miteinander reden.

Nach dem Abendessen legt sich die Familie hin und bläst die kleine Öllampe, die einzige Lichtquelle im Haus, aus. Die Kinder sind zwischen fünf und dreizehn. Sie schlafen in dem einen Zimmer und die Eltern in dem anderen. Wir legen uns mit Emil und Ida zwischen uns auf die Fliesen, wo Dreck und Staub im ständig wehenden Wind umherschwirren. Wir hätten im Zelt besser geschlafen – aber die Leute sind so stolz darüber, uns ihre Gastfreundschaft anbieten zu können! Außerdem ist es auch faszinierend, Einblick in das Leben der Menschen hier zu bekommen.

Bei Sonnenaufgang sind alle auf den Beinen. Das Frühstück besteht aus einer gekochten Banane. Wir bekommen jeder ein Stück und ermahnen Emil und Ida, nicht zu meckern, obwohl das Zeug so trocken und mehlig ist, daß man es kaum herunterkriegen kann.

Es gibt etwas, was wir gern fragen möchten, aber es fällt uns schwer. Doch kurz bevor wir losfahren, fassen wir uns ein Herz.

„Was hat euch die Revolution gebracht?" fragen wir.

Die Frau überlegt einen Augenblick und antwortet dann: „Wir hoffen..."

Im unwegsamen Darien
(Hjalte)

Plötzlich wirft jemand etwas auf Nina, das platschend hinter dem Motorrad landet. Sie macht erschrocken einen Satz. Ich kann so schnell nicht erkennen, was es ist, sehe aber einige Kinder am Straßenrand, die lachen. Wir halten bei einer Cafeteria, um zu frühstücken, und ohne Vorwarnung nimmt ein dicker Mann eine Kanne vom Tisch und schleudert der Kellnerin das eisgekühlte Wasser ins Gesicht. Danach geht er lachend hinaus in die Sonne und springt auf einen Bus. Die Kellnerin schüttelt die Wassertropfen von der Bluse und trocknet ihr Gesicht mit einem Tuch. Keiner reagiert. Finden die das etwa lustig? Panama ist wohl wirklich ein merkwürdiges Land.

Nirgends ist es bisher so warm gewesen. Wir spüren, daß der Sommer im Anmarsch ist. Ida hält es nicht aus und weint. Wir schwitzen am ganzen Körper. Die Kleider kleben an der Haut, und es wird kaum besser, als wir wieder fahren. Emil ruft mir zu, daß er sich wünscht, unter einer Dusche stehen zu können.

Um die Mittagszeit fahren wir unter einem strahlend blauen Himmel nach Santiago im westlichen Panama hinein. Als wir zum Markt abbiegen, bekomme ich einen gewaltigen Wasserstrahl genau ins Gesicht. Innerhalb einer Sekunde verschwimmt alles im triefenden Wasser, und als ich die Brille wieder frei habe, sehe ich vier Kerle auf dem Bürgersteig stehen und sich totlachen. Jetzt haben sie es auf Nina abgesehen. Es kühlt wunderbar. Ich lecke das Wasser von der Oberlippe und sehe, daß Ida lacht, als sie aus dem Wasserstrahl auftaucht. Jetzt verstehen wir endlich! Es ist Karneval, und hier in Panama feiert man ihn mit einer großen Wasserschlacht, was wirklich angenehm ist! An der nächsten Ecke erwarten uns Feuerwehrschläuche, und wir fahren langsam durch den Wasserstrahl und genießen die erfrischende Dusche. Doch einer hat gesehen, daß unser Fotoapparat vielleicht naß geworden sein könnte, und gibt uns ein Zeichen anzuhalten. Er schleppt einen Kasten Bier auf den Bürgersteig. In der Hitze macht sich die Wirkung des Biers sicher sofort bemerkbar, und wir nehmen lieber Abschied von Santiagos Wasserkarneval.

Der Verkehr ist dicht. Alle sind auf dem Weg zurück vom Karneval hin zur Arbeit in Panama City. Flimmernder Asphalt, Benzindunst, Ölschwaden, Essensdünste und Gestank von Bier und Windeln in der drückenden Hitze. Ein großes Schild am Straßenrand gleitet vorbei: *The Canal Zone*. Die Bebauung hört auf. Hinter zwei hohen Stacheldrahtzäunen steht der Dschungel wie eine Mauer. Die Straßenschilder wechseln von Spanisch auf Amerikanisch. Die Szenerie ist schön, sie erinnert mich an einen Wildpark. Doch statt Raubtieren schimmern große, weiße Kasernen durch das Grüne.

Die Kanalzone ist nur zehn Kilometer breit, dann endet der Stacheldraht an befestigten Stellungen am Wasser. Wir fahren eine hohe Brücke hinauf. Der Panamakanal! Im Süden liegt der graue Pazifik, und im Norden erkennt man die ersten Schleusen, die wie Molen aussehen. Amerikanische Kriegsschiffe liegen im ruhigen Wasser, und auf dem Ancon Hill weht die Flagge Panamas. Der Kanal ist nichts Besonderes, doch trotzdem genieße ich diesen Augenblick. Wir haben die Hälfte des Weges von Los Angeles nach Rio de Janeiro hinter uns! Ich werfe einen Blick auf den Kilometerzähler: 15 200 Kilometer. Hier, in Panama, hört Mittelamerika auf, und hier endet die Straße. Zwischen Südamerika und uns liegt das berüchtigte Darien.

Kurz hinter der Brücke pflügt die Straße nach Panama City durch große verfaulte Holzhütten. Danach führt sie an den prunkvollen Wolkenkratzern der internationalen Handelsgesellschaften vorbei und endet in der Hauptstadt der Kanalzone, Balbao. Sie liegt zwischen militärischen Stützpunkten, Kais und Büros. Der Gegensatz ist kraß: das Elendsviertel Curundu mit zerlumpten Kindern und Dreck, kleinen Schuppen auf Pfählen über den Kloaken der

Stadt – und auf der anderen Seite Allbrook Air Force Base mit kilometerlangen amerikanischen Startbahnen, Hangars, Werkstätten, Häusern und Geschäften. Sterile amerikanische Villenviertel für die Offiziere mit schmucken Gärten liegen versteckt hinter mehreren Reihen von Stacheldraht. Weiter hinten liegen gepflegte Rasenflächen mit einer American High-School für die weißeste Jugend, die man sich vorstellen kann, mit Pickeln und Zahnspangen.

Der Staat Panama wurde mit Unterstützung der USA 1903 durch eine Revolution, die die Panama-Landzunge von Kolumbien losriß, geschaffen. Dieses Manöver sicherte den Amerikanern die hundertprozentige Kontrolle über das Kanalprojekt. 1914 fuhr das erste Schiff durch den Kanal, und die USA zahlten dem neuen Staat Panama zehn Millionen Dollar für das Land, das für alle Ewigkeit in amerikanische Hände übergehen sollte. 1979 einigten sich Panama und die USA auf eine teilweise Rückgabe des Kanalzonengebiets. Im Jahre 2000 soll die Verwaltung des Kanals in die Hände Panamas übergehen. Zur Zeit und wohl auch noch länger ist Panama aber noch wirtschaftlich von den USA abhängig.

In Los Angeles erzählte uns Bob, daß man auf der Allbrook Air Force Base bei dem „Road Knights Motor Cycle Club" umsonst übernachten kann, wenn man auf einem Motorrad kommt.

Wir finden zum Clubhaus in einer stillgelegten Tankstelle. Dort gibt es eine Dusche, eine Werkstatt, einen Billardraum mit Klimaanlage – und mehrere Jahrgänge von „Cycle World".

Wir beschließen diesen Tag sauber und gewaschen in einem kleinen Zimmer im Herzen der Besatzungszone. „Road Knights" ist das genaue Gegenteil von einer Rockerbande. Es ist ein Club für ordentliche Offiziere des Stützpunktes, einige auserwählte Bürger von Panama City und einige zivile Amerikaner. Sie alle bewegen sich zwischen den mit Plüsch bezogenen *Gold Wings* und trinken in rauhen Mengen Dosenbier.

Von den Leuten, die wir kennenlernen, gefällt es nur dreien in Panama. Zwei sind hier verheiratet, der dritte will eine Tauchschule für reiche Touristen aufmachen. Alle anderen hassen den Ort und denken nur daran, wieder wegzukommen, wenn ihr Vertrag beim

Militär ausläuft. Panama ist für sie ein unbegreifliches, drohendes Gebiet mit einem fürchterlichen Klima. Sie leben total isoliert in der Zone, wo möglichst alles so gehen soll wie *back home*.

Es ist fast Ironie, daß diese erzreaktionären Menschen hier in einer beinah sozialistischen Welt leben. Hier gibt es keine Privatinitiative. Alles ist vom Militär und der allmächtigen Kanalgesellschaft zentral geplant und geregelt. Schulen, Krankenhäuser, Geschäfte, Kantinen, Wohnungen, Straßen, Polizei, Kirchen, Löhne und Arbeit, alles wird von oben festgesetzt, gleichgeschaltet, klassifiziert – nett arrangiert, aber todlangweilig.

Es ist schwer, nach Südamerika zu kommen. Eine Woche lang prüfen wir alle Verbindungen von Panama aus, und nichts scheint zu funktionieren. Unser Geld geht zu Ende, und wir fühlen uns mehr und mehr in einem Chaos von unwissenden Reisebüros und geschlossenen Konsulaten gestrandet. Dazu bekomme ich auch noch Fieber und fühle mich unendlich erschöpft. Eigentlich wollten wir nach Colon am Atlantik fahren, um Schiffsverbindungen ausfindig zu machen, aber wir schaffen es einfach nicht. Jeden Tag regnet es ein paar Stunden wie aus Eimern.

Die Tage im Club vergehen schleppend. Mein Magen ist in wildem Aufruhr, und es vergeht eine Woche, bis ich wieder gesund bin. Wir machen eine 15 000-km-Inspektion. Nina macht ihre unter meiner Anleitung selbst und ist sehr stolz darüber. Die Hondas sind unverwüstlich – alles funktioniert, wie es soll. Sie sind Präzisionsprodukte, und wir behandeln sie sehr sorgsam. Es hat mich immer schon fasziniert, all diese ausgetüftelten Metallteile auf einen Tisch legen zu können, sie zu wenden und zu drehen, ohne auch nur ein Zeichen von Kraft oder Leben zu entdecken. Und dann, richtig zusammengesetzt, werden sie zu einem Motor, der in einem zirkulierenden Strom von abgemessenen Bewegungen enorme Kräfte freisetzt.

Wegen des Kanals hat Panama ein großes Warenangebot. Hier finde ich die seltenen 23-Zoll-Vorderreifen, die wir benötigen, und zwei gewöhnliche 18-Zoll-Hinterreifen. Die Hinterreifen ziehen wir sofort auf, während die Vorderreifen erst mal zum Gepäck kommen. In Südamerika werden sie sicher nicht zu erhalten sein.

Die Schmugglerboote liegen schaukelnd am Kai III in Colon, vollgeladen mit Kühlschränken, Taschenrechnern und Kassettenrecordern, klar, um nach Kolumbien zu fahren. Es sind kleine Holzschiffe mit wetterharten Seemännern. Sie wollen gerne die Motorräder transportieren, aber nicht uns.

„Geht runter nach Fox River!" sagen sie. „Vielleicht könnt ihr dort ein Boot finden."

Fox River ist kein einladender Ort. In das schleimige, stinkende Hafenwasser ragt ein Steg mit Schuppen drauf, und rechts und links davon liegen ein paar Schiffswracks. Am Kai liegt das Holzschiff *Markland*, das heute abend zu den San-Blas-Inseln und zur Anlegestelle Puerto Obaldia an der Grenze zu Kolumbien fährt. Auf der Brücke stehen drei hübsche Cunja-Indianerinnen von den Inseln, mit Goldringen in den Ohren und Nasenflügeln. Sie haben gutgeschnittene Gesichter, ausdrucksvolle Augen und tragen Kleider in klaren Farben. Das Beladen des Schiffes ist in vollem Gange. Wir haben uns vorher nach dem Preis erkundigt. Die Zweitagesreise nach Obaldia kostet 35 Dollar, aber der Kapitän will 175 Dollar haben. Er sieht mitleidslos zu, wie ich nach Luft ringe, und lehnt es ab, über den Preis zu verhandeln. Wir haben noch 400 Dollar, und wir müssen noch zweimal mit dem Boot übersetzen und dreihundert Kilometer auf dem Land zurücklegen, bevor wir in Medellin, hoch in den Bergen Kolumbiens, an unser nächstes Geld kommen. Während ich zu Nina gehe, um sie nach ihrer Meinung zu fragen, ruft der Kapitän hinter mir her, daß wir uns schnell entscheiden müssen, denn sonst würde er mehr Waren an Bord nehmen.

Trotz unseres Geldmangels wollen wir mit dem Schiff mitfahren. Doch es gibt noch etwas, was uns voller Zweifel am Kai zurückhält. Es ist unser heimlicher Traum, durch das Darien-Gebiet zu fahren. Jedes Jahr schaffen es einige Leute, dort durchzukommen. Indianerstämme wohnen längs der Pfade, denen man folgen soll, und die Strecke ist nicht sehr lang. Vielleicht können wir es schaffen? Es ist nichts dabei, durch Mittelamerika zu fahren, aber es würde ein Abenteuer sein, den Dschungel zu durchqueren. Die Leute auf dem Stützpunkt meinen, es sei unmöglich, aber ihre Meinung ist unwichtig. Je mehr schreckliche Geschichten wir von anderen hören, desto stärker wird unser Wunsch, uns selbst davon zu überzeugen. Wir sind allmählich ganz besessen davon, es zu versuchen und mit eigenen Augen zu sehen, ob das Serrania del Darien uns aufhalten kann. Tief in unserem Inneren sagt uns der Verstand, daß es nicht möglich ist, aber das ist uns egal. Wir wollen unsere eigene äußerste Grenze kennenlernen.

Soweit wir herausfinden konnten, ist es nur zwei motorisierten Expeditionen gelungen, durch Darien hindurchzukommen. Die erste war eine Gruppe mit Amphibienfahrzeugen, die zweite war eine große Expedition, die von der „National Geographic Society" ausgerüstet worden war und mit spezialangefertigten Jeeps durch den Dschungel gekrochen ist. Trotz aller Vorsichtsmaßnahmen kamen zwei Männer ums Leben, als sie mit ihren Jeeps in einem Sumpf versanken. Das muß ein Unfall gewesen sein, sage ich zu mir selbst. Und zu meiner Bestärkung schickt der Zufall uns einen Indianer, der uns von Wegen und Flüssen erzählt, die wir bewältigen können. Wir sind wie verhext in Fox River. Die Sonne hämmert alle Vernunft aus unseren Köpfen. Das Schiff füllt sich, während wir uns gegenseitig davon überzeugen, daß es eine tolle Idee sei, durch das Dariengebiet zu fahren. Emil und Ida sind durch das lange Warten im Hafen müde, und wir fahren nach Colon, um zu essen. Wir reden nicht viel, denken aber beide dasselbe: Gehen wir diesmal zu weit? Sollen wir schnell nach Fox River zurück und im letzten Augenblick doch das Schiff nehmen? Das sind unnütze Überlegungen! Die *Markland* hat bereits abgelegt, und wir müssen heute nacht zurück nach Panama City. Auf dem ganzen Weg über die Landzunge werde ich von Zweifeln geplagt, aber ich weiß, die Würfel sind gefallen, und wir sind auf dem Weg in den Dschungel.

Am nächsten Morgen kaufen wir noch eine Karte im Geographischen Institut. Es gibt nur eine im Maßstab 1 : 250 000. Wir fragen auf dem Arbeitsministerium, das eine Straße durch das Gebiet plant, ob wir bis Kolumbien kommen können. Erst meinen sie, es sei unmöglich, aber als sie hören, daß wir auf Motorrädern unterwegs sind, sagen sie ja.

Endlich heißt es: Raus aus Panama City!

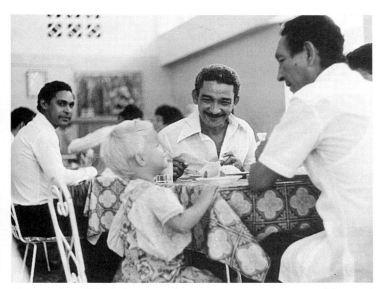

Ida ist überall beliebt. Hier hat man sie an einen Nachbartisch eingeladen

Wir sitzen auf den Motorrädern, die Nerven beruhigen sich, der Wind bläst den Stadtdunst aus unseren Lungen, und das Gehirn beginnt wieder zu arbeiten. Die „Carratera del Darien" beginnt wie eine imponierende vierspurige Autobahn, aber schon fünfzehn Kilometer östlich von Tocumen ist sie zu Ende. Ein paar verrostete Tonnen führen uns auf einen holprigen Kiesweg. Wir fahren nach Chepo, der letzten Stadt in Panama, fünfzig Kilometer von Panama City und dreihundert Kilometer von der Grenze Kolumbiens entfernt. Chepo ist eine kleine Stadt mit vielen Baustellen. Hier ist es warm und feucht. Dschungelbedeckte Berge erheben sich im Norden, und rund um die Stadt ist für das Vieh gerodet worden. Nina kauft Proviant für eine Woche ein, und ich besorge ein dreißig Meter langes Tau, vier Flaschenzüge und eine Machete. Sie gleicht einem Säbel und ist hier in Mittelamerika ein universelles Gerät,

125

das als Axt, Messer oder Sense gebraucht werden kann. Zum Schluß werden Emil und Ida mit einem Panamahut und Insektenöl versorgt. Jetzt packen wir die Motorräder um. Die Hüte kommen ganz oben auf das Gepäck und die Machete an die Seite. Ich glaube nicht, daß wir wie eine ernsthafte Expedition aussehen. Wir bleiben eine Familie mit Luft unter den Flügeln, und es wird sicher viele Luftlöcher hinter Chepo geben. Die Motorräder rattern und rasseln über den Schotter.

Der Rauch unseres Lagerfeuers steigt in den Abendhimmel. Hinter uns liegen die Zweifel um alle Probleme des Weiterkommens. Vor uns wartet der Drachen im Land der Abenteuer. Wir wissen nicht, wie er aussieht oder welche Aufgaben er uns stellen wird. Egal, was von nun an geschieht, es wird ein Erlebnis fürs Leben werden. Schaffen wir es, nach Turbo in Kolumbien zu kommen, haben wir gesiegt. Müssen wir anhalten und gezwungenermaßen umkehren, ist es immer noch ein Sieg, ein Sieg über unsere eigene Angst und Mittelmäßigkeit. Morgen und die nächsten Tage wird die Reise alles von uns verlangen. Es wird keine Möglichkeit für Kompromisse geben. Ich weiß, ich kann mich auf Nina verlassen. Sie macht keinen Rückzieher. Sie ist die mutigste Frau, die ich kenne. Emil und Ida sind total furchtlos, zwei gute Reisebegleiter: geduldig und offen. Ich bin auch auf mich selbst stolz, daß ich keine Angst vor Darien habe.

Ein Vogel ruft, und der Mond geht auf. Emil und Ida schlafen geborgen auf der Erde im Zelt.

Kurz nach Mittag kommen wir zum Ende des Weges. Der Schotterweg überquert die letzte Betonbrücke und ertrinkt dann im Schlamm. Dort stehen zwei große Planierraupen wie Monumente, und einige Jungen kommen aus den nahegelegenen Palmenhütten angelaufen. Der Ort heißt Canglon und ist eine Siedlung im Gebiet der Chocó-Indianer. Wir steigen schwitzend von den Motorrädern und starren geradeaus. Der Dschungel erstreckt sich vor uns über einige flache Hügel unter dem grauen, schweren Himmel. Im Prinzip geht der Weg zwar weiter, aber nur als schmaler, aufgeweichter Pfad durch den Wald bis Yaviza, das zweiunddreißig Kilometer weiter unten am Rio Chico liegt. Die Jungen betrachten die Motorräder und erklären uns, ihrer Sache ganz sicher, daß wir nie bis Yaviza kommen werden. Es hat über eine Woche lang geregnet, und der Pfad ist immer noch ganz aufgeweicht. Seit es aufgehört hat zu regnen, sind noch keine Jeeps durchgefahren.

Wir essen und ruhen uns aus. Dann gehen wir mit den Jungen zu den Hütten rüber, um unsere Wasserbehälter aufzufüllen. Die Siedlung bietet einen ruhigen Anblick. Ein paar Frauen mit nacktem, bemaltem Oberkörper kochen Grütze, und neben dem Lagerfeuer schnüffelt ein Schwein herum. Ich kann meine Augen nicht von seiner langen, krummen Schnauze lassen. Die Jungen bemerken meine Verwunderung und erzählen lachend, daß es ein junger Tapir ist, den ihr Vater im Dschungel gefangen hat. Natürlich – die drei Zehen und der kleine Rüssel! Wir sollten etwas länger hierbleiben und uns mit den Leuten unterhalten, denn wir kommen sicher nie mehr so weit von der Zivilisation weg. Doch ich merke die wachsende Spannung in mir. Ich will in den Dschungel und sehen, was die Motorräder aushalten können.

Emil und Ida werden auf die Motorräder gepackt, und trotz der feuchten Hitze setzen wir alle unsere Sturzhelme auf. Von der Brücke aus sahen die Hügel nicht besonders steil aus, aber schon der erste nimmt der Honda die Luft. Der Motor geht aus, und wir beginnen, rückwärts den glitschigen Weg runterzugehen. Die Jungen kommen hinter uns hergelaufen und helfen mir, das Motorrad zu halten, während ich es wieder starte. Mit einem wild durchdrehenden Hinterrad arbeite ich mich den Hügel hinauf. Ich halte an. Nina ist auch hängengeblieben, und die Jungen helfen auch ihr hochzukommen. Wir schauen einander an. Vor uns setzt der Weg sich fort: hinauf und hinunter, wie eine Berg-und-Tal-Bahn. Da gibt es nur eins: Gas geben! Ich rase den Abhang hinunter, während ich versuche, den besten Weg durch den Schlamm am Fuße des Hügels zu berechnen. Und dann berührt das Vorderrad den Morast, das Hinterrad folgt. Mit durchgedrückten Armen steuere ich es hindurch und gebe viel Gas, damit der Motor die Last die nächste Steigung hinaufziehen kann. Emil und ich sehen uns nach Nina um. Sie braucht weniger Kraft, aber dafür mehr Gleichgewicht als ich und löst so die Schwierigkeiten.

Die einzige Verbindung nach Yaviza (Panama) ist dieser morastige Dschungelweg

So geht es tiefer und tiefer in den Dschungel hinein. Weit über unseren Köpfen hängt der bedeckte Himmel zwischen den Baumkronen, und das Licht dringt durch ein grünes Meer von Stämmen, Lianen, Blättern und Ranken nach unten. Der Weg ist gerade so breit, daß ein Jeep ihn befahren kann. Rechts und links steht der Wald wie eine Mauer. Nicht einen Meter können wir vom Weg abkommen! Nie vorher habe ich eine so dichte Vegetation gesehen. Jeder Quadratzentimeter des Waldbodens ist mit Pflanzen bedeckt, und die, die keine Wurzeln in die Erde bekommen können, hängen voller Dornen zwischen den Baumstämmen.

Wir haben fast die Belastbarkeitsgrenze der Motorräder erreicht, und ich verfluche, daß Honda in Panama City keine anderen

Kettenräder hatte. Die Motorräder sind für dieses Gebiet viel zu hoch geschaltet. Sie laufen sich viel zu schnell heiß. Kein Wind rührt sich hier am Waldboden. Es sind 36 Grad, und wir fahren so langsam, daß der Fahrtwind nicht kühlt. Der Schweiß läuft in die Augen. Und schließlich ruft Nina, daß das Benzin kocht. Übertreibe nicht, denke ich, aber wirklich, es blubbert im Benzintank. Sie nimmt die Taschen ab, und wir warten eine halbe Stunde. Es ist unglaublich, wie Ida das aushält. Sie sitzt auf dem glühenden Motor und dem kochenden Benzin und fühlt sich bestens. Jedesmal, wenn Nina einen Abhang hinuntersaust, lacht sie. Nina legt eine Windel über den Sattel, und dann wird Ida mit ihren kleinen Cowboystiefeln, ihrem Sommerkleid und dem kleinen, gelben Sturzhelm wieder draufgesetzt.

Die Hügel werden steiler, und der Weg wird immer schlammiger. Es ist schwerer, klebriger Morast, der sich in den Speichen und an den Reifen festsetzt, bis die Räder schließlich nur noch große Schlammscheiben sind, die sich im Matsch drehen. Wir stürzen mehrmals. Es ist schwer, festen Boden unter die Füße zu bekommen und die Motorräder wiederaufzurichten. Ich schiebe von hinten Ninas Motorrad. Das Rad kommt frei und wirft einen Strahl Schlamm hoch unter meinen Helm. Wir sehen mit der Zeit aus wie Monster von einem anderen Planeten. Emil und Ida nehmen es mit Humor. Sie stehen mit ihren Panamahüten am Wegrand und schauen ihren Eltern beim Kampf gegen die Natur zu.

Es ist nervenaufreibend, nicht zu wissen, ob der nächste Hügel nicht zu steil oder der Morast nicht zu tief ist. Auf der Karte ist das ganze Gebiet als „Flachland unter hundert Höhenmeter" eingezeichnet, aber meine Güte, was für himmelhohe Berge wir erklimmen! Der Dschungel ist schön, aber uns, die wir ihn nicht kennen, ist er feindlich gesonnen. Ich habe gerade Ida gewickelt und eine vollgeschissene Windel hinten auf das Motorrad gebunden, da sehe ich einen Baum, der vor uns über den Weg gestürzt liegt. Er ist so groß, daß er den Weg völlig versperrt. Gott sei Dank hat jemand einen schmalen Pfad durch den Dschungel geschlagen. Wir schieben die Motorräder hindurch und kommen weiter, ohne selbst die Machete benützen zu müssen.

Wir sind nur zehn Kilometer vorangekommen, als die Dunkelheit hereinbricht. Es kommt überhaupt nicht in Frage, im Dunkeln weiterzufahren – aber es ist auch nicht leicht, einen Platz für das Zelt zu finden! Wir wollen uns auch nicht auf den Weg legen, es könnte ja jemand kommen. Glücklicherweise ist irgendwo eine Art Ausweichstelle freigeschlagen, übrigens die einzige, die wir bisher gesehen haben. Hier können wir gerade das Zelt aufschlagen und die Motorräder abstellen. Wir essen nur wenig, denn keiner von uns hat großen Hunger. Wir sind durstig, und es zeigt sich, daß wir zuwenig Wasser mitgenommen haben, wenn es weiterhin so langsam vorangeht. Wir trinken die Hälfte und sparen den Rest für morgen auf.

Jetzt ist es dunkel, und die Kinder schlafen. Um unseren kleinen Lichtkreis brodelt der Dschungel von Geräuschen der Nacht. Die Zikaden übertönen fast alles mit ihrem durchdringenden Lärm. Einige Laute sind beinahe menschlich. Sie reichen vom hysterischen Gelächter bis hin zum Kindergeschrei. Andere sind unbekannt und beunruhigend. Ganz in der Nähe hören wir einige Gurgellaute. Ob das Frösche sind, die so laut quaken? Während die Sonne am Himmel war, hörten wir nur das Geschnatter der Papageien, aber jetzt beginnt ein Konzert von Vogelstimmen. Ein Vogel beginnt mit einem melodischen Flöten und fährt immer schneller fort, bis das Ganze im Chaos endet und wie ein Kassettenrecorder klingt, den man zurückspult. Erst lachen wir, aber der Lärm fällt einem schnell auf die Nerven. Ab und zu knackt ein Ast, raschelt es in den Blättern, geht ein Windstoß durch die Baumkronen. Um uns herum wird gerufen und geantwortet, doch sehen können wir nichts. Wir sind offenbar die einzigen, die nicht am Fest teilnehmen. Es liegen noch zwanzig Kilometer Dschungel bis Yaviza vor uns, und danach kommt die richtige Wildnis, eine fünfzig Kilometer lange unbekannte Strecke bis zur Grenze.

Wir legen uns zu den Kindern ins Zelt. Draußen flackert unser kleines Lagerfeuer und wirft unregelmäßige Schatten auf unsere Motorräder. Der Lärm wird immer aufdringlicher. Die Raubtiere beginnen zu heulen. Ich habe den Dolch und die Machete neben mich gelegt, in dem Wahn, uns damit schützen zu können.

Trotzdem sind wir nicht so nervös wie zu Hause, als wir uns alle möglichen schrecklichen Dinge ausmalten. Es ist eigentlich spannend, die Raubtiere im Wald brüllen zu hören. Sie sollen bloß nicht näher kommen ...

Später schlummern wir ein. Bei Tagesanbruch werde ich von einem fürchterlichen Raubtiergebrüll geweckt. Es dringt in meine chaotischen Träume wie eine Pfote, die unser dünnes Zelt aufschlitzt. Ich starre entsetzt in zwei gelbe Augen. Ich stemme den Oberkörper ein paar Zentimeter vom Boden hoch, liege ganz steif und zittere. Die Zeit steht still, und das Brüllen dauert unendlich lang. Nina rüttelt mich und flüstert, daß das Tier schon lange so gebrüllt hätte und jetzt ganz in der Nähe sein muß.

„Wir müssen versuchen, ein Motorrad zu starten und das Tier dadurch zu verjagen", haucht sie mir ins Ohr.

Ich ziehe langsam den Reißverschluß des Zeltes auf und blicke hinaus. Der Himmel ist wieder grau geworden, aber der Wald ist immer noch schwarz. Ich kann nichts sehen, alle Geräusche sind verstummt. Nur dieses teuflische Gebrüll zerreißt die Stille. Das Lagerfeuer ist niedergebrannt. Ich erwarte jeden Augenblick, daß ein großer, gefleckter Schatten aus der Dunkelheit hervorspringt, während ich zu den Motorrädern laufe und verzweifelt versuche, eines zu starten. Nie war das Geräusch der Honda so zaghaft. Ich gebe Gas, hupe und blinke mit dem Licht – und wirklich, das Tier schweigt.

Das Tier kommt nicht wieder. Die Morgendämmerung braucht mehrere Stunden, um zum Boden des Waldes durchzudringen. Wir wecken die Kinder und trinken das letzte Wasser. Wir müssen aufbrechen, bevor es zu warm wird. Der Weg zieht sich wie gestern über lange Hügel und zäh saugenden Schlamm. Wir stürzen, richten uns gegenseitig auf, kommen vorwärts. Der Wald wird niedriger, und das Licht beginnt über den Weg hinweg zu spielen. Der Schlamm wird trockener, und die Hügel flachen ab. Wir können schneller fahren und glauben, das Schlimmste hinter uns zu haben. Schließlich schnurren wir im dritten Gang vorwärts und gleiten an ein paar Rodungen mit Bananenplantagen vorbei. Die Sonne steht im Zenit, und es ist wieder sehr warm.

Plötzlich verschwindet der trockene Weg in einem See! Die ersten zwanzig Meter ist das Wasser flach, doch dann können wir nicht mehr auf den Grund sehen, und der See verschwindet einige hundert Meter weiter im Wald. Es führen Autospuren ins Wasser. Also ist es kein Sumpf, sondern nur eine kleine Überschwemmung. An den Seiten steht das Wasser zwischen den Bäumen. Wasserpflanzen hängen um die Stämme, und es stinkt wie abgestandenes Blumenvasenwasser. Emil springt ab und blickt böse auf das Wasser. Jetzt ging es gerade so gut! Ich mache das Gepäck los, und während der Rest der Familie mir gespannt zusieht, setze ich ein gutes Stück zurück und fahre mit Vollgas ins Wasser hinein. Zwanzig Meter lang geht es gut, dann ist der schlammige Boden wieder stärker, und die Honda bleibt stecken. Ich merke, wie ich langsam sinke, und rufe Nina zu, sie soll herkommen. Ich muß absteigen und das Motorrad halten, damit es sich nicht im Schlamm hinlegt. Das Wasser geht fast bis zum Sattel, doch Gott sei Dank nicht bis zu Vergaser und Auspuff.

Emil und Ida sitzen im Schatten eines Baumes auf einem kleinen Wall, und Emil ruft, daß ich besser unser Tau und den Flaschenzug benutzen sollte. Darauf hat er sich seit Chepo gefreut. Nina bindet das Gepäck los und befestigt einen Flaschenzug. Ich bin überrascht, wie schwer 130 kg sind, wenn sie aus dem Schlamm gezogen werden müssen. Wir müssen alle vier Flaschenzüge benutzen, um die Honda zu bewegen. Ganz langsam kommt sie frei, doch dann schreit Ida, und ich kann gerade noch sehen, wie eine schwarze Schlange den Baum, unter dem die Kinder sitzen, hinuntergleitet und im Wasser verschwindet.

Die Luft liegt wie eine quälende Hand über uns. Ich habe das Gefühl, daß meine Zunge den ganzen Rachen in einem klebrigen Klumpen von Durst sprengt. Nina und ich haben schon lange die schweren Stiefel ausgezogen und waten barfuß in dem warmen Morast umher. Wir haben es aufgegeben, an all die Geschichten über fürchterliche Parasiten, die durch die Haut ins Blut dringen, über Schlangen, giftige Frösche und anderes Abscheuliche zu denken. Am liebsten würden wir uns in den See stürzen und das stinkende Wasser schlürfen. Die Kinder haben eine grenzenlose

Geduld in dieser Situation. Sie begreifen, daß wir uns hier durch-kämpfen müssen und daß es nichts nützt, zu heulen oder um Wasser zu betteln. Sie sitzen ruhig da und amüsieren sich darüber, Besuch von einer Schlange bekommen zu haben.

Die Honda kommt aus dem Loch, das sie sich gewühlt hat, frei. Ich ziehe den rechten Stiefel an, starte die Maschine nach hundert Versuchen und taste mich vorsichtig vorwärts. Alles hängt von der Kupplung ab. Ich muß sie die ganze Zeit spielen lassen. Der Motor lärmt bei voller Umdrehung, und das Hinterrad gleitet mit kleinen Rucken in die richtige Richtung. Es ist fast unmöglich, das Gleich-gewicht im Schlamm zu halten. Zweimal verliere ich beinahe die Gewalt über das Motorrad. Dann merke ich, daß es aufwärts geht. Das Rad greift wieder, ich bin durch! Ich setze mich auf den Sattel und brause den Weg entlang. Was für eine Befreiung, fahren zu können! Alles funktioniert noch. Ich trockne die Bremsen und stelle das Motorrad ab. Nina und die Kinder rufen hurra. Wir nehmen das Gepäck von Ninas Honda, und ich bugsiere sie langsam durch den See. Viermal müssen wir zurück, um das Gepäck zu holen, und aufgelöst von Hitze, Durst und Anstrengung fahren wir wieder weiter.

Am frühen Nachmittag sehen wir Yaviza. Ein Indianer ist mit einem Wildschwein auf dem Rücken auf dem Weg nach Hause. Ich fühle mich wie Livingstone, als wir vier ausgetrockneten Schlamm-gespenster die Häuser am Fluß erreichen. Wir haben es geschafft! Wir sind durchgekommen! Die Nachricht von unserer Ankunft verbreitet sich wie ein Lauffeuer. Alle kommen aus ihren Häusern, um uns zu sehen. Eine beherzte Frau gibt uns einen Eimer Wasser, und wir trinken und trinken.

Die Häuser stehen auf Pfählen und sind nicht viel mehr als Dächer, die Schatten spenden. Hier wohnen viele Chocó-Indianer: Frauen mit nacktem Oberkörper und langen Perlenketten, Männer mit blauschwarzen Händen und Füßen und das Haar im Pagen-schnitt. Ihre Augen sind freundlich und lachen. Die zweite Hälfte der Dorfbewohner sind Schwarze in moderner Stadtkleidung, Abkömmlinge von Sklaven, die im sechzehnten Jahrhundert vor den Spaniern in den Dschungel geflüchtet sind.

Auf dem Fluß herrscht reger Verkehr von langen, schmalen Piraguas, ausgehöhlten Baumstämmen. Ich habe nur eines im Kopf: eine Person zu finden, die uns davon überzeugen kann, daß es einen Weg nach Kolumbien gibt. Wenn die neugierigen Menschen fragen, wo wir hinwollen, sagen wir: „Kolumbien" – und warten sehnsüchtig auf eine Ermutigung. Doch die Leute nicken freundlich und sagen, daß das ja eine ganz gute Idee sei, und dann wünschen sie uns viel Glück.

Wir sind in einem Ort, in dem die Welt sehr klein ist. Alle kennen den Weg zum nächsten Dorf, aber nicht nach Kolumbien. Es führt kein Weg von Yaviza aus weiter, außer dem Fluß. Ein einbeiniger Neger humpelt uns auf zwei Krücken entgegen und sagt, daß er uns mit einem Boot nach Boca de Cupe bringen kann und daß wir von dort leicht über die Grenze fahren können. Boca de Cupe ist auf der Karte eingezeichnet. Es ist ein Dorf, vielleicht zwanzig Kilometer Luftlinie von hier entfernt und die doppelte Anzahl von Kilometern auf den gewundenen Flüssen. Es liegt genau in der Mitte zwischen Yaviza und der Grenze. Neben dem Einbeinigen steht sein Kumpel, ein Mann mit Sonnenbrille. 240 Dollar wollen sie für die Fahrt haben.

„Was, zweihundertvierzig Dollar?" rufe ich.

Ja, denn sie müssen einen Außenmotor mieten, Benzin kaufen, zwei Männer anheuern, zusätzliches Benzin für die Rückfahrt haben und so weiter und so weiter. Dafür kämen wir von Boca de Cupe ohne Schwierigkeiten nach Kolumbien. Ein alter Mann sieht uns sitzen zu. Er mischt sich ein und sagt, daß wir nicht den ganzen Weg mit dem Boot fahren müssen. Es gäbe auch einen Weg von El Real aus, meint er. Ich frage, ob er meint, daß wir nach Kolumbien kommen können. Das glaubt er, aber ich merke, daß er nicht an die Motorräder denkt. Sichtlich enttäuscht lassen sich der einbeinige Mann und sein gerissener Kumpel darauf ein, uns für 75 Dollar nach El Real zu bringen. Wir haben nur noch 300 Dollar und spüren, daß jede Sekunde kostbar ist.

Wir werden zu einer Flußbiegung am anderen Ende des Dorfes geführt. Voran gehen zwei Freunde des Einbeinigen, dann folgen wir auf den Motorrädern im Schneckentempo mit einem langen

Hier geht nichts mehr. Transport auf einem Boot ist die letzte Rettung

Schwanz von Kindern und Erwachsenen hinter uns. Wir kommen zu einem schwarzen Strand, wo sich viele Menschen in dem trüben Wasser waschen. Emil und Ida stürzen sich in den Fluß. Der Einbeinige kommt angefahren. Seine Piragua ist ein sechs Meter langer ausgehöhlter Baumstamm, 70 cm breit, mit zwei Ruderbänken und einem 20-PS-Außenbordmotor versehen. Es muß ein gigantischer Baum gewesen sein, denn die Seiten und der Boden sind nicht rund, sondern abgeflacht. Mit Hilfe der Leute am Strand

135

bekommen wir die Motorräder auf das baufällige Kanu gehoben. Der Boden gibt nach, und es ist schwer, die Motorräder sicher auf dem glitschigen Holz hinzustellen.

Eine Frau kommt zu uns und schenkt Ida eine Unterhose. Erst jetzt merken wir, daß Ida das einzige Mädchen „unten ohne" ist. Die Frau findet es nicht gut, daß Ida nackt herumlaufen muß. Bei den Jungen scheint das ganz in Ordnung zu sein, denn Emil bekommt nichts. Der Einbeinige setzt sich an den Motor, sein Kumpel beginnt das Wasser aus dem Boot zu schöpfen, und ein Dritter drückt uns vom Ufer ab, stellt sich auf den flachen Steven und hält Ausschau. Er lotet die ganze Zeit den Grund mit einer Stange und warnt vor jedem Treibholz, das im Fluß schwimmt. Regen beginnt in schweren Tropfen zu fallen, und mit der Zeit schwimmt alles im Boot im Wasser und im Schlamm, der sich von den Motorrädern löst.

Die Piragua gleitet ruhig durch das stille, dunkle Wasser. Die Flußufer bestehen aus hohen, glatten Schlammbänken, und ab und zu sehen wir flache Felder mit Bananenstauden oder kleine Hütten, vor denen eine Piragua an einem Baum festgemacht liegt. An einigen Stellen beginnt der Dschungel direkt am Wasser, majestätisch abweisend, und verschwindet auf den Bergen in den dahinziehenden, bleigrauen Wolken. Das Unwetter wird immer schlimmer. Es blitzt und donnert, und der Regen peitscht übers Wasser. Wir sind alle völlig durchgeweicht, und der Wind läßt uns bitter frieren. Das kann man hier also auch. Sowohl der Einbeinige als auch der Gerissene sitzen und klappern so mit den Zähnen, daß sie nicht reden können. Der Ausschauhaltende zieht sein Hemd aus und wringt es aus. Der größte Teil des Flußlaufes ist sehr flach, und der Mann muß unaufhörlich mit der Stange loten. Nach einer Stunde Fahrt wird der Fluß breiter, und kleine Wellen lassen die Piragua fürchterlich rollen. Die Motorräder neigen sich weit über die niedrige Reling, und ich bete, daß wir bald am Ziel sind.

Bei einem schönen Sonnenuntergang heben wir die Motorräder in El Real wieder an Land. Der Dschungel dampft nach dem Regen, und der Fluß vergoldet die Piraguas, die mit langen Kielwasserstreifen vorbeigleiten.

Unsere Ausweise werden wieder einmal kontrolliert, und die Nummern von der Guardia Nacional notiert. Ein Schwarm von Jungen überzeugt uns, daß wir am besten zum „Gringoens Campamento" fahren. Das sind zehn Luxusbungalows auf einer kleinen Insel im Fluß. Hier wohnen Touristen, die Entdeckungsreisen in die Wildnis machen wollen. Sie werden in Privatflugzeugen von Panama City aus hergeflogen. Gringo Garry erlaubt uns, die Nacht in einem leeren Bungalow zu verbringen. Als ich die Treppe, die auf eine Hängebrücke führt, sehe, wird mir schwarz vor Augen. Ich bin nicht mehr in der Lage, das Gepäck heute noch einmal abzuschnallen und es dann über die Brücke zu tragen. Daher nehme ich ein langes Brett und lege es über die Stufen. Dann nehme ich Anlauf, komme mit dem Vorderrad fast hinauf – doch dann bricht das Brett, und das Motorrad fällt zur Seite. Verzweifelt setze ich einen Fuß ins Leere, stürze in einen Baum, und das Motorrad fällt auf mich. Ein Schmerz schießt das rechte Bein hinauf. Ich mache mich frei und taste es ab. Das Knie schmerzt, als ob es auseinandergerissen wäre. Kolumbien scheint mir plötzlich so weit weg zu sein wie der Mond. Wann kann ich wieder Motorrad fahren? Ist die Reise beendet? Müssen wir nach Hause?

Im Dschungel
(Nina)

Es ist so finster hier, daß ich den Boden unter meinen Füßen nicht sehen kann. Ab und zu blinkt es im Dunkeln. Schillernde Insekten schwirren herum, und ihr Licht blitzt für einen kurzen Moment strahlend weiß auf. Es ist so, als ob man im Himmel mit blinkenden Sternen umherwandert. Hjalte sitzt in der Bambushütte. Sein Bein ist wohl doch nicht gebrochen, aber selbst mit einer Verstauchung wird es vorerst unmöglich sein weiterzufahren.

Heute war es wirklich ein langer Tag. Man sollte nicht fahren, wenn man nicht voll bei der Sache ist. Wir haben diesen Fehler gemacht, und nun kommt er uns teuer zu stehen. Wir hätten in

Yaviza bleiben und die Weiterfahrt erst für morgen ansetzen sollen, aber wir wollten uns eine Übernachtung sparen. Wir waren müde, und Hjalte wollte trotzdem das Gepäck zum Bungalow schaffen. So kam es zu dem Unfall. Wie dumm wir uns doch angestellt haben!

Als Emil und Ida aufgestanden sind, gehen wir hinaus, um uns Gringo Garrys Jaguar anzuschauen. Er steht angekettet in einem kleinen Gehege. Garry kommt, um ihn zu füttern, öffnet die Pforte und streichelt das gefleckte Raubtier. Aber es wirkt gefährlich, und als Emil und Ida sich dem Zaun nähern, springt der Jaguar ihnen mit einem Brüllen entgegen. Zum Glück wird er von seiner Kette gestoppt.

„Ist das ein Laubtier?" fragt Emil.

Er meint natürlich Raubtier, aber es passiert immer häufiger, daß er dänische Worte falsch ausspricht oder sie überhaupt nicht mehr kennt. Dafür kann er allmählich ganz gut Spanisch und Englisch, und manchmal findet er es ganz witzig, wenn wir nur Spanisch miteinander sprechen. Ida ist es egal, in welcher Sprache wir uns unterhalten; sie versteht alles, sagt aber selbst bis jetzt nicht sehr viel.

Ich schraube meinen Koffer vom Motorrad, damit Hjalte hinten sitzen kann, dann fahre ich ihn in die Stadt, in der es ein kleines Krankenhaus gibt. Man hat dort kein Röntgengerät, aber nachdem der Arzt das Bein angehoben und daran herumgedrückt und -gedreht hat, glaubt er, daß es wohl nicht gebrochen ist. Hjalte bekommt eine elastische Binde und soll sich fünf Tage lang möglichst ruhig verhalten. Der Arzt erklärt ihm, wie er in der Nacht mit einem Salzverband schlafen soll. Als ich Hjalte zum Hotel zurückgebracht habe, setze ich Emil und Ida vor mir auf das Motorrad und fahre zurück zur Stadt, um einzukaufen.

Als wir hinkommen, läuft uns eine Gruppe von schwarzen, juchzenden Kindern nach. Es ist wohl das erstemal, daß ein Motorrad durch die Stadt rattert. Die Kinder sind vor uns, hinter uns und neben uns, so daß ich sehr vorsichtig fahren muß. Ein großer Junge hängt sich an den Reservereifen, der hinten am Motorrad befestigt ist, und ich verliere das Gleichgewicht und muß anhalten. Ich gebe ihm zu verstehen, daß er damit aufhören soll. Aber sobald wir wieder anfahren, haben wir eine ganze Meute hinten dranhängen. Ich halte an und erkläre den Kindern, daß es gefährlich für sie ist, aber das hilft überhaupt nicht. Die Kinder sind frech. In diesem Punkt ähneln sie dänischen. Wir sind zu lange von den niedlichen und eher schüchternen Indianerkindern verwöhnt worden. Ich bin schon fast genervt, als ich endlich darauf komme, Emil und Ida herunterzuheben und statt dessen zwei Kindern aus der Stadt eine Tour anzubieten. Das hilft, und mit triumphierendem Gejohle läuft die Schar uns voraus zum Kaufmann. Dort gibt es nur Konserven, Zigaretten, Bier und Limonade, und alles ist unheimlich teuer, weil es aus Panama City herangeschafft werden muß. Man kann hier eine kleine, lauwarme Cola für einen Dollar kaufen und eine Dose norwegische Sardinen in Tomatensoße für vier Dollar. Sogar Reis und Bohnen kosten ein Vermögen. So begnüge ich mich damit, ein einziges Bier als Trost und Ermunterung für Hjalte zu kaufen. Wir sind gezwungen, weiterhin von unserer „Notration" zu leben. Was für ein Glück, daß wir volle Verpflegung für eine Woche mithaben! Ich habe bemerkt, daß Garry sich heute morgen sehr gewundert hat, als ich Regenwasser geholt habe, um damit Tee zu kochen. Er erzählte mir, daß er und seine Frau selbst nie Wasser hier unten trinken, auch nicht abgekocht. Sie trinken Bier und Limonade. Wir können es uns nicht leisten, für uns alle vier Limonade zu kaufen. Wenn wir durstig sind, trinken wir deshalb Wasser. Das machen die Einheimischen schließlich auch.

Die Kinder führen uns zu einer Bäckerei. Wo der Backofen steht, kann ich nicht sehen, aber überall im Pfahlhaus stehen Backbleche. Das Wohnzimmer ist mit einer Teakholzkommode und ein paar schweren, gepolsterten Sesseln ausgestattet. Bleche mit warmen Brötchen stehen sowohl auf der Kommode als auch auf den Armlehnen der Sessel. Ich kaufe eine Tüte Brötchen – teure Brötchen! Man kann natürlich nichts anderes an so einem Ort verlangen. Ein verdammter Ort, um dort ohne Geld zu stranden!

Das einzige, was hier produziert wird, sind Yuccawurzeln, Bananen und Avocados. Der Transport zum Markt in Panama City ist lang und beschwerlich. Es ist nicht einfach, hier Geld zu verdienen. Die einheimischen Produkte sind nicht viel wert. Wer kann, macht ein kleines Geschäft auf und lockt so den anderen das Geld aus der Tasche. Hier in El Real gibt es tatsächlich einen Friseursalon und sogar eine Bar mit hellroter Beleuchtung und einem Flipperapparat mit Pin-up-Girls. Während die Indianer auf der nackten Erde sitzen, bekleidet mit Lendenschurz und Perlenkette, stolzieren die schwarzen Matronen auf Plateauschuhen, mit spitzen Büstenhaltern und Acrylkleidern aus Hongkong vorbei. In Garrys Hotel bezahlt man pro Tag und Person 25 Dollar, und das beinhaltet nicht einmal irgendwelchen Service. Wenn also jemand glaubt, daß es billiger wird, je weiter man von der Zivilisation entfernt ist, der muß umdenken. Garry hat natürlich mitbekommen, daß wir arme Schlucker sind, und wir haben abgemacht, daß wir 15 Dollar pro Tag für alle bezahlen.

Rund um die Bambushütten des Hotels sind die Pflanzen weggeschlagen, aber nur wenige Meter weiter beginnt der Dschungel schon wieder. Wenn der Wald wie hier rund um die Häuser zurückgedrängt werden soll, muß man das Gras und die Pflanzen jeden Tag mit einer Machete abschlagen. Der Dschungel ist wie eine Decke, die alles überwuchert und erstickt. Merkwürdig ist, daß trotz all dieser Üppigkeit keine Nahrung für die Menschen gedeiht. Wenn der Wald gerodet wird, ist die Erde nicht so fruchtbar, wie man meinen könnte. Die Humusschicht ist dünn, und die Feuchtigkeit läßt alles eingehen. Garry hat vergeblich versucht, Gemüse anzubauen. Alles verrottet, bevor es reift.

Der Fluß fließt träge an den Bambushütten vorbei, aber nicht immer in dieselbe Richtung. Zuerst können wir dies nicht verstehen, aber bald entdecken wir, daß hier eine starke Tide herrscht, obwohl wir weit vom Meer entfernt sind. Der Fluß ist braun und schlammig. Die Indianer bewegen ihre Boote mit einer Stange vorwärts, aber es geht nur sehr langsam voran. Oft regnet es wie aus Kübeln. In den vier Tagen, seit wir hier sind, hat die Sonne nicht einmal geschienen. Der Weg, auf dem wir gekommen sind, muß jetzt durch Schlamm und umgefallene Bäume total blockiert sein.

Die Windeln, die gestern schmutzig geworden sind, sind schon schimmelig und moderig. Ebenso das Zeug im Netz für schmutzige Wäsche. Der Dschungel liegt beklemmend und undurchdringlich um uns. Mich juckt es am ganzen Körper von der feuchten Wärme. Ich glaube, ich würde Platzangst kriegen, wenn ich hier länger bleiben müßte!

Es gibt einen Pfad von Boca de Cupe zur kolumbianischen Grenze, aber keiner weiß, wie der ist. Weder hier noch in Yaviza gibt es jemanden, der ihn je gegangen ist. Die Regenzeit soll erst in einem Monat beginnen, aber es hat schon jetzt ungewöhnlich viel geregnet – vielleicht hat die Regenzeit schon begonnen, wer soll es wissen? Weiter durch den Dschungel zu fahren kann uns in unübersehbare Schwierigkeiten bringen; wir riskieren, auf einem Weg festzusitzen, den wochenlang niemand passieren kann. Ich war beim Flugplatz, aber das Flugzeug ist zu klein, um ein Motorrad mitzunehmen.

Wir besprechen noch einmal unsere Möglichkeiten des Weiterkommens. Hjalte kann schon mit dem Bein auftreten, und er rechnet damit, daß es in zwei Tagen wieder in Ordnung ist. Trotzdem fühlen wir, wie sich die Situation immer mehr zuspitzt. Das Problem ist zuallererst, daß es hier so teuer ist. Die Geldsorgen rauben mir den letzten Nerv. Jeder Tag, der vergeht, schränkt unsere Möglichkeiten mehr ein. Reicht das Geld, um weiter durch den Dschungel zu fahren? Haben wir genug, um eventuell nach Panama City zurückzukehren? Wir haben uns nicht einmal in unseren wildesten Phantasien vorstellen können, daß es hier unten so teuer ist! Wir haben die letzte Woche von unseren sparsamen Reis- und Spaghettirationen gelebt. Tee haben wir mit dem schlammigen Wasser gekocht, aber trotzdem schwindet unser Geldbestand auf beunruhigende Weise. Reiseschecks kann man hier nicht benutzen und schon gar nicht Kreditkarten.

Ich fahre zusammen mit Garry den Fluß hoch, um das Frachtboot zu finden, das einmal in der Woche nach Panama City fährt. Auf dem Weg müssen wir Benzin am Flußufer kaufen und treffen auf einen Schweden, der es aus Tonnen verkauft. Er heißt Tom und wohnt seit zwei Jahren hier. Er ist hier vorbeigekommen und hängengeblieben, sagt er. Aber sonst ist er ungewöhnlich wortkarg, und es ist ganz offensichtlich, daß er keine Lust hat, mit einer Dänin zu reden. Ob er hier lebt, weil es ihm gefällt, oder ob er Liebeskummer oder etwas auf dem Kerbholz hat, finden wir nicht heraus. Das Benzin für den Außenbordmotor kostet genau 35 Dollar, und Tom will keinen Reisescheck annehmen. Das geht ziemlich an unsere Barschaft. Nach einer einstündigen Bootsfahrt finden wir das Frachtboot, das in der Strömung vor Anker liegt. Der Kapitän weiß nicht, wieviel es kosten wird, zwei Motorräder nach Panama City zu transportieren, aber er wirkt zumindest ehrlich. Das Boot will irgendwann morgen abend Anker lichten, wenn es fertig beladen ist. Ich soll morgen früh wiederkommen, wenn ich den Preis erfahren möchte. In der Zwischenzeit will der Kapitän versuchen, mit der Reederei Funkkontakt zu bekommen.

Am Nachmittag gehe ich mit Emil und Ida hinüber zu den Indianern, die unter einem Vordach wohnen. Sie sind sehr freundlich und machen sich nichts daraus, daß ich jedesmal, wenn ich in die Stadt muß, mit dem Motorrad direkt durch ihr „Eßzimmer" und „Schlafzimmer" fahren muß. Eine Frau feilt mit einem stumpfen Messer eine Rille in eine Kalebasse. Mein erster Gedanke ist, unsere Metallsäge aus der Werkzeugtasche zu holen. Aber ich sehe, daß sie ihre Arbeit genießt und im übrigen Zeit genug hat. Auf einem kleinen Feuer kochen die Frauen Bananen oder Yuccas. Das ist das Essen, das die Familie jeden Tag bekommt, und es ist nicht viel Arbeit, es zuzubereiten. Sie haben nur einen Topf, einen Krug und einige Kalebassen. Aus der großen Kalebasse, an der die Frau arbeitet, werden zwei gute Essensschalen für ihren Haushalt. Der Mann hilft ab und zu, Bananen in ein Boot aus einem Baumstamm zu laden. Sonst steht er im Schatten eines großen Avocadobaumes mit ein paar anderen Männern herum. Die Frauen, die Großmütter und die Kinder sitzen den ganzen Tag auf der Erde unter dem Vordach.

Die kleinsten Mädchen aus der Familie tragen die meisten Schmuckstücke, und Ida ist sehr an ihnen interessiert. Das kleine Indianermädchen hat eine Kette mit großen Raubtierzähnen, bunten Perlen und gefärbten Bohnen um den Hals. Um die Hüften tragen die Frauen ein Stück gesprenkelten Baumwollstoff; ihr Oberkörper ist nackt. Die Haut ist mit Indigo dunkelblau gefärbt. Die Frauen, die an den Kalebassen arbeiten, haben den Körper und die Schultern gefärbt, die Großmütter Hände und Füße. Ich werde mir nicht richtig klar darüber, ob es bestimmte Regeln gibt, wie man sich anmalt, aber mir scheint es so, als wenn es nach Lust und Laune geschieht. Nur die junge Frau hat genauso wie ich eine Bluse an, obwohl es bestimmt viel angenehmer ist, ohne zu gehen. Die Männer tragen moderne Sachen. Sie haben Hosen und T-Shirts an. Es muß schrecklich unangenehm sein mit so einem enganliegenden T-Shirt in der feuchten Wärme!

Ganz früh am nächsten Morgen fahre ich den Fluß hinauf zum Frachtboot. Unsere Situation wird allmählich verzweifelt. Wenn die Bootsfahrt zu teuer ist, weiß ich nicht, was wir machen sollen... Hier bezahlt man den Transport von Waren nicht nach Gewicht, sondern nach Wert, und das ist eine sehr vernünftige Ordnung, denn sonst würde der Transport von Lebensmitteln viel zu teuer werden. Aber was kann dann der Transport von zwei Motorrädern kosten? Auf dem Schiff frage ich mit klopfendem Herzen nach dem Preis. 30 Dollar pro Motorrad soll es kosten. Das können wir gerade noch bezahlen! Ich hätte den Kapitän fast vor Freude geküßt, aber das habe ich dann doch nicht gemacht. Ich kehre freudestrahlend zum Bambushotel zurück. Endlich habe ich einen Ausweg gefunden!

Aber dort erwartet mich eine Überraschung. Hjalte hat schon unsere Sachen gepackt, und die Kinder sind dabei, sie aus dem Haus zu tragen. Hjalte unterhält sich mit einem Indianer, der mit seinem leeren Bananenboot nach Boca de Cupe zurückwill, und er ist bereit, uns für 50 Dollar mitzunehmen. Von Boca de Cupe könnten wir auf einem Pfad nach Kolumbien fahren. In diesem Moment kommt Garry, der von unseren neuen Plänen gehört hat. Er holt einen Brief von einem Engländer hervor, der hier letztes Jahr gewohnt hat. Der Engländer beschreibt darin sehr detailliert den Weg zur kolumbianischen Grenze. Es ist ein haarsträubender Bericht, und widerstre-

Eine Chocó-Familie in ihrer Piragua, einem Boot, das aus einem ausgehöhlten Baumstamm besteht

bend lassen wir uns überzeugen, daß wir die Tour mit Kindern und Motorrädern und so wenig Geld nicht wagen können. Wir sind enttäuscht, aber wir müssen der Realität ins Auge sehen.

Nachdem wir dem Indianer, der auf uns gewartet hat, mitgeteilt haben, daß wir nun doch nicht mit ihm fahren, wird es höchste Zeit, daß wir zum Frachtboot aufbrechen. Der Kapitän meinte, wir sollten früh da sein, damit die Motorräder an Bord genommen werden können.

Garry hat zwei lange Kanus, die nebeneinander zusammengebunden werden und mit den Motorrädern, Kisten mit leeren

144

Flaschen, Gasflaschen, mir, Hjalte, den Kindern und zwei von Garrys Dienstboten beladen werden. Die Kanus bewegen sich mit erstaunlicher Eleganz durch die Windungen des Flusses. Wir sitzen nicht mehr länger fest, wir sind wieder unterwegs – und wir sind glücklich!

Die Motorräder werden mit einem Kran an Bord gehievt und festgezurrt. Die *Jamaina II* ist nicht mehr als fünf Meter breit und zehn Meter lang. Sie ist aus solidem Holz gebaut und gut gepflegt. Eine Treppe führt aufs Oberdeck. Dort befinden sich die Mannschaftskajüten und das Steuerhaus. Außerdem gibt es eine Küche, ein mal ein Meter groß, und zwischen Küche und Treppe, in einer kleinen Ecke, hat gerade ein Eßtisch Platz.

Am Tag brennt die Sonne gnadenlos, und der Dunst aus dem Dschungel steigt auf. Ständig kommen lange Kanus mit Bananen, die so voll sind, daß sie fast sinken. Die grünen Bananen sind mit frischen Palmenblättern vor der sengenden Sonne geschützt. Die Männer werfen die Stauden an Bord, wo sie von einem Seemann aufgefangen und gezählt werden. Ein zweiter Mann stapelt sie sorgfältig auf.

Der Transport von Bananen ist eine heikle Sache, und es ist jedesmal ein Wettlauf mit der Zeit, daß sie ihr Ziel erreichen, bevor sie weich werden. Einige der Bananen werden schon auf dem Weg zum Schiff gelb und gleich aussortiert.

Es kommen auch ein paar Boote mit großen, grünen Avocados an. Die Avocados werden in geflochtenen Körben an Bord geworfen und vorsichtig an Deck gelegt. Nach und nach versinken unsere Motorräder bis zu den Sätteln in Avocados.

Auch Yuccawurzeln werden zum Schiff gebracht. Sie sehen wie unregelmäßige Rüben aus und haben kleine, giftige Haare, die bei Berührung die Haut reizen. Ida hat das Pech hinzufallen. Sie zerkratzt sich den Körper an einigen Yuccas und bekommt einen juckenden Ausschlag. Zwei Indianerkinder kommen und trösten sie. Sofort vergißt sie ihre Qual. Es ist richtig rührend, Ida, Emil und zwei Indianerkinder zusammen zu sehen, zwei schwarze und zwei weiße Haarschöpfe. Sie können zwar nicht viel miteinander reden, aber sie mögen sich auf Anhieb.

Mit jeder Ladung Gemüse kommt auch eine Familie mit ihren Säcken, Tüten und Taschen und vielen Kindern an Bord. Sie müssen mit, um einen Käufer für ihre Ware in Panama City zu finden. Das Ganze hätte sich wohl zu einem Chaos entwickelt, wenn der Kapitän nicht so ordnungsliebend gewesen wäre. Er sorgt dafür, daß Passagiere und die Fracht getrennt bleiben. Uns wird der Zugang zum Vordeck und Mittelschiff verboten – es wird mit Yuccawurzeln und Avocados aufgefüllt. Jetzt können wir unser Gepäck auf den Motorrädern nur erreichen, wenn wir außen an der Schiffswand entlangklettern.

Es gibt Essen. Der Koch steht in seiner Küche und bedient aus der Luke heraus, während er gleichzeitig die schmutzigen Teller entgegennimmt, sie wäscht und abtrocknet. Ich schaue ihm etwas auf die Finger. Werden die Teller und Gabeln ordentlich sauber? Ja, sie werden es wahrhaftig! Er hat sogar einen großen Topf mit heißem Wasser zur Hand. Alle Passagiere erhalten Essen, solange sie an Bord sind. Das ist im Preis von 12 Dollar inbegriffen, soviel kostet nämlich eine Passage. Der Koch ist ein liebenswürdiger, alter Chinese, und er freut sich sehr darüber, als er sieht, daß wir sein Essen mit gutem Appetit verspeisen. Nach dem Essen gibt es Kaffee mit unheimlich viel Zucker.

Auf dem unteren Deck steht ein großer Wassertank mit einem Hahn und einem Blechkrug zum Trinken. Daneben steht eine Tonne mit Waschwasser und eine Schüssel. Mit einem Eimer und einem Tau wird Flußwasser hochgeholt, um das Deck und die Toilette zu spülen; das wird mehrere Male im Laufe des Tages gemacht.

Die Besatzung des Schiffes ist eine kleine, bunte Schar. Der Kapitän ist so um die Sechzig, groß, mager und tiefschwarz. Der Steuermann ist etwas jünger und von gleicher Farbe. Der Maschinenmeister ist groß und dick und leuchtend braun. Und dann gibt es einen älteren, weißhaarigen Neger und zwei junge Indianer, die bis jetzt noch nicht so viele Muskeln haben, wie die drei schwarzen Seemänner. Aber alle schuften hart, das Schiff in der dampfenden Hitze zu beladen, und der Schweiß läuft ihnen an ihren dunklen Körpern herunter.

Ich reiche einen leeren Sack und einen Eindollarschein einem Indianer herunter und zeige auf die gelben Bananen, die aussortiert sind. Der Indianer füllt den Sack, und ich muß „Stopp" rufen, denn er ist mindestens schon bei zehn Kilo angekommen. Die Kochbananen sind zwar ziemlich hart, aber süß und aromatisch. Die Leute lachen über uns, weil wir die Kochbananen roh essen. Das tun sonst wohl nur die ganz Armen und Unkultivierten.

Als die Dunkelheit hereinbricht, sind wir allmählich über hundert Passagiere auf dem kleinen Schiff, und wir stehen wie die Sardinen in der Büchse. Aber keiner macht sich etwas daraus. Alle haben sich ordentlich herausgeputzt. Es geht in die Stadt, und alle sind bester Laune.

Um zehn Uhr abends ist Hochwasser, und der Kapitän gibt das Zeichen, die Anker zu lichten. Die Maschine setzt sich lärmend in Gang, und oben auf der Brücke wird ein Scheinwerfer eingeschaltet. Der Lichtkegel wird die ganze Zeit über den Fluß und das Ufer streifen. Die *Jamaina II,* die natürlich kein Radar hat, setzt sich in Bewegung. Der Fluß scheint nur aus Windungen zu bestehen. An einigen Stellen ist er breit und führt wenig Wasser, hat Schlammbänke, die aus dem Wasser aufragen. An anderen Stellen ist er schmal und tief mit treibenden Baumstämmen. Es fordert die größte Aufmerksamkeit, ein verhältnismäßig großes Schiff sicher durch die Hindernisse zu steuern. Das Maschinengeräusch wird vom Flußufer und dem dichten Dschungel als Echo zurückgestoßen. Einige wenige Boote gleiten still in der tiefen Dunkelheit vorbei; alles ist ruhig an Bord. Wir haben zum Glück unsere Hängematten. Die eine wird über die Motorräder und Avocados gespannt; die ist für Hjalte, der dringend sein Bein ruhigstellen muß. Die andere hängen wir über einen Berg von Yuccawurzeln und bugsieren mit viel Mühe die Kinder hinein. Ich selbst kann mich zwischen das Gepäck quetschen, und das ist gar nicht bequem. Wir sind es sonst gewohnt, auf unebenem Boden zu schlafen, aber hier ist es wirklich unmöglich. Ich kämpfe mit rollenden Kosangasflaschen, Papageien in Bambuskäfigen und Säcken voll Bananen. Die Maschine lärmt und läßt warme Luft zu uns aufsteigen. Die Kinder treten sich im Schlaf, und ich kann nicht schlafen. Aber zum

Glück liegen wir alle. Die anderen Passagiere müssen auf ihrem Gepäck sitzen.

Gegen sechs Uhr am Morgen haben wir La Palma erreicht, die Provinzhauptstadt von Darien. Der Ort besteht aus einem Haufen Bretterbuden mit Blechdächern. Sie stehen auf Pfählen an der steilen Uferböschung. Das Schiff legt an einer Brücke an, von wo aus große, schwere Teakholzbalken gelöscht werden. Das Löschen wird nur per Hand gemacht – eine schwere und gefährliche Arbeit. Bevor wir weiterfahren, halten wir an einer zweiten Brücke an, die direkt in ein Lebensmittelgeschäft führt. Während leere Benzintonnen von Bord geworfen werden, stürzen wir mit allen anderen Passagieren an Land. Wir haben nicht einmal Geld, um uns eine Limonade zu kaufen, aber es tut trotzdem gut, von dem überfüllten Schiff zu kommen. Dann geht die Reise weiter, und im Laufe des Tages erreichen wir die Flußmündung. Wir fahren an Mangrovenwäldern vorbei. Sie säumen die ganze Küstenlinie.

Nach einer weiteren unbequemen Nacht erreichen wir schließlich im Morgengrauen Panama City. Sobald es hell wird, entsteht wilde Hektik an Bord. Vor dem Klo, das jetzt als Wasch- und Umkleideraum benutzt wird, steht eine Schlange. Die Frauen haben Lockenwickler im Haar, seit sie vor zwei Tagen an Bord gekommen sind. Jetzt bürsten und kämmen sie sich, besprühen sich mit Lack, denn ihr steifes, krauses Haar soll in wohlgeformten Wellen liegen. Auch die Kinder werden gründlich gewaschen. Den Mädchen werden die Haare gebürstet und zu kleinen festen Knoten gedreht. Vor Handspiegeln geben sich die Frauen mit Lippenstift und Lidschatten den letzten Schliff. Die Männer duften nach Deodorant und Rasierwasser. Alle geben sich die größte Mühe, um den Erwartungen der Großstadt zu entsprechen – trotzdem sehen sie in all ihrer Pracht rührend provinziell aus.

Taxiboote legen an, die die Passagiere in den Hafen bringen sollen. Wir warten, daß der Löschkai öffnet. Die anderen, die eine Ladung an Bord haben, haben es eilig, an Land zu kommen, um Käufer für ihre Waren zu finden. Allmählich sind wir die letzten Passagiere, die auf dem Boot zurückbleiben, und wir setzen uns nach oben und trinken eine Tasse Kaffee mit dem Koch.

Um neun Uhr öffnet der Kai, und wir legen an. Sofort springen die Käufer an Bord, um sich die Waren anzusehen. Es sind nicht besonders viele, und die Preise, die sie anbieten, sind niedrig. Aber da die Waren ja verkauft werden müssen, einigt man sich schließlich, und nach und nach wird alles an den Mann gebracht.

Das Abladen geht schnell vonstatten. Die Mannschaft schwitzt unter der harten Arbeit, die Waren auf den Kai zu werfen, aber schließlich ist das ganze Gemüse an Land, und nur die Motorräder sind zurückgeblieben. Aber der Kapitän will unseren Reisescheck nicht entgegennehmen. Und es kommen keine Waren von Bord, bevor nicht der Transport bezahlt ist, auch keine Motorräder! Unglücklicherweise ist es Sonnabend, und die Banken öffnen nicht vor Montag. Als der Kapitän versteht, daß wir uns unter keinen Umständen von unseren Motorrädern trennen wollen, schlägt er uns großzügig vor, daß wir bis Montag auf dem Schiff wohnen bleiben können. Es ist interessant, im Hafen zu wohnen, und wir kriegen sogar noch zwei Tage Kost und Logis gratis. Die Besatzung nimmmt eine Dusche unter einem Wasserschlauch und geht mit frisch gewaschenen weißen Hemden und schwarzen Hosen an Land. Der Tag vergeht damit, daß wir uns die Boote und Leute im Hafen anschauen. Als es Abend wird, rollen wir unsere Matratzen auf dem Deck aus. Eine schwache Brise bringt die Geräusche aus der Stadt zu uns herüber, während wir dicht beieinander liegen, verborgen in der Dunkelheit. Um Mitternacht bekommen wir einen mächtigen Schreck, denn das Schiff legt sich plötzlich auf die Seite. Es ist Niedrigwasser, und das Schiff hat auf Grund aufgesetzt. Im Laufe der Nacht steigt das Wasser wieder, und das Schiff ist wieder in seinem Element.

Am Montag morgen gehe ich früh an Land, um Geld zu wechseln. Es dauert sehr lange in der Bank, und es ist fast Mittag, bevor ich zurück auf dem Schiff bin, wo Hjalte vor Ungeduld fast aus der Haut fährt. Die Motorräder werden an Land gehievt, das Gepäck wird über Bord auf den Kai geworfen. Dann nehmen wir vom Steuermann, dem Kapitän und dem Koch Abschied.

Nun haben wir es wirklich eilig, denn unsere Aufenthaltsgenehmigung läuft morgen ab. Wer hätte gedacht, daß wir so lange in

Panama bleiben würden? Wir fahren direkt zum Büro des Diners Club und heben Geld für Flugkarten ab.

Nachdem wir wieder im amerikanischen Motorradclub übernachtet haben, nehmen wir erneut Abschied von Panama City. Jetzt haben wir es wirklich eilig. Durch großes Wohlwollen bekommen wir relativ rasch unsere kolumbianische Einreisegenehmigung auf der Botschaft. Dann fahren wir zum Zoll und ordnen unsere Ausreisepapiere. Idas Windeln werden auf dem Bürgersteig gewechselt, bevor wir weiter durch den chaotischen Verkehr flitzen, um unsere Flugkarten zu holen.

Eine Minute, bevor der Gepäckwagen auf die Startbahn fährt, kommen wir am Flughafen an. Schnell montieren wir die Batterien und die leeren Tanks von den Motorrädern ab und nehmen das Gepäck ab. Der Schweiß läuft an uns herab, aber wir sind froh und erleichtert, als wir endlich im Flugzeug sitzen.

Etwas später steigen wir hoch in die Kälte, jeder mit einer Limonade in der Hand. Tief, tief unter uns sehen wir den dunkelgrünen Dschungel und die braunen Flüsse. Irgendwo dort unten schippert jetzt die *Jamaina II* herum – auf dem Weg nach El Real. Im Gepäckraum des Flugzeuges liegen unsere Motorräder – und wir sind auf dem Weg nach SÜDAMERIKA!

Unter Räubern in Kolumbien
(Hjalte)

Das Flugzeug aus Panama City kreiste ein paarmal über Medellin, einer Stadt in der Größe von Kopenhagen, umgeben von Bergen. Die schwarzen Fabriken und ein Teppich von roten Ziegeldächern breiten sich unter uns aus. Wir landen und setzen unsere Füße auf Südamerikas Erde!

Es dauert zwei Tage, bis wir unsere Zollformulare von den richtigen Leuten unterschrieben und gestempelt bekommen. Als wir endlich soweit sind, weiterzufahren, erzählt uns ein bedacht-

150

samer Zollbediensteter, daß es verboten ist, in der Stadt mit Sturzhelm zu fahren. Wir starren ihn etwas verwundert an, und er erklärt uns, daß Medellin von Entführungen und politischen Morden heimgesucht wird, die von Leuten auf Motorrädern ausgeführt werden. Sie können immer unerkannt entkommen, weil sie mit Sturzhelmen maskiert sind, und deshalb hat die Polizei es nun verboten. Wir danken ihm für die Aufklärung – und fahren mit Helmen aus Medellin.

Die einzige Verbindung zur Hauptstadt ist eine schmale, holprige Teerstraße. Wir fahren ständig an Schlangen von Lastwagen vorbei – hier gibt es keine Pkws. Die Lastwagen stauen sich hinter einem qualmenden Wrack. Chauffeure grinsen, und Transistorradios lärmen schrill aus den Fenstern. Einige Fahrer scheren auf die andere Fahrbahn aus, ohne auf die Autos vor sich oder hinter sich zu achten, überholen, bremsen wild und drängen sich wieder in die Schlange.

Die Landschaft ist fruchtbar. Auf grünen Bergen wachsen Kaffeesträucher und niedrige Bananenstauden. Die Kaffeebohnen leuchten rot zwischen den grünen Bananen. Oben auf den Hügeln liegen Dörfer, in denen alles sehr farbenfroh angemalt ist: die Busse, die Lastwagen, die Kirchen und Bauernhäuser – und überall wachsen bunte Blumen. Es macht Spaß, hier Motorrad zu fahren. Hier passiert die ganze Zeit etwas, und ich muß immer auf der Hut sein. Mein Motorrad ist ein Instrument, das mir die Herrschaft über Leben und Tod gibt. Es ist, als wenn sich hier auf dem Bergweg das Leben verdichtet, wenn ich das Motorrad durch die Kurven zwinge, im nächsten Augenblick drei stinkende Laster überhole und weiter durch tropische Düfte in ein hübsches Tal hinunterschwebe. Ich liebe die Spannung und die physische Herausforderung, den Körper zu gebrauchen, den Kopf und die Augen in völliger Koordination.

Heute abend ist es unsere erste Nacht im Zelt in Kolumbien. Es ist sehr dunkel. Wir können weder den Grat des Bergkammes noch den Flußlauf tief unter uns sehen. Unsere Lampe wirft ein bleiches Licht über die rote Erde, das Zelt und die Motorräder. Der Benzinkocher zischt unter dem verbeulten Topf mit Essen.

Wir haben Tausende von Räubergeschichten gehört, die in Kolumbien passiert sind, so daß wir etwas nervös sind. In der Dämmerung haben wir einen Zeltplatz gewählt, von dem wir glauben, daß er nicht eingesehen werden kann. Nina hat im Zelt aufgeräumt und krabbelt zu uns heraus. Wir beginnen mit dem Essen. Ida ist inzwischen schon unwahrscheinlich geschickt darin, ihre Schüssel in der einen Hand zu balancieren und mit der anderen Hand mit dem Löffel den Mund zu treffen.

Emil entdeckt ein kleines Licht oben auf dem Berg. Ein kleiner Fleck, der glimmt und uns sagt, daß es dort Menschen gibt, die zu uns heruntersehen können. Wir essen ruhig weiter, aber kurz danach entdecken unsere Augen einen anderen Lichtfleck und verstehen, daß das eine Taschenlampe sein muß. Es vergeht eine Viertelstunde, in der wir erkennen, daß die Taschenlampe sich uns nähert. Wir hören das Knirschen von Sohlen auf dem Weg. Plötzlich werden wir vom Lichtkegel eingefangen, und vier Männer treten aus der Dunkelheit. Der eine hat ein Gewehr in der Hand, die anderen haben lange Macheten. Sie haben alle Schuhe an den Füßen, und obwohl sie einfach gekleidet sind, ähneln sie nicht den Landarbeitern, die wir sonst gesehen haben.

„Guten Abend", sagen wir höflich.

Der Mann mit der Lampe leuchtet auf das Zelt.

„Wie viele seid ihr?" fragt der Mann mit dem Gewehr, ohne es zu senken oder den Finger vom Abzug zu nehmen.

Sie können zwei Motorräder sehen, aber nur einen Mann. Wie alle anderen gehen sie davon aus, daß es zu dem zweiten Motorrad einen Mann geben muß.

„Außer uns niemand", antworten wir. „Wir sind eine Familie."

Wir lächeln freundlich und zeigen kein Anzeichen von Furcht. Zur Sicherheit öffnen wir das Zelt, so daß sie selbst sehen können, daß dort niemand drin ist. Emil und Ida haben aufgehört zu essen. Sie starren die Männer an. Die gehen herum und leuchten alle unsere Sachen an. Unser Gepäck ist schon ziemlich zerschlissen und verstaubt.

Einer der Männer ruft: „Das ist bestimmt nicht viel wert."

Aber der Älteste, der das Gewehr hält, wirft einen gründlichen

Blick auf unsere Sachen und sagt dann mit Überzeugung: „Doch, es gibt viele wertvolle Dinge."

Die vier Männer hören auf, das Lager zu untersuchen. Sie stellen sich um uns auf. Der Älteste erklärt uns, daß sie Licht gesehen haben und deshalb heruntergekommen seien, um zu sehen, ob wir Räuber sind.

„Vielen Dank", sagen wir freundlich.

„Ja, es gibt viele Räuber in dieser Gegend", fügt der Mann zweideutig hinzu.

„Ja, wirklich?" rufen wir aus.

Es ist den Männern anzusehen, daß sie nur schwer begreifen, was wir eigentlich auf diesem öden Feld machen. Doch wir sind eine Familie; das ist wenigstens verständlich.

Der mit dem Gewehr sagt: „Nachts sollte man hier nicht zu tief schlafen!" und fügt hinzu: „Wir sind gekommen, um euch zu warnen!" Das wiederholen sie mehrere Male, bevor sie gute Nacht sagen und wieder gehen.

Wir beenden unser Essen und gehen schlafen. Emil und Ida liegen zwischen uns und schlafen bald tief und fest. Ich frage Nina, ob sie glaubt, daß Räuber in der Nacht kommen könnten.

„Nein", sagt sie. „Sind die denn nicht schon hier gewesen und wieder gegangen?"

„Vielleicht..."

Wir sind erleichtert, aber eigentlich nicht ganz beruhigt. Beim ersten, zarten Morgengrauen schaue ich aus dem Zelt. Die Motorräder stehen noch immer friedlich da, und unter dem Vorzelt liegen unsere Sachen noch genauso, wie wir sie hingelegt haben.

Wir kommen hinunter in das große Cauca-Tal mit seinen riesigen Zuckerplantagen. Immer wieder treffen wir auf alte Busse, voll mit ärmlichen Landarbeitern auf dem Weg zu ihrer schweren Arbeit in den Zuckerrohrfeldern. Sie fahren in Bussen des Gutsbesitzers und wohnen in seinen Dörfern. Ihr Leben erinnert eher an das aus der mittelalterlichen Leibeigenschaft als an das Dasein der Arbeiter in den Renault-Fabriken in Medellin. Diese Gegend ist eine der Stellen, wo es am schlimmsten zuging in dem fürchterlichen

Bürgerkrieg, der in Kolumbien von 1948 bis 1953 herrschte. Mehr als dreihunderttausend Menschen starben, ohne daß sich die sozialen Verhältnisse änderten. „La Violencia" – Gewalt –, wie der Krieg genannt wurde, endete nämlich damit, daß die zwei Parteien, die konservative und die liberale, sich darauf einigten, die Demokratie abzuschaffen und abwechselnd das Amt des Präsidenten zu besetzen. Doch den Armen, die die Bürde des Krieges getragen hatten, ging es danach nicht besser, und seitdem hat es mehr oder weniger aktive Guerillatätigkeit gegeben.

Die Nacht verbringen wir bei einer Landarbeiterfamilie etwas nördlich von Cali. Sie wohnen in einer Art Wärterhäuschen eines großen künstlichen Bewässerungssystems. Sie bestehen darauf, daß wir unsere Motorräder in dem Zimmer abstellen, wo wir schlafen. Wir bereiten unseren üblichen Gemüsetopf über dem Kocher drinnen auf dem Fliesenboden zu. Alle aus der großen Familie beobachten gespannt Ninas Kochkünste. Das einzige Licht kommt aus unserer kleinen Lampe. Es gibt kein Licht im Haus; nur eine kleine Kerze brennt vor dem Heiligenbild im Wohnzimmer.

Der Kocher imponiert ihnen, aber das Essen, finden sie, sieht fürchterlich einfach aus, und auf eine sehr diskrete Weise geben sie uns einen kleinen Topf Reis. Früh am Morgen klopft der junge Mann an die Tür und kommt mit einer Kanne Kaffee zu uns – dem besten Kaffee, den wir je getrunken haben.

Es regnet, als wir uns von der freundlichen Familie verabschieden. Wir halten in einer Stadt an, um Kaffeebohnen für einen Freund in Dänemark zu kaufen.

In Kolumbien werden alle Straßenschilder von Privatfirmen gesponsort. Selbst in der kleinsten Stadt steht auf jedem einzelnen Straßenschild mit großen Buchstaben ein Firmenname und darunter mit kleinen Buchstaben der Straßenname. Aber hier, wo wir jetzt angehalten haben, heißen alle Straßen „Coca-Cola", und darunter steht: „Erfrischt Sie am besten". Die Straßennamen haben sie vergessen.

Den ganzen Tag fahren wir durch strömenden Regen. Das Wasser stürzt förmlich aus den Wolken und treibt in Böen von den metallisch-grünen Bergen herunter. Unsere in Dänemark erstande-

In der Nähe von Pasto in den kolumbianischen Anden. Unablässig prasselt der Regen auf uns herab

nen Regensachen bewähren sich bestens. Es ist zwar schön, aber auch gefährlich, bei Regenwetter zu fahren. Ich werde müde, mein Visier beschlägt und ist voller Tropfen. Ich öffne es etwas, aber meine Augen fangen an zu tränen.

Als wir Popayan, eine mittelgroße Stadt im südlichen Kolumbien, erreichen, merke ich, daß ich Halsschmerzen bekomme. Die Straße führt uns zum Marktplatz, und hier beginnt die langwierige Suche nach einem billigen Quartier. Ich bin müde und habe keine Lust, durch Straßen und Gassen zu irren, um nach Hotels zu suchen, wo wir schließlich doch keinen Platz kriegen. Ich bleibe also auf der Honda sitzen und überlasse es Nina, mit den Leuten zu reden und herauszufinden, wo wir absteigen können. Es hat sich wie üblich eine Menschenmenge um die Motorräder versammelt. Die Leute starren mich an, und gerade heute vertrage ich das nicht. Ich erwidere kein Lächeln und sehe mürrisch zu Boden. Da sind so viele Augen, die auf mir ruhen – freundliche und neugierige. Ich registriere ihre Erwartungshaltung. Sie wollen, daß ich mit ihnen spreche, aber ich kann heute nicht auf die ewig gleichen Fragen antworten, die alle Menschen Reisenden stellen: Wo kommst du her? Was willst du hier? Wo willst du hin? Ständig kommen neue Menschen hinzu, die wieder und wieder die gleichen Fragen stellen. Die ersten verschwinden enttäuscht.

An anderen Abenden und anderen Orten habe ich die Menschen gerne um mich gehabt und gehofft, daß einige lange genug stehenbleiben, damit eine richtige Unterhaltung zustande kommt. Aber heute abend sehne ich mich nur danach, daß sie verschwinden und mich in Ruhe lassen mögen. Drinnen in dem engen Hotelzimmer werfe ich mich aufs Bett. Stumm und verschlossen halte ich mir die Familie auf zwanzig Zentimeter Abstand. Ich werde von einer tiefen Reisemüdigkeit überwältigt. Die Halsschmerzen werden schlimmer, und sie verderben meine Laune. Ich sehe ein, daß ich reisemüde bin, weil wir so isoliert von den Menschen sind, an denen wir vorbeikommen. Auf dem Marktplatz starren mich braune Augen aus einer anderen Welt an. Heute fühle ich mich fremd und am falschen Ort, weil ich mich nicht in die Welt der braunen Augen hineinversetzen kann. Unser Traum war eine Motorradreise, um soviel wie möglich von der Welt zu sehen. Wir wollten an den Orten bleiben, wo es uns gefiel, und weiterreisen, wann immer wir wollten. Nun sind wir bis Popayan gekommen, haben aber noch nirgendwo länger gewohnt und nur wenige Menschen näher kennengelernt. Sind wir zu oberflächlich, lassen wir uns zu leicht von einem Land zum anderen treiben? Sollten wir uns nicht lieber irgendwo niederlassen und einen Ort richtig erleben? Wir sitzen viele Stunden auf dem Motorrad, schlafen in unserem Zelt an öden Plätzen und verwenden nur wenige Stunden, um mit den Menschen zu sprechen. Ist das richtig so?

„Seit wir die USA verlassen haben, haben wir fast niemanden getroffen, mit dem wir uns richtig unterhalten konnten", sage ich verbittert zu Nina. „Unsere Welt ist so weit weg von der der Bauern und Armen. Wenn wir weiter so schnell von einem Ort zum anderen reisen, finden wir nie Zeit, Freundschaften zu schließen, die eine Brücke schlagen könnten."

„Ich bin nicht so sicher, daß du recht hast. Im Gegenteil, ich glaube, je länger wir an einem Ort bleiben, desto mehr würden wir uns von den Armen entfernen", antwortet sie. „Wenn wir an einem Ort in Lateinamerika bleiben, werden wir wohl nicht draußen in den Slums oder in einem Dorf tausend Kilometer weit weg von allem wohnen. Wir würden mit denen zusammensein, die so sind wie wir, eine ähnliche Ausbildung haben." Dann fährt sie fort: „Wie viele Menschen kennen wir überhaupt zu Hause außerhalb unseres Milieus? Wir treffen Leute, die sich von uns unterscheiden, *weil* wir reisen."

„Man entscheidet doch selbst darüber, mit wem man zusammen ist", sage ich ein wenig genervt.

„Nein, das ist nicht so", widerspricht sie. „Es ist die Arbeit, die bestimmt, mit wem man zusammen ist, und wir könnten uns doch nicht vorstellen, Bauern zu sein oder Lumpen auf dem Schuttabladeplatz in Cali zu sammeln."

Nina hat wohl recht. Wenn wir auf dem Marktplatz bleiben würden, würde er uns vereinnahmen und uns in den Trott des Alltags und der Arbeit bringen, und man würde uns mit anderen Augen betrachten. Heute sind wir ein kleiner, herumreisender Zirkus, zu dem alle kommen und sich amüsieren können. Morgen werden wir vielleicht Herr und Frau Auslandsexperte sein, mit dem und dem Umgangskreis. Es ist nicht die Geschwindigkeit, mit der wir reisen, die uns isoliert. Es gibt kein Tempo, mit dem ein Reisender die Isolation vermeiden kann. Wir haben es uns ausgesucht, zu reisen – und nicht zu bleiben. Um mit Menschen an einem Ort zusammenzusein, muß man bei ihnen bleiben und mit ihnen leben und arbeiten. Aber dazu sind wir jetzt nicht bereit, weil wir auch gerne andere Menschen in anderen Ländern kennenlernen möchten.

Emils Lego-Schwebebahn ist zweiundzwanzigmal an meiner Nase vorbeigesaust und in einer fürchterlichen Katastrophe geendet. So krabbeln wir wieder auf dem dreckigen Hotelfußboden herum und suchen nach den kleinen Steinen. Endlich sind die Waldmaus und ihre kleine Schwester in Schlaf gefallen, und ich denke wieder über meine Reisemüdigkeit nach. Zu reisen bedeutet sowohl zu flüchten als auch zu suchen. Wir haben erkannt, daß es keinen Grund gibt, vor der Welt und dem Unbekannten Angst zu haben. Es gibt viel mehr Grund, zu fürchten, daß man in einem Leben steckenbleibt, das nur die schwachen und konformen Seiten in uns aufrechterhält. Es gab niemanden, der an unsere Reise geglaubt hatte, als wir wegfuhren. Im Gegenteil, alle meinten, daß es der reine Wahnsinn sei, mit dem Motorrad durch Südamerika zu fahren – und dann mit Emil und Ida! Aber das Glück fordert Mut, und das ist wundervoll. Die beiden haben es uns deutlich gezeigt. Man stelle sich vor, diese beiden kleinen Wesen sollten das Hindernis sein bei der Suche nach dem Glück! Es ist gerade umgekehrt: Sie sind die Garantie, daß wir uns in die richtige Richtung bewegen!

Als ich zu dieser aufmunternden Stelle in meinem Gedankenfluß komme, macht Ida in ihren Schlafsack und beginnt zu jammern. Ich nehme den Sack und hänge ihn zum Trocknen auf. Ida schläft auf einem Handtuch weiter, mit unseren dicken Jacken zugedeckt. Ich höre den Regen beständig herunterströmen und auf unsere Sättel draußen in der Nacht trommeln.

Flüchten oder bleiben?
(Nina)

Wir sind in Ecuador. Vor uns liegt Ibarra, eine Stadt mit kleinen, schiefen Steinhäusern, eng aneinandergedrängt zwischen gepflasterten Straßen mit staubigen Bürgersteigen. Anita und ihr Mann Raul wohnen auf einem Höhenzug draußen vor der Stadt, dort, wo einmal die Burg des Inkakönigs Atahualpa gelegen hat. Wir fahren hinter Anitas Auto her, über holprige Sandwege, an Steinumzäunungen vorbei, und kommen zum Schluß zu dem Haus, wo sie zusammen mit ihren sieben Kindern und ihrer indianischen Haushaltshilfe lebt. Raul begrüßt uns herzlich, und die Kinder mustern uns neugierig. Wir setzen uns zusammen mit der ganzen Familie um den großen Tisch in der Küche und bekommen eine Tasse Kaffee, während wir erzählen.

Raul ist als Lehrer ausgebildet und unterrichtete Physik. Aber er verdiente zuwenig, um seine Familie zu versorgen, und so arbeitet er nun selbständig als Elektroinstallateur. Außerdem besitzt er einen Bus, mit dem er im Linienverkehr fährt.

Anita ist eine kleine, energische Frau, und mit sieben Kindern zwischen fünf und fünfundzwanzig, die alle zu Hause wohnen, haben sie und die Haushaltshilfe genug zu tun. Die Haushaltshilfe gehört zur Familie; ich glaube nicht, daß sie jemals frei hat. Anitas ältester Sohn geht auf eine technische Schule, und ein paar ihrer größeren Kinder gehen aufs Gymnasium.

Raul und Anita sind nette und offenherzige Menschen, die daran interessiert sind, etwas über Dänemark zu erfahren. Aber Däne-

Palmsonntag an einer Bushaltestelle in Ecuador

mark ist wie ein feiner Mantel für uns geworden, den wir anziehen und auf Aufforderung ablegen können. Leider können wir nicht sagen: „Bitte schön, zieht ihn euch an und probiert aus, wie er sich anfühlt." So müssen wir versuchen, ihnen Dänemark zu erklären. Je weiter wir uns davon entfernen, desto sonderbarer klingt es, daß es ein Land gibt, wo keiner zu hungern braucht. Dänemark ist wie ein bizarres Kleidungsstück, von dem wir nicht mehr wissen, ob es uns noch paßt.

Unsere Gastgeber sind nicht arm, aber nach dänischem Maßstab bestimmt auch nicht reich. Ihr Haus ist sparsam eingerichtet und mit zehn Personen gut belegt. Deshalb schlagen wir unser Zelt im Garten auf. Wir kommen zum Frühstück in die Küche und bekommen Nescafé mit Milch und Brötchen. Die Kinder bekommen Fruchtsaft. Es ist kurz vor Ostern, und weil Anita jetzt Gäste hat, will sie das traditionelle Osteressen, eine *fanesca*, schon zwei Tage vor Ostern kochen.

Es ist noch sehr früh, als Hjalte und ich mit Anita und den Kindern, die zur Schule müssen, hinunter in die Stadt fahren. Emil und Ida sind im Haus geblieben, um mit dem kleinsten Jungen zu spielen. Wir freuen uns auf den Markt, der groß und reichhaltig sein soll – aber als wir zum Eingang kommen, ist das Tor verschlossen. Große Aufregung! An der Eisenpforte hängt ein Stück Papier mit der Aufschrift: „Heute streiken die Bauern aus Protest gegen die Preiskontrolle der Regierung." Alle sind empört; es ist das erstemal, seit man denken kann, daß der Markt geschlossen hat. Auf den Dächern der Busse und Lastwagen stehen die sonst so geduldigen Indianer und agitieren für den Streik. Obwohl Wagen auf Wagen mit Früchten und Gemüse ankommen, wird nicht eine Bohne verkauft.

Das ist ein Schock für die Stadt, aber da man allgemein Verständnis für die Situation der Bauern hat, geht alles friedlich zu. In der chaotischen Verwirrung vor der Marktpforte wimmelt es von Männern in blauen Ponchos und weißen Hosen. Die Frauen tragen Röcke und Schürzen aus selbstgewebten Stoffen, dazu in Rot und Blau bestickte Blusen. Die meisten schleppen neben Paketen und Bündeln noch ein kleines Kind in einer Decke auf dem Rücken.

Viele Reihen von Goldperlen schmücken ihren Hals, und wenn sie lächeln, entblößen sie fehlerfreie weiße Zähne.

Anita schafft es, doch alles zu finden, was sie braucht, indem sie durch die ganze Stadt zu den verschiedensten Läden fährt. Es dauert einen ganzen Tag, eine richtige *fanesca* zuzubereiten. Dabei werden verschiedene Arten Bohnen und Gemüse gekocht; Klippfisch und Klöße werden zubereitet; schließlich kommt alles zusammen in einen großen Topf. Anitas Mutter paßt auf, daß alles richtig gemacht wird.

Am späten Nachmittag sind wir alle ziemlich hungrig. Raul sieht wohl, daß die Kinder schon die Köpfe hängen lassen, aber es gehört nun mal zu einem *fanesca*-Essen, daß man vorher erst richtig hungrig wird! Endlich ist es soweit. Das Essen schmeckt köstlich – und liegt sehr, sehr schwer im Magen.

Später am Abend kommt Beatrice, Rauls Schwester, zu Besuch, und wir unterhalten uns lebhaft. Sie ist mit einem deutschen Ingenieur verheiratet. Raul und Anita erzählen belustigt von den Hippies, die ab und zu in die Stadt kommen, und Beatrice berichtet, daß sie eine neue positive Einstellung zu Ecuador gewonnen hat, nachdem sie ein Jahr in München gelebt hat. Sie ist übrigens der Meinung, daß die Probleme Ecuadors daher kommen könnten, daß die Menschen hier keine Lust zum Arbeiten haben.

Es ist schade, daß wir schon am nächsten Tag Abschied von Anita und Raul nehmen müssen. Wir haben für Ecuador nur eine Aufenthaltsgenehmigung von 72 Stunden erhalten. Die Zeit ist fast um, und es ist dringend notwendig, daß wir nach Quito kommen, um eine Verlängerung zu beantragen.

In Quito erweist es sich als sehr schwierig, die Verlängerung zu bekommen, aber mit Unterstützung des Konsulates und nach einem ganzen Tag intensiver Bemühungen auf dem Zollamt werden uns zum Schluß drei zusätzliche Tage bewilligt – man muß uns schließlich auf die eine oder andere Weise loswerden. Bevor wir aus der alten Stadt fahren, halten wir beim Postamt an, und ich gehe hinein, um ein Paket mit Kaffeebohnen und Panamahüten nach Hause aufzugeben. Als ich wieder herauskomme, hat Emil von einem vorbeikommenden Passanten Geld für ein Eis bekommen, und Ida sitzt auf einem liebevollen Arm; ihr wird der Mund abgewischt, und sie hat ein nagelneues Unterhemdchen an!

Wir verbringen einen langen Tag auf der Landstraße. Unsere treuen Motorräder bringen uns hinauf in die kalten, feuchten Berge. Die Straße wird schlechter und verschwindet schließlich im Nichts. Wir verfahren uns in Nebel und Dunkelheit und müssen in die kleine Stadt Alausi zurückkehren, um uns einen Schlafplatz zu suchen.

Es riecht muffig in dem unbeheizten Zimmer. Draußen umhüllen Regen und Nebel das Haus, ein paar einsame Straßenlaternen haben feuchte Lichtkränze. Es herrscht beinahe Weihnachtsstim-

Während wir uns in einer kleinen Stadt in Ecuador um ein Quartier bemühen, schläft Ida auf dem Motorrad

162

mung in der dichten Dunkelheit. Ida wandert im großen Bogen um den schönen neuen Topf herum, den ich ihr gekauft habe.

„Will nicht", ruft sie, wenn ich sie daraufsetzen will.

Verzweifelt versuchen wir, wenigstens etwas Ordnung in die Stube zu bringen, während Emil das Bett mit Legosteinen füllt.

Ein Zimmer mit zwei Betten kostet halb soviel wie ein Zimmer mit vier Betten, deshalb schlafen wir jeder mit einem Kind im Bett und halten uns so gegenseitig warm.

Am Morgen ist ein Indianermarkt auf der Hauptstraße. Wir wollen sehen, was da vor sich geht. Nur mal schauen, bevor wir wieder fahren! Ich kaufe einen gewebten Gürtel; der kostet nicht viel und vermehrt auch nicht sehr das Gepäck. Sonst werden nur maschinell hergestellte Erzeugnisse angeboten: Küchengeschirr, Schürzen, Plastiktaschen und Transistorradios.

Eine schmale Landstraße hebt uns hoch bis in die Wolken. Durch einen Riß im Wolkenteppich sehen wir tief hinunter, sehen die Stadt und die Eisenbahn mit einer Dampflokomotive, die den Zug über eine Brücke schleppt.

Immer wieder tauchen Leute vor uns aus dem Nebel auf. Total betrunkene Indianer in Schaflederhosen und dicken, braunen Ponchos torkeln auf der Fahrbahn herum. Sie sind auf dem Weg nach Hause vom Markt oder von einer Osterfeier. Oder sie liegen im Graben. Die Frauen schleppen in ihren Schürzen die Einkäufe und auf dem Rücken ihre Kinder. Die Häuser, die wir sehen, sind halb eingegraben, mit Strohdächern, die fast die Erde berühren. In diesen Hütten, die nicht größer sind als ein dänisches Doppelbett, lebt jeweils eine ganze Familie. Die Kinder husten, und die Erwachsenen sitzen wie verbrauchte Greise vor den Türen, obwohl sie schätzungsweise kaum älter als fünfundzwanzig sind.

Auf der halbfertigen Straße fahren wir in einem Meer von Regen und Schlamm an den kalten Hütten vorbei. Überall herrschen Armut und Machtlosigkeit. Worauf soll ein Volk hoffen, das nie etwas gelernt und kein Geld hat und doch in eine Gesellschaft von Buchstaben und Kaufleuten gezwungen wird?

Bei Dunkelheit und Regen kommen wir in Cuenca an. Die

Adresse vom Freund eines Freundes können wir nicht finden. Wir brauchen lange Zeit, um durch ein finsteres Viertel zu fahren, ohne überhaupt etwas zu finden. Ein betrunkener Autofahrer will uns absolut mit nach Hause nehmen, aber eine Frau aus der Nachbarschaft kommt dazu und meint, daß wir lieber zum Priester gehen sollen, denn er spreche deutsch, und das sei bestimmt *mas seguro* – sicherer. Die Frau, die es gut mit uns meint, läuft uns um ein paar Ecken voraus und klopft an ein großes Tor. Das Pfarrhaus, oder besser die Missionsstation, liegt zwischen niedrigen Häusern in einem ziemlich armen Stadtteil. Direkt gegenüber ragen die Ruinen der Kirche auf, die bei einem Erdbeben eingestürzt ist.

Der Priester ist ein netter, älterer Herr, und er ist nicht gerade begeistert, von einer ganzen Familie auf Motorrädern Besuch zu bekommen. Vor dem Tor versammelt sich eine neugierige Menschenmenge aus dem Viertel. Die flinke, etwas einfältige Frau, die uns hergeführt hat, setzt sich eifrig dafür ein, daß wir bleiben können, und zum Schluß läßt der Priester sich überreden. Wir erhalten die Erlaubnis, im Gästezimmer des Pfarrhauses zu übernachten. Und weil wir nicht aufdringlich sein wollen, wandern wir in die Stadt, um Abendbrot zu essen.

Dort herrscht eine merkwürdig niedergeschlagene Stimmung. Die Straßen sind fast leer. Überall sieht man plattgetretene Palmwedel. Betrunkene Männer liegen hier und da auf dem Bürgersteig oder werden von ihren Ehefrauen nach Hause geschleppt. Vor der Kathedrale auf dem großen Platz haben sich tonnenweise vertrocknete Palmwedel angehäuft. Ich schaue verstohlen zur Kirchentür hinein und sehe grüne Neonröhren um den Altar und die Heilige Familie mit weißem Neon-Heiligenschein. Die Kirche ist leer, das Fest ist vorbei.

Nach dem Essen schlendern wir langsam nach Hause. Die Kinder sind lebhaft und laufen voraus. Hjalte und ich halten einen Augenblick am Fluß an und blicken über den niedriger liegenden Stadtteil. Wir genießen den friedlichen Augenblick und umarmen uns lange – so lange, bis wir einen Schrei hören. Ida ist über das Geländer gefallen und hinunter zum Fluß gerutscht.

Wir beeilen uns, nach Hause zu kommen. Nach Hause? Wir

verwenden das Wort immer noch für den Ort, wo unsere Schlafsäcke liegen.

Maria, eine Kindergärtnerin aus Österreich, lädt uns zum Kaffee
ein. Sie arbeitet zusammen mit Christina, einer anderen jungen
Frau, für zwei Jahre in der Mission. Maria erzählt uns, wie sie hier
in Cuenca einen Kindergarten für die armen Kinder eingerichtet
haben. Das bedeutet, daß die Frauen ihre Kinder nicht bei sich
haben müssen, wenn sie tagsüber zur Arbeit auf die Felder außerhalb der Stadt gehen. Der Kindergartenbesuch kostet nur etwa drei
Mark im Monat für ein Kind, und dennoch gibt es viele Mütter, die
um Zahlungsaufschub oder Herabsetzung der Summe bitten müssen – sie haben so wenig, daß nicht einmal diese bescheidene
Summe übrigbleibt.

Ich finde diese Kindergarten-Initiative sehr gut, obwohl sie nur
einem Bruchteil der Frauen zugute kommt. Durch ihre Arbeit hat
Maria Kontakt zu den Müttern, und allmählich gelingt es ihr auch,
einige der Väter zur Teilnahme an den Elterntreffen zu überreden.
Aber die Väter meinen, daß die Kinder etwas lernen müssen, wenn
dafür bezahlt werden muß. Sie können nicht begreifen, daß die
Kinder spielen, anstatt sofort lesen und schreiben zu lernen. Oft
passiert es, daß sie ihre Kinder vom Kindergarten abmelden und mit
Gewalt verhindern, daß ihre Frauen sie dorthin bringen.

In Ecuador werden die Frauen massiv unterdrückt. Sie haben so
gut wie keine Rechte. Die Männer schlagen ihre Ehefrauen, haben
nebenbei Geliebte. Die Frauen aber können sich nicht einmal
irgendwo Hilfe holen, denn bei ihren Müttern, Schwestern oder
Freundinnen herrscht der gleiche Zustand . . .

Maria muß zurück nach Österreich, wenn ihr Vertrag in einem
Jahr abläuft. Das bedauert nicht nur der Pfarrer.

13. April

Wir frühstücken zusammen mit Maria, Christina und zwei belgi-
schen Pfarrern der Mission. Außer dem alten Priester, der uns
aufgenommen hat, gibt es auch noch einen jungen Pfarrer mit
Namen José. Ich bin überrascht über die zwanglose Stimmung am
Tisch. Es wird ununterbrochen gelacht und gekichert.

Als wir Abschied nehmen, stehen die Priester und Maria vor der Mission. Wir kommen uns unangebracht reich und sportlich vor zwischen den verfallenen Häusern und schmutzigen Straßen. Der Verkehr in der Stadt ist chaotisch und stockend, aber etwas weiter vom Zentrum entfernt geht es schnell. Große Lastwagen und Busse donnern in dichten Kolonnen dahin. Am Weg liegen vereinzelte Gebäude, die mit Schrottplätzen, Benzintanks und Schweineställen abwechseln.

Ein großer, häßlicher Hund läuft vor mir her, erschrickt, als ein Lastwagen entgegenkommt, hält mitten auf der Fahrbahn an und schleicht wieder zurück. Ich bremse ab, mein Herz hämmert. Hjalte ist schon eine Kurve voraus. Ich gebe wieder Gas, und in diesem Moment läuft von links ein Kind vor mein Motorrad. Ein kleines Mädchen, drei oder vier Jahre alt, mit braungebrannten Armen und Beinen und kleinen, schwarzen Zöpfen. Ich sehe ihr Gesicht nicht, sie hat den Kopf in meine Fahrtrichtung gedreht, während sie läuft.

Nur noch wenige Schritte, und sie wird vor meinem Motorrad sein. Es ist mir klar, daß ich zuwenig Zeit habe, um noch anzuhalten. Sind es fünf oder zehn Meter? Eine oder zwei Sekunden? Es ist schwer für mich zu entscheiden. Ich kann mehr schlecht als recht ausrechnen, wie lang die Strecke ist, die man braucht, um das Motorrad zum Stehen zu bringen, wenn man mit 60 oder 80 km/h fährt. Aber wie groß ist die Geschwindigkeit nach fünf oder zehn Metern Bremsvorgang?

Im Bruchteil einer Sekunde überlege ich mir, Vollgas zu geben und vorbeizukommen, bevor das Kind meine Fahrbahn erreicht. Eine Fehlberechnung kann ich nicht riskieren. Auf beiden Seiten des Weges stehen in regelmäßigem Abstand Laternenmasten aus Beton, und direkt vor dem kleinen Mädchen liegt ein Hofplatz zwischen zwei Steinmauern. Es gibt keine Ausweichmöglichkeiten – und nur noch eine Sekunde, um mich zu entscheiden.

Ich wähle zuerst mich und Ida und fahre nicht auf Steinmauer und Betonmast, statt dessen nehme ich den Gang heraus und bremse, allerdings nicht zu kräftig, um nicht die Kontrolle über den Lenker zu verlieren. Während ich hupe, rufe ich laut: „Nein, nein, nein!" In meinem Inneren schreit es: *Das darf nicht passieren, das*

Indianerfrau mit Kind auf dem Rücken

darf nicht passieren! Und ich hoffe, daß das kleine Mädchen den Kopf drehen wird und uns sehen wird. Das ist das einzige, das sie retten kann.

Aber einen Meter vor ihr muß ich einsehen, daß es zu spät ist. Sie läuft weiter, ohne uns zu bemerken. Die letzte Möglichkeit ist die, an ihr vorbeizufahren. Ich lasse die Bremse los und gebe Gas. Alles in mir ruft nein, jede einzelne Zelle in mir ruft nein, *nein, das darf nicht wahr sein, ich will nicht!* Es gelingt mir, den Vorderreifen an ihr vorbeizusteuern, bevor sie vom Sturzbügel umgerissen wird. Der Schrei in mir wird zu Übelkeit; jede Zehntelsekunde klebt an mir. Ich merke einige kurze Schläge gegen das Gepäck hinten auf dem Motorrad. Das Kind rollt wie eine Kugel auf die Straße. Die Bilder in meinem Kopf verwandeln sich zu einem Alptraum von kleinen Armen und Beinen, die zwischen Kette und Zahnrad zerquetscht werden. Zuletzt gebe ich wieder Gas, um von dem Kind wegzukommen.

Das ist das Fürchterlichste, was ich in meinem Leben erlebt habe. Langsam komme ich wieder zu mir und halte am Straßenrand an. Im Rückspiegel sehe ich, daß das Kind aufgehoben und mit einem Auto in die Stadt gefahren wird.

Alle guten Ratschläge, bei einem Unfall in Südamerika wegzufahren, sind nichts wert. Ich muß um meiner selbst willen hierbleiben; ich bin ein Mensch.

Ein alter Mann steht am Straßenrand und ruft mir wütend zu: „Du hast ein Kind umgebracht!"

Mein Herz steht still. Die Zeit steht still. Der Greis wird zu Stein. Ein Kind umgebracht? Ein tiefes Loch öffnet sich unter mir. Alles wird unwichtig, wenn das Kind tot ist... Ist unsere Reise ein fürchterlicher Fehler? Ich sehe mein ganzes Leben aufblitzen, reduziert zu einem bösen, verhängnisvollen, sinnlosen Spiel. Ein langer Faden, der mich hierher geführt hat, um in einer boshaften Intrige zwischen Raum und Zeit mit mir als Katalysator zu enden.

Ein süßes, kleines Mädchen! Es ist schrecklich, daran zu denken; das ist, als wenn ich Ida verlieren würde. Ich werde von Trauer überwältigt und fange zu weinen an. Langsam beginne ich die Dinge um mich herum wahrzunehmen. Zuerst sehe ich Ida, die regungslos auf dem Tank liegt und schläft. Kurz darauf kommt Hjalte zurück und findet uns. Wir warten, bis die Polizei kommt und uns bittet, ihnen zu folgen.

Mein Motorrad springt gut an und fährt. Ich fange wieder an, rational zu denken, aber das macht es mir nicht leichter.

Wir haben uns die ganze Zeit vor einem Unglück gefürchtet. Am meisten haben wir Angst davor gehabt, daß wir verunglücken und die Kinder zu Schaden kommen könnten. Wir haben die schrecklichsten Visionen gehabt, in denen wir mit Lastwagen zusammenstoßen, in Abgründe stürzen, von Brücken fallen oder von Räubern ermordet werden. Und wir wußten, daß wir die Opfer der Unachtsamkeit oder der Fehler anderer werden könnten.

Aber ich glaube, daß wir nur an Unglücksfälle gedacht haben, die uns selbst treffen könnten.

Von außen betrachtet ist das Ganze recht simpel: Ein Mädchen ist auf die Fahrbahn gelaufen und überfahren worden. Mich trifft natürlich keine Schuld. Das Kind ist plötzlich vor mir auf die Straße gelaufen. Aber ich hatte trotzdem einige Möglichkeiten zur Wahl. Wieder und wieder durchlebe ich die qualvollen Sekunden, suche nach einer Lösung. War da etwas, was ich falsch gemacht habe? Bin ich zu schnell gefahren? War ich unaufmerksam? Aber das Schmerzhafte ist wahrscheinlich, daß es keine Lösung gibt – ich bin nicht zu schnell gefahren, und ich war aufmerksam. In Gedanken prüfe ich alle möglichen Manöver, aber nichts führt zum Ziel. Mein Gewissen sucht nach meiner möglichen Schuld, aber ich komme zu keinem anderen Resultat: So etwas passiert eben, wenn man ein Fahrzeug fährt oder Kinder hat.

Ich hoffe stark und tief, daß das Mädchen am Leben bleibt. Obwohl ich keine direkte Schuld am Unglück habe, will ich alles tun, was in meiner Macht steht, um dem Kind zu helfen, wenn Geld überhaupt helfen kann – auch wenn dies der Schluß unserer Reise wird.

Wenn ich einen Gott hätte, an den ich mich wenden könnte, wäre es leichter. Aber mitten in allem Unglück spüre ich Hjaltes Gegenwart unheimlich stark. Seine starke Solidarität und sein Mitgefühl sind eine unwahrscheinlich große Stütze.

Der Mann, der das kleine Mädchen ins Krankenhaus gefahren hat, kommt zurück und erzählt dem Kontrollposten, daß es nicht so schlimm sei. Das Mädchen hat ein Bein gebrochen und im Kopf ein Loch, sagt er. Und selbstverständlich sind wir unheimlich erleichtert, zu hören, daß das Mädchen nicht tot ist. Aber ich mache mir immer noch große Sorgen darüber, was aus ihr wird.

Die Polizei sagt, daß wir warten sollen, bis die Eltern des Mädchens aus dem Krankenhaus nach Hause kommen. Dann sollen wir bezahlen.

„Wofür?" frage ich, ohne eine Antwort zu bekommen.

Die Polizei nimmt uns unsere Pässe, Touristenvisa und Führerscheine weg und fragt uns nach unserer Barschaft. Die Umstände des Unglückes interessieren nicht, es wird auch kein Bericht geschrieben. Wir haben den Eindruck, daß sie gerne all unser Geld auf der Stelle konfiszieren würden. Da wir nicht viel Bares bei uns haben, schlagen die Beamten vor, wir sollten in die Stadt fahren und Geld wechseln. Die Situation entwickelt sich zur Groteske. Alle sprechen von Geld. Der Raum ist von ungemütlichen, drohenden Stimmen erfüllt.

„Wieviel Geld haben Sie?"

„Hundert Dollar", antworten wir.

Das ist nicht die volle Wahrheit, aber das ist der Betrag, den wir entbehren können, ohne daß wir die Motorräder verkaufen müssen. Bleich, aber gefaßt, fährt Hjalte in die Stadt, um Geld zu wechseln.

Ich sitze völlig niedergeschlagen im Garten draußen vor der Polizeikontrolle. Emil und Ida spielen lieb und geduldig während der langen Wartezeit. Ein kleiner Junge kommt zu mir, legt seine Hand freundlich auf meinen Arm und fragt: „Warum weinst du, Frau? Hast du kein Geld?" Und das tröstet mich etwas.

Hjalte kommt aus der Stadt zurück und hat zur Sicherheit 150 Dollar gewechselt. Die beiden Beamten sind ganz versessen darauf, von uns das Geld zu erhalten. Sie wollen es den Eltern geben, betonen sie. So sicher sind wir da nicht. Das Telefon bei der Polizeikontrolle geht nicht, und es ist ungewiß, ob die Eltern vorbeikommen oder ob sie überhaupt wissen, wo wir sind.

Wir haben jetzt viele Stunden gewartet, und die Kinder sind hungrig. Schließlich erhalten wir die Erlaubnis, zu einem kleinen Restaurant auf der anderen Seite der Straße zu gehen. Wir sind müde und haben Angst. Trotzdem ist es angenehm, von der Polizei ein Stück entfernt zu sein, und die Leute, die uns das Essen servieren, sind nett und haben Verständnis.

Als wir zur Polizeikontrolle zurückkommen, sagt einer der Beamten, daß 150 Dollar zuwenig seien. Der andere meint, wenn wir nicht mehr Geld beschaffen würden, dann . . . Er fährt sich mit einem Finger über die Kehle.

Die Eltern des Kindes kommen nicht, und die Polizisten schlagen jetzt vor, daß wir zum Krankenhaus fahren sollen. Allerdings wollen sie uns nicht unsere Papiere zurückgeben. Wir sind froh, von ihnen wegzukommen, und fahren erst mal zurück zur Missionsstation. Maria ist sehr hilfsbereit. Die Priester dagegen sind sehr zurückhaltend, aber sie erlauben uns zumindest, daß wir wieder hier schlafen können.

14. April

Auf der anderen Straßenseite lebt ein Wohnungsspekulant, der etwas vom Gesetz versteht. Zusammen mit Hjalte und Maria geht er zum Hospital, wo Maria einen der Ärzte kennt. Ich bleibe mit den Kindern zu Hause und versuche mich selbst zu beruhigen, indem ich mir die positiven Seiten des Vorfalles vor Augen halte. Es war gut, daß das Kind sofort ins Krankenhaus gekommen ist und die richtige Behandlung erhalten hat. Was wäre geschehen, wenn das Unglück an einem abseits gelegenen Ort passiert wäre?

Etwas später kommen Hjalte und Maria mit guten Nachrichten zurück. Der Arzt hat ihnen mitgeteilt, daß es wohl nicht so schlimm sei und das Mädchen in etwa vierzehn Tagen entlassen werden könne. Es werde auch keine dauerhaften Schäden zurückbehalten. Ich weine vor Freude, kann es fast nicht glauben. Doch Hjalte hat das Mädchen selbst gesehen. Es ging ihr den Umständen entsprechend gut. Wie bin ich froh und erleichtert, und wie bin ich froh, daß Hjalte mir durch diese schwierige Phase so sehr geholfen hat! Aber was wird jetzt geschehen? Wird es ein gerichtliches Verfahren geben? Der Wohnungsspekulant meint, daß jetzt alles davon abhängt, welche Abmachung wir mit dem Vater des Kindes treffen.

Ich schildere den beiden Priestern den Hergang des Unglücks und kläre sie über unsere finanziellen Verhältnisse hier und in Dänemark auf. Die Priester meinen, daß es nützlich sein könnte, wenn sie in ihrer Autorität als Priester mit den Eltern des Kindes redeten, und Pater José fährt zusammen mit mir zu ihnen hinaus. Die Mutter hat dort, wo sie wohnen, ein kleines Geschäft, der Vater, ein Busfahrer, ist nicht zu Hause. Die Mutter kann ohne ihren Mann keine Stellung nehmen.

Warum bin ich nicht einfach von der Unglücksstelle weggefahren, mir zuliebe?

Ich weiß jetzt, daß das Kind im Krankenhaus in guten Händen ist. Sie haben dort die notwendigen Röntgenapparate, und die Behandlung ist umsonst. Ich weiß, daß die Kleine schnell wieder auf die Beine kommen wird, und ihre Eltern werden keine Kosten haben. Das beruhigt ungemein.

Nun müssen wir unsere eigene Situation betrachten. Unsere Durchreiseerlaubnis läuft morgen ab und kann nicht erneuert werden. Wir riskieren, daß der Zoll unsere Motorräder beschlagnahmt, und ich riskiere, eingesperrt zu werden, bis die Sache abgeschlossen ist. Ohne Paß und Papiere ist unsere Situation sehr heikel. Deshalb sind wir sehr dankbar, daß die Priester uns helfen wollen und wir zumindest eine Bleibe haben.

Wir rücken die zwei Betten im Gästezimmer zusammen und schlafen alle vier eng beieinander.

Ich rufe beim Konsulat in Quito an. Dort sagt man mir, daß es unrechtmäßig sei, unsere Papiere zurückzuhalten und daß ich entweder bei der Polizei oder den Eltern des Mädchens bezahlen soll. Außerdem sollen wir sofort unsere Papiere zurückfordern. Hjalte und Maria fahren zurück zum Straßenkontrollposten, um unsere Dokumente zurückzuverlangen. Aber heute sind da draußen neue Leute, die nichts von der Sache wissen.

Unsere Papiere sollen jetzt im Hauptquartier der Polizei in Cuenca aufgetaucht sein. Als ich zusammen mit Maria das Büro des

Polizeichefs betrete, sitzt er streng wie ein Richter hinter dem Schreibtisch. Er empfängt mich mit der Bemerkung, daß man mich ins Gefängnis stecken müßte, bis die Sache abgeschlossen sei, und das kann frühestens in zwei Wochen sein, wenn das kleine Mädchen aus dem Krankenhaus entlassen wird. Meine Papiere könnte ich auch nicht vorher bekommen.

„Nein", sage ich, „das können Sie nicht machen. Mich trifft keine Schuld an dem Unglück." Und dann erkläre ich ihm, wie es sich ereignet hat. Aber in Wirklichkeit rettet es mich, daß der Polizeichef Maria gerne leiden mag. Sie sieht sofort, daß er nicht verheiratet ist, und geht auf seinen Flirt ein. Das bringt uns heil aus dem Büro heraus.

Als wir zurückkommen, rufe ich wieder beim Konsulat in Quito an, und der Konsul rät uns, sofort abzureisen. Wir könnten in Guayaquil neue Ausweise bekommen und danach sofort das Land verlassen. Hjalte fährt daraufhin alleine zur Polizei, um auf jeden Fall seine eigenen Papiere herauszubekommen. Durch einen Zufall hat er Gelegenheit, mein Visum und meine zwei Führerscheine zu klauen. Aber mein Paß ist unrettbar in einer Schublade verschlossen.

Nachdem wir nun außer meinem Paß alle unsere Papiere haben, beschließen wir, am nächsten Tag nach Guayaquil oder Peru zu fahren. Wir erklären Maria und den Priestern, was wir vorhaben, und beginnen zu packen.

Mein Gewissen hat Antwort auf die Frage nach dem Schicksal des Mädchens bekommen, und das ist eine große Befreiung. Aber aus einer Sache um Leben und Tod ist nun ein Spiel geworden, wer die meisten Vorteile aus dem Unglück ziehen kann. Das kränkt in höchstem Maße mein dänisches Verständnis von Recht und Anstand. Die Bemerkung des Polizeichefs wirbelt ständig in meinem Kopf herum. Wir müssen weg! Aber die Priester haben Angst, daß jetzt etwas an ihnen hängenbleibt, weil sie uns geholfen haben. Vater José argumentiert, daß wir einander helfen sollten. Wir müßten doch verstehen, daß sie hier auch nur Ausländer seien, genauso wie wir. Es wäre doch das beste, wenn wir uns mit dem Vater des Kindes treffen und die Dinge im guten ordnen könnten.

Jetzt verstehe ich, daß sie eine einmalige Chance erhalten haben, als die dazustehen, die einem Mann aus Cuenca geholfen haben. Damit vergrößern sie ihre Glaubwürdigkeit als Missionare. José erwähnt auch, daß wir doch Kost und Logis für fast drei Tage erhalten haben, worauf ich erwidere, daß wir dafür selbstverständlich gerne bezahlen wollen. Nein, das sollten wir eigentlich auch nicht; es sei ja nur natürlich, daß man einander helfe, und im übrigen werde der Haushalt von der Mission bezahlt.

Und dann meint Pater José, man fahre doch immer etwas zu schnell..., vielleicht sei man auch nicht immer ganz aufmerksam..., vielleicht seien die Bremsen nicht ganz in Ordnung... Er sucht nach allen möglichen Umständen, die mir die Schuld am Unglück geben könnten. Und obwohl ich ganz sicher bin, daß ich keine direkte Schuld am Unglück habe, werde ich trotzdem wütend und habe es allmählich satt. Ich schreie ihn an, daß die Eltern des Kindes auch eine Verantwortung hätten und daß es für mich auch nicht so leicht gewesen sei. Pater José schreit darauf zurück, daß wir abreisen könnten, wohin wir wollen, und zwar sofort.

Hjalte, der alte Priester und Maria versuchen zu schlichten. Es endet damit, daß ich, Maria und die Priester zu den Eltern gehen, um eine endgültige Vereinbarung zu treffen. Aber es steht für uns fest, daß wir die Entschädigungssache morgen regeln und ich meinen Paß zurückbekomme oder daß wir abreisen.

Der Vater steht unten bei seinem Auto bei der Garage und trinkt mit einigen Freunden Bier, der Hund liegt auf dem Hofplatz. Sie vergnügen sich, und die Stimmung ist bestens, bis der Vater uns sieht. Dann legt er sofort sein Gesicht in sorgenvolle Falten, und jammernd sagt er, daß sein kleines Mädchen bald operiert werden soll und daß das sicherlich fürchterlich teuer werde.

Maria sieht ihm fest in die Augen und erwidert: „Nein, ich habe heute mit dem Arzt gesprochen, und er hat gesagt, daß deine Tochter das Bein in Gips bekommt und daß das nichts kostet."

Die Priester ziehen den Vater zur Seite und verhandeln leise eine Stunde lang. Schließlich kommt der alte Priester zu mir und sagt: „Der Vater ist so ein feiner Mann. Er sagt, daß er eigentlich überhaupt nicht an Geld interessiert sei."

Der Vater, ein wohlgenährter Mann von ungefähr vierzig Jahren, kommt und reicht mir die Hand. Und während wir lächelnd einen Händedruck wechseln, fügt Pater José hinzu, daß der Vater mit 4000 Sucres – also 150 Dollar – zufrieden sei. Es wird abgemacht, daß wir uns am nächsten Tag im Krankenhaus treffen und einen schriftlichen Bericht über den Zustand des Mädchens abholen wollen. Danach werden wir zum Polizeichef gehen, das Geld hinterlegen und unseren Paß zurückerhalten. Flüchten oder standhalten... Wir hoffen, daß wir das Richtige gemacht haben.

Jetzt, da die Vereinbarung getroffen ist, haben wir etwas bessere Laune. Einige von Marias Freunden kommen zur Mission, und es ist befreiend, mit jungen Indianern in Gesellschaft zu sein. Wir hören traditionelle Musik aus den Anden – sie klingt wunderschön. Der eine Spieler ist ein Virtuose auf der Tonflöte, ein anderer spielt sehr gut Gitarre. Die Küche, in der wir sitzen, ist erfüllt von Wärme und Aufrichtigkeit. Die Indianer singen von Liebe und Sehnsucht; wir sitzen still da und genießen ihre Musik und Lebensfreude.

16. April

Nach dem Streit von gestern wollen uns die Priester nicht mehr helfen, aber Maria ist ein wahrer Freund. Sie und Hjalte fahren mit dem Geld zum Hospital. Ich wage nicht, mich dort sehen zu lassen, bevor die Sache ausgestanden ist. Darum bleibe ich zu Hause, packe und spiele dann mit Emil und Ida. Nach all dem Streß tut es gut, mit Kindern zusammenzusein.

Pater José, der gesehen hat, daß ich packe, fährt mit verbissener Miene weg. Kurz danach kommt er zurück und sagt, daß er bei der Polizei gewesen sei und sie gebeten habe, uns einzusperren, falls wir versuchen sollten, die Stadt zu verlassen, ohne dem Vater Geld gegeben zu haben. Und er fährt fort, daß er dafür gesorgt habe, daß wir bei der Straßenpaßkontrolle angehalten werden. Ich werde fuchsteufelswild und erzähle diesem Priester, daß ich nicht unter Arrest stehe und noch ein freier Mensch bin, der das Recht hat, dorthin zu gehen, wohin er wolle. Ich sei ihm gegenüber ehrlich gewesen und hätte ihn nicht belogen. Selbstverständlich würde ich mich an die Abmachung halten, die ich mit dem Vater getroffen habe. Wenn er etwas anderes glaube, dann sei er ein Scheißkerl! Ich habe jeglichen Sinn für Diplomatie verloren. Jetzt bin ich so wütend, daß ich José sage, was ich denke.

Hjalte und Maria erfahren inzwischen im Krankenhaus, daß der Vater immer noch nicht zur Polizei gehen und die Sache beenden will. Er möchte erst noch einmal mit Pater José sprechen. Maria fährt ihn zur Mission.

Hjalte bekommt einen Schock, als er vom letzten Schachzug Josés hört. Zum Glück hat der das Haus verlassen, und wir können mit dem Vater allein reden. Hjalte kann ihn nach langem Hin und Her schließlich überreden, mit zur Polizeistation zu gehen.

Der Polizeichef beginnt den Vater nach dem Hergang des Unglücks zu fragen, möchte die Höhe der vereinbarten Schadenssumme wissen, liest den Krankenbericht und beendet schließlich die Sache. Wir bezahlen die 4000 Sucres, und der Vater unterschreibt eine Vereinbarung, daß später keine Ansprüche mehr an mich gestellt werden können. Der Polizeichef gibt uns einen Brief, der die Verspätung unserer Ausreise erklärt, und wünscht uns gute Reise.

Draußen vor der Mission nehmen der alte Priester und Maria Abschied von uns. Ich verspreche Maria zu schreiben, und danke dem alten Priester für alles, was er und Pater José für uns getan haben . . .

Der Medizinmann
(Nina)

Im nördlichen Peru, weit hinter den steilen und unzugänglichen Bergen, gibt es noch Medizinmänner. Schon bevor wir zu unserer Reise aufbrachen, habe ich über sie nachgedacht. Ich war immer schon von jeglicher Hexerei, Magie und Zauberei fasziniert, und bereits zu Hause in Kopenhagen hatte ich beschlossen, einen der Medizinmänner aufzusuchen.

Jetzt sind wir im nördlichen Peru, doch damit ein Wunsch in Erfüllung geht, muß man genau wissen, was man sich eigentlich wünscht. Es gilt, viele Sachen abzuwägen. Zunächst einmal haben wir wegen des Unfalls in Cuenca nur noch sehr wenig Geld. Das bedeutet, daß wir zu hungern riskieren, wenn wir uns jetzt in neue Abenteuer stürzen, denn Geld gibt's erst wieder in Lima. Doch die wichtigste Frage lautet: Sind wir bereit, uns verhexen zu lassen? Was ist mit unserem Gewissen seit dem Unfall? Ist alle Energie und Abenteuerlust verebbt? Ist das Glück verbraucht? Wir müssen uns gegenüber ehrlich sein. Wir nehmen die Fragen sehr ernst. Wenn wir keine passende Antwort finden, kann alles schiefgehen.

Wir sitzen in der Wüste. Es ist fast Vollmond. Die Eidechsen flitzen hin und her, während wir überlegen. Schließlich finden wir die Antworten; sie stimmen überein. Wir haben nichts vor uns oder anderen zu verbergen. Wir sind zu neuen Abenteuern bereit – wir sind klar zu einem Trip.

Sechsundsechzig Kilometer vor Piura biegen wir von der zweispurigen „Panamericana" ab. Wir müssen in die Berge, wenn wir einen *brujo*, einen Hexendoktor oder Medizinmann, finden wollen. Es gibt niemanden, der uns den Weg dorthin zeigen kann, und wir haben so unsere Befürchtungen. An einer Tankstelle bei der Abfahrt tanken wir. Wie viele Kilometer sind es bis Huancabamba? Das weiß der Tankwart nicht. Hier mißt man Entfernungen nicht in Kilometern, sondern in Stunden, und das ist unzureichend, wenn man daran denkt, wie unwegsam selbst eine kurze Strecke sein kann. Er starrt auf die Tachos der Motorräder, denkt und rechnet. Ich sehe ihm an, daß es ihm schwerfällt. Der Tacho geht bis auf 140 km/h, was ja nichts über die Motorräder aussagt – aber alle hier glauben, daß das unser durchschnittliches Tempo ist. Der Tankwart erklärt schließlich, daß wir in zwei Stunden in Huancabamba sein könnten.

Schnell werden wir eines anderen belehrt. Der Weg quält sich über trockene, steinige Lehmhügel. Ab und zu führt er durch ein Dorf, das nur aus einer Häuserreihe zu beiden Seiten der Straße besteht. Die morschen Hütten haben Lehmwände, durch die man hindurchsehen kann. Um die Häuser sieht man nichts Grünes, nur Lehm und Staub mit vertrockneten Blättern und zerknülltem Papier vermischt. Auf dem ausgefahrenen Weg liegen von Milben

Ein trostloses Dorf in den peruanischen Anden. Von Romantik keine Spur

zerfressene Hunde und Schweine, die sich in den tiefen Schlaglöchern sonnen.

Wir sind durstig, aber hier gibt es nichts, was nach einem Laden aussieht, nicht einmal ein Coca-Cola-Schild. Wir fahren mit einem Abstand von einem Kilometer durch die Dörfer, damit wir den gewaltigen Staubwolken, die sich hinter uns erheben und uns für ein paar Minuten die Sicht wegnehmen, entgehen. Es ist auch deshalb eine notwendige Maßnahme, weil die Männer in den Dörfern einfach auf die Straße laufen, um dem ersten Motorrad nachzuschauen, ohne daran zu denken, daß da vielleicht noch ein zweites kommen könnte. Die Frauen sitzen vor den Häusern, während sich der Staub wieder legt. Es gibt wohl niemanden, der an so einem Ort anhält.

Wenn keine Brücken vorhanden sind, muß man Flüsse auf diese Art überqueren

Eine Schulklasse wird im Freien unterrichtet. Es sind etwa dreißig Kinder in jeder Altersstufe. Sie tragen die anthrazitfarbene Schuluniform, die hier in Peru üblich ist. Aber sie sind dreckig und zerlumpt. Die abgetragenen Röcke und Hosen aus Terylene vererben sich innerhalb einer Geschwisterschar von dem einen auf den Nächstfolgenden. Viele Kinder haben etwas an, was ihnen gar nicht paßt... Sie lernen gerade Psalmverse auswendig. Der Lehrer liest eine Zeile vor, die Kinder wiederholen sie. Ob ihnen das hier von Nutzen ist? Die Indianer hier in der Gegend sprechen kein Spanisch, sondern ihre eigene Sprache.

Nach ein paar Stunden Fahrt wird das Land grüner, und wir kommen in ein breites Tal. Die Hügel weichen zurück. Die fruchtbare Talsohle wird von glitzernden Flüssen, die wie Silber in der Mittagssonne glänzen, durchschnitten. Weiter hinten erheben sich jäh Berge; sie sind in Regenwolken gehüllt. Wir erreichen den ersten Fluß. Er ist breit und führt viel Wasser, sieht aber nicht sehr tief aus. Das Wasser strömt rasch vorwärts und bricht sich an den Steinen. Wir finden eine Furt, an der Lastwagen mit wenig Mühe durch den Fluß kommen können. Die Kinder nutzen die Gelegenheit zu einem erfrischenden Bad. Die Motorräder müssen ihre ganze Kraft aufbringen, um genug Fahrt zu behalten, damit wir auf den glatten Steinen nicht stürzen. Das klare, von den Rädern beiseite gedrückte Wasser blinkt im Sonnenschein wie Fächer. Es ist unglaublich, welch tiefes Wasser die Motorräder überwinden können. In der Mitte des Flusses reicht das Wasser bis zu den Motoren, und Dampfwolken umgeben uns plötzlich. Die Kinder finden das lustig und lachen sich halb tot, als wir hinterher die Stiefel ausziehen müssen, weil sie voll Wasser sind. Bei den folgenden Flüssen ziehen wir sie vorher aus.

Am Nachmittag erreichen wir ein Restaurant, bei dem auch der Bus nach Huancabamba hält. Wir können eine heiße Suppe bekommen, und das tut gut, da es inzwischen recht kühl geworden ist. Der junge Mann, der bedient, mustert uns neugierig. Er ist sehr freundlich und bringt einen Extrateller für die Kinder. Es ist hier nichts Ungewöhnliches, daß ein oder zwei Portionen auf eine ganze Familie verteilt werden. Als wir gegessen haben, strömt das gesamte Personal zusammen. Der junge Mann, der das Essen serviert hat, fragt uns, wohin wir wollen. Sie sind sehr erstaunt, als sie erfahren, daß wir einen Medizinmann suchen. Ob sie vielleicht wüßten, wo hier einer wohnt? Nein, keiner weiß etwas Genaues. Wir sollen in Huancabamba noch mal fragen. Dort wird man es sicher wissen.

Am späten Nachmittag beginnt der Weg in engen Serpentinen anzusteigen. An einer besonders schlammigen Stelle muß ich auf dem Grasstreifen dicht am Abgrund fahren. Etwas weiter ist die eine Hälfte des Weges weggespült. Rechtzeitig verlasse ich den Grasstreifen und versuche auf die andere Seite des Weges zu kommen. Doch gerade, als ich auf die Fahrspur zusteuere, rutscht das Vorderrad auf der schrägen Kante ab, und das Motorrad wird hinausgetragen. Ich rufe nach Hjalte, der vor mir ist, und schlinge meinen linken Arm um Ida. Dann legt sich das Motorrad in den Schlamm. Aber da, wo Ida und ich normalerweise landen sollten, ist nichts, so daß wir einen Purzelbaum über den Rand schlagen. Hjalte hat mich gehört. Er dreht sich um und sieht mich und Ida im Abgrund verschwinden. Er ist leichenblaß, als er dort, wo das Motorrad liegt, über den Rand schaut.

Doch Ida und ich sind in zwei Meter Tiefe auf weichem, grünem Gras gelandet. Wir sind auf den Rücken gefallen, und Ida liegt noch auf meinem Bauch. Sie lacht, und auch ich selbst bin gar nicht besonders erschrocken. Die wirkliche Gefahr sehe ich erst jetzt: das Motorrad liegt wie eine Wippe auf der Kante. Wäre es heruntergefallen, hätte es uns zerquetschen können. Nach diesem Erlebnis denke ich immer daran, so weit auf der einen Seite des Weges zu fahren, daß sowohl für das Motorrad als auch für Ida und mich genug Platz ist, falls wir stürzen.

Auf den nächsten zwanzig Kilometern steigt der Weg bis auf eine Höhe von 3000 Metern an. Ein Lkw kommt uns entgegen. Der Fahrer erklärt uns, daß es von hier aus noch sechs Stunden Fahrt bis Huancabamba sind. Ab und zu sehen wir ein einsames Haus, das sich an die Bergwand klammert. Nach und nach wird es dunkel, und wir halten nach einem Platz zum Übernachten Ausschau, doch es ist unmöglich, eine freie Stelle für das Zelt zu finden. Schließlich müssen wir unser Lager im Gebüsch vor einer verlassenen Hütte aufschlagen.

Spät am Abend kommt eine kleine gebeugte Frau mit einem Esel und zwei Kindern. Sie wohnen in der kleinen Holzhütte, die wir verlassen glaubten. Sie müssen dort direkt auf der kalten, feuchten Erde liegen und haben nichts außer dem Esel, den sie, bevor sie in die Hütte gehen, fürsorglich verpflegen. Wir schämen uns, so reich zu sein, und kriechen in unsere warmen Schlafsäcke.

Bevor die Sonne aufgeht, sind wir wach. Die kleine Frau und die Kinder kommen mit ihrem Esel, und Emil und Ida dürfen sich auf das Tier setzen. Sie freuen sich riesig darüber. Dann zieht die Frau mit den Kindern zu ihrer Arbeit weiter. Vorher schenken wir den Kindern etwas von Emils und Idas Sachen.

Die nächtlichen Regenwolken sind wie weggeblasen. Der Himmel ist wieder blau und klar, aber trotzdem ist es kalt. Vor uns erheben sich gewaltige Berge. Wir halten an und lauschen dem tropfenden Wasser aus dem samtgrünen Moos. Bis in die Unendlichkeit scheinen die Berge ihre Falten zu schlagen. Die Schatten sind dunkelgrün, und dort, wo die Sonne auftrifft, leuchten Felder und Wälder in den herrlichsten und strahlendsten Nuancen von Gold und Grün. In der Ferne gehen die Berge und Täler in Rot, Braun und schließlich in das blaue Traumland über.

Die Kinder haben ihre Handschuhe an. Hjalte und ich haben unsere leider verloren. Vielleicht würde ich sie auch, wenn ich welche hätte, nicht anziehen, da es hier schnell zu reagieren gilt. Ich muß die ganze Zeit die Kupplung betätigen, bis ich zuletzt Blasen zwischen Daumen und Zeigefinger habe. Oft sind die Verhältnisse so, daß wir gezwungen sind, dicht am Abgrund zu fahren. Er zieht einen hinunter, und ich versuche, diesem Gefühl entgegenzuwirken, indem ich mich zur Bergwand neige, damit ich, wenn ich falle, nach innen falle. Wir müssen uns äußerst konzentrieren. Es ist eine größere Herausforderung, bergan als bergab zu fahren. Es erfordert Entschlossenheit, Selbstvertrauen und Mut.

Wir begegnen dem Bus nach Huancabamba. Wir sehen ihn schon weit oben die Straße herunterkommen und haben Zeit, eine Ausweichstelle zu finden, während er mit Todesverachtung über lose Felsbrocken und rollende Steine dahinpoltert. In der Kurve vor uns sind die Räder des Busses halb über dem Abgrund, und das Heck hängt frei in der Luft. Wir sind glücklich, nicht in dieser überfüllten Blechkiste zu sitzen. Viele Freunde wollten uns überreden, mit dem Bus zu reisen. Sie haben uns erzählt, wenn wir in Peru Motorrad fahren wollten, könnten wir uns gleich vier Särge bestellen. Aber jetzt erkenne ich, daß ich es nicht aushalten würde, in einem solchen Bus zu sitzen. Ich hätte nicht die Nerven dafür!

Gegen Mittag erreichen wir den Paß, und nachdem wir zum letztenmal die eindrucksvolle Aussicht genossen haben, beginnen wir wieder abwärtszurollen. Auf dem Weg ins Tal begegnen wir Hirten mit hohen weißen Strohhüten und Frauen, klein und sehr dick, in knielangen Kleidern. Im dunkelroten Lehmboden links und rechts der Straße stehen junge Eukalyptusbäume mit frischen Blättern. Die mit Blättern gedeckten Häuser sind von blaugrünen Agavenhecken umgeben. Eine große Eidechse läuft langsam vor uns über die Straße. Sie ist sehr hübsch anzusehen mit ihren metallblauen und grünen Schuppen auf dem Rücken, die zum Bauch hin heller werden. Ida ist begeistert und ruft etwas zu mir hinauf.

Auf einer einfachen Holzbrücke überqueren wir den Huanca-bamba-Fluß. Von dort aus steigt die Straße zum Markt der Stadt hinauf, wo sie dann endet. Der Markt ist ein großer gepflasterter Platz mit einer häßlichen Betonanlage in der Mitte, die zu Ehren des Vaterlandes errichtet ist. Rundherum liegen einige flache Häuser, das Polizeigebäude und eine viel zu große Kirche. An der Ecke entdecken wir ein bescheidenes Hotel, und wir fahren die Motorräder über eine Steintreppe ins Innere, wobei alle Kinder der Stadt zuschauen. Sie lachen über Idas kleine Cowboystiefel und ihren gelben Hut.

Hoffentlich ist es nicht so schwer, einen *brujo* zu finden. Wir verlassen das Hotel und haben sofort einen Schwarm von Kindern hinter uns. Sie wollen gerne Emils und Idas blondes Haar anfassen. Ida gefällt das, aber Emil geniert sich. Er schlägt mit den Händen um seinen Kopf, als ob er in einen Bienenschwarm geraten wäre. Unten an der Straße stehen Buden mit Kleidern und Hüten. Wir kaufen eine kleine blaue Schirmmütze für Emil. Er setzt sie sofort auf, und das hilft. Wohin müssen wir gehen, um einen Zauberer zu finden? Wir treiben ganz automatisch auf den Markt zu.

Es ist schwer, sich mit jemanden in Ruhe zu unterhalten. Wir erwecken zuviel Aufsehen, obwohl wir die Motorräder nicht mithaben. Auf dem Markt finden wir eine Frau, die auf einem Tisch Essen zubereitet. Sie sieht nett aus, und wir setzen uns in eine ruhige Ecke und kaufen zwei Limonaden für die Kinder. Schnell werden die Stühle um den Tisch von Leuten besetzt, die unbedingt ihren Kaffee hier trinken müssen. Sie betrachten uns neugierig, und es dauert nicht lange, bis der Kartoffelbauer, der sich neben Hjalte gesetzt hat, uns fragt, wo wir hinwollen. Alle lauschen erwartungsvoll. Hjalte antwortet, daß wir zu den Medizinmännern wollen. Das überrascht die Leute am Tisch und macht sie unsicher. Ein Mann fragt, was wir dort wollen. Ich sage, daß wir gerne etwas für unsere Gesundheit haben wollen. Das beruhigt sie. Der Bauer neben Hjalte erklärt uns hilfsbereit, daß wir ein Maultier mieten und zu den Las Huaringas hinaufreiten können. Das sind Seen in 4000 Meter Höhe mit heilbringendem Wasser. Bis dorthin sind es zwei Tagesreisen.

Nun kommt das Gespräch am Tisch richtig in Gang. Noch mehr Leute treten heran, um zu sehen, was da vor sich geht. Alle fallen sich gegenseitig ins Wort. Es ist ein Thema, über das alle etwas wissen. Alle wollen gerne helfen, obwohl unser Wunsch große Verwunderung weckt. Nach einiger Zeit sind sich die Umstehenden einig geworden. Sie erzählen uns, daß der beste und berühmteste Medizinmann bei den Las Huaringas Pancho Guarnizo heißt. Aber zu dieser Jahreszeit, wo es oben an den Seen kalt und regnerisch ist, wohnt er in seinem zweiten Haus, das eine Stunde Fußmarsch von Huancabamba entfernt liegt.

Am nächsten Vormittag machen wir uns zum Haus des Zauberers auf. Wir wandern erst an einem Fluß entlang, in dem die Frauen Wäsche waschen. Dann steigt der Pfad zwischen Feldern und Abhängen an. Er verzweigt sich ständig und führt zu kleinen Parzellen und Lehmhütten. Öfter müssen wir fragen, wo es weitergeht, doch da alle Pancho Guarnizo kennen, werden wir immer auf den richtigen Weg gewiesen.

Wir merken, daß wir es nicht gewohnt sind, in den Bergen zu wandern. Wir schwitzen und pusten. Die Sonne röstet uns, und ich fühle mich in meinen Schnürstiefeln unendlich schwer. Mittlerweile trage ich einen ganzen Haufen von Pullovern, Stiefeln, Strümpfen und Hosen, die die Kinder ausgezogen haben. Hjalte nimmt Ida auf die Schultern. Emil ist guten Mutes und pflückt Blumen. Es gibt immer eine noch schönere Blume ein Stückchen weiter. Ida darf den Strauß halten. Einige Blumen ähneln Hasenklee, nur daß die Blüten ganz klein und rot sind. Zusammen mit den vielen wilden Sonnenblumen wird es ein prachtvoller Strauß. Auf einer steilen Böschung fällen Männer Agaven, die hier als leidiges Unkraut gelten. An ihrer Stelle wird Mais gepflanzt. Aber es ist schwer, ihn hier auf den fast senkrechten Flächen, wo das Wasser die Erde wegspült, zum Wachsen zu bringen.

Auf einer großen Wiese liegt das Haus, in dem Pancho Guarnizo mit seiner Familie wohnt. Hinter dem vorbeifließenden Bach laufen Kühe, Schweine, Enten und Truthähne herum. Drei Häuser stehen hier. Das erste ist groß und solide, aus Lehm mit einem neuen Blechdach. Daneben steht das alte Haus der Familie und gegenüber ein weiteres mit zwei Etagen – unten der Stall und oben die Wohnung. In dem ersten Haus hält die Familie sich jetzt auf. Nachdem wir eine gute Stunde gewartet haben, kommt Pancho Guarnizo heraus und fragt, was wir wollen.

Er ist ein dicker, alter Mann mit einem aufgeschwemmten Gesicht und bläulichen Lippen. Er hext jede zweite Nacht. Tagsüber ist er Bauer wie seine Söhne, die ebenfalls hier wohnen. Er hat keine Lust, sich mit uns zu unterhalten. Er ist müde und brummelt nur die ganze Zeit vor sich hin. Wir verstehen, daß wir an der Zeremonie, die eine ganze Nacht dauert, teilnehmen können. Ich sage ihm, daß wir ein Problem haben, weil wir nicht wissen, wo wir die Kinder solange lassen sollen.

„Nein", sagt der Alte, „das ist kein Problem. Ihr könnt sie ruhig mitnehmen. Es ist auch für Kinder."

Wir sollen um fünf Uhr wiederkommen und verschiedene Sachen mitbringen, die für die Rituale gebraucht werden. Ich schreibe eine Liste, die Pancho mir diktiert. Wir beeilen uns, wieder ins Hotel runterzukommen.

In der Stadt kaufe ich alles, was ich notiert habe, ein. Es gibt eine erstaunlich große Auswahl an Parfüm und Alkohol in der Stadt. Ich kaufe folgendes:

1/2 kg Zucker
eine Flasche „Agua de Kanazava", Eau de Cologne
eine Flasche „Agua de Florida", Eau de Cologne
eine 3/4 Flasche Sauterne
1 Liter weißen Rum, Aguardiente
eine Flasche „Ramilette de Novia", Parfüm
eine Flasche „Tabu", Parfüm
1 kg Limonen.

*

Es ist ganz schön teuer, und ich bin gespannt, wozu es benutzt werden soll. Ich habe keine Ahnung. Mit Entsetzen sehe ich auf den Wein und den weißen Rum. Soviel können wir unmöglich trinken – jedenfalls werden wir einen ordentlichen Kater bekommen. Für alle Fälle kaufe ich auch Limonade für uns und die Kinder. Ida ist sauer, weil sie nicht alle Flaschen auf einmal aufmachen darf.

Um vier Uhr machen wir uns auf den Weg zum Haus des Zauberers. Wir wissen nicht, was uns erwartet. Wir haben gehört, daß wir einen Zaubertrank trinken müssen, der halluzinogene Stoffe enthält. Ich hoffe, daß uns Pancho Guarnizo, der in dieser Gegend der am meisten gefürchtete und verehrte Medizinmann ist, eher zuwenig als zuviel von seinem Gebräu geben wird. Er hat sicher keine Lust, einen Haufen ausgeflippter Gringos um sein Haus herumlaufen zu sehen. Außer den eingekauften Sachen, die allein schon ziemlich schwer sind, haben wir zusätzliche Kleidung und Windeln für Ida, einen Seesack mit den Schlafsäcken für die Kinder und eine Wolldecke dabei. Emil und Ida können auf dem steilen Weg nicht so schnell gehen, so daß Hjalte Emil auf seinen Schultern trägt und ich Ida. Das ist sehr anstrengend. Wir benötigen all unsere Kräfte, das Herz hämmert, und der Schweiß läuft an uns herunter.

Um fünf Uhr kommen wir wie verabredet an und setzen uns draußen auf eine Bank. Es herrscht eine unheimliche Ruhe über diesem Ort.

Wir haben um eine Kur *para salud* – für die Gesundheit – gebeten. Hjaltes Bein tut weh, und meine Schulter ist verkrampft. Es sind alte Leiden, die uns zwar im Augenblick nicht plagen, aber es wäre schön, wenn sie geheilt werden könnten. Ob der alte *brujo* auch das nötige Wissen hat? Seinem Gesicht konnte man nicht allzuviel entnehmen. Ich weiß überhaupt nicht, was ich von ihm halten soll. Ich fand, er sah wie ein alter Alkoholiker aus, aber ich mache mir keine großen Sorgen. Ich bin auf alles gefaßt.

Nachdem wir eine Stunde gewartet haben, kommt der Alte mit einem großen, schwarzen Eisentopf mit Henkel aus dem Haus. Er gleicht einem Zauberer aus einem Märchen, wie er so mit seinem schwarzen Topf und dem hohen, geflochtenen Strohhut davonwakkelt. Er trägt ein abgetragenes, blaues Hemd, und die weite braune Hose wird von einem Lederriemen zusammengehalten. Aus einem verschlossenen Raum holt der Zauberer jetzt eine Flasche mit heilendem Wasser aus den Seen, eine Tüte mit Kräutern und einen dicken Kaktuszweig. Er geht ins Haus zurück und setzt den Topf aufs Feuer. Der Kaktuszweig, die Kräuter und verschiedene andere Dinge, die wir nicht kennen, kommen zusammen mit dem Seewasser in den Topf.

Den Kaktuszweig erkennen wir, er stammt von dem magischen Kaktus San Pedro. Er enthält Meskalin und Strychnin. Unser Zauberer wirft den Kaktuszweig einfach in den Topf. Was das wohl wird? San Pedro – das ist St. Peter, der bekanntlich an der Himmelspforte Wache steht. Gar kein schlechter Name für diesen Kaktus.

Wir sitzen vor dem Haus und sehen die Sonne hinter fernen blauen Zinnen, die leichte Wolken durchstechen, untergehen. Eine einzige Feuerfliege schwirrt vorbei, während die nächtliche Kälte langsam von den Bergen herabsteigt. Direkt hinter dem Haus liegt ein Berg, der sich wie der Hut eines Zauberers zuspitzt. Hoch über seinem Gipfel erhebt sich die Milchstraße in ihrem funkelnden Bogen über uns. In diesem Augenblick erscheint ein leuchtender Punkt am Himmel, ein Satellit! Die Ergänzung des Menschen zum Weltraum. Es ist überwältigend und erschreckend zugleich. Emil strahlt. Seit wir aus Dänemark weg sind, hat er sich mit Reisen in den Weltraum beschäftigt. Er spielt, daß er in den Weltraum fliegt, und in seinem selbstgebauten Raumschiff reist er zwischen fernen Raumstationen und fremden Sonnensystemen umher. Emil ist ein Reisender im Universum.

Die Kinder haben die Limonade ausgetrunken. Sie sind lieb und geduldig, obwohl sie Hunger haben. Um acht Uhr meinen wir, lange genug gewartet zu haben, und gehen ins Haus hinein. Alles ist dunkel drinnen, nur die Feuerstelle in der ·Mitte erhellt den Raum. Der schwarze Hexenkessel steht immer noch brodelnd auf dem Feuer. Pancho Guarnizo sitzt in seinem Stuhl und schläft. Seine Frau gibt Emil und Ida einen Maiskolben zum Essen. Auf dem Boden läuft ein Meerschweinchen herum, und die Frau versichert mir, daß es, wenn es gebraten ist, ein Leckerbissen sei. Es ist eine Spezialität der Gegend. Die Küche ist größer als eine gewöhnliche Bauernküche. Nebenan liegen noch ein paar kleine Zimmer, aus denen ein batteriebetriebener Plattenspieler seine gequälten Liebesgesänge in den Raum schnarrt. Wir werden wieder nach draußen geschickt – mit einer kleinen Öllampe, die nicht viel mehr Licht als eine Kerze gibt.

Hühner und Truthähne sitzen schlafend in einem Baum neben der Bank. Ihre Umrisse zeichnen sich gegen den Himmel ab. Es ist Vollmond und ganz klar. Die Bäume werfen Schatten, und es herrscht völlige Stille.

Um neun Uhr kommt der jüngste Sohn des Medizinmannes und führt uns unter eine Überdachung, die vom alten Haus zum Stall reicht. Der Wind ist eiskalt. Wir fragen den Jungen verwundert, ob wir nicht in das alte Haus gehen können. Nein, wir sollen draußen auf der Erde sitzen, denn hier soll auch die Heilung stattfinden. Er holt einige ungegerbte Schaffelle, auf die wir uns setzen können, und ein paar durchlöcherte Ponchos. Zuerst lassen wir uns an der Mauer nieder, aber da dürfen wir nicht sitzen. Dort soll der Tisch stehen, oder sagte er Altar? Wir verstehen nichts. Der Junge hebt die Öllampe hoch. Oben an der Mauer hängt ein Messingkruzifix. Wir setzen uns ihm gegenüber. Der Junge legt nun einen Haufen alter Decken dort aus, wo sein Vater sitzen soll.

Dann endlich kommt Pancho Guarnizo. Er trägt verschiedene Sachen bei sich. Zuerst stellt er einige Holzstäbe an der Mauer auf. Sie sind aus dem Holz, das die Indianer Teufelsstroh nennen, weil es so hart ist. Vor die Holzstäbe legt er einige verrostete Hufeisen und einen Magnetstein. Danach steckt der Alte neun Schwerter, Säbel und Speere in einem Halbkreis um die Holzstäbe fest in die Erde. Die Speere sind nadelförmig und haben keine Schäfte. Auf einem ist am Ende etwas Rundes auszumachen, das wie eine Sonne aussieht. Zwei der Säbel erinnern an alte spanische Waffen. Sie haben schöne Messinggriffe mit Handschutz. Die übrigen vier Schwerter sind sehr einfach; die Griffe sind mit Schnüren umwickelt.

Der Alte arbeitet langsam und mühsam. Er leidet unter Atemnot und hustet große Schleimbrocken, die er mit großer Kraft mehrere

Hjalte beim Medizinmann in Huancabamba (Peru)

Meter weit über unsere Köpfe hinweg spuckt. Er nimmt vier kleine Säcke und leert sie auf einer kleinen Decke auf der Erde aus. Die Kinder schauen gespannt hin, es ist aber schwer, in der Dunkelheit etwas zu erkennen. Wir haben immer noch nur die Öllampe, die der Wind dauernd ausbläst. Erwartungsvoll sitzen wir da, während der Zauberer langsam einen Gegenstand nach dem anderen ergreift und in den Halbkreis aus Schwertern und Säbeln legt.

Bisher haben wir geschwiegen, aber jetzt unterhalten wir uns mit den Kindern über das, was wir sehen. Der Alte stellt vorsichtig einige Figuren auf. Emil kann eine kleine Bronzefigur erkennen, die einem Löwen ähnelt. Daneben gibt es auch einige kleine Steinfiguren, sehr primitiv aussehend, die vielleicht Menschen darstellen sollen. Der älteste Sohn darf beim Aufstellen helfen. Ich erkenne polierte Steineier, Glasklumpen und eine Menge Muscheln, die schon ganz grau vor Alter sind. Sie werden in einem hübschen Muster ausgelegt. Der alte Mann hustet und spuckt, und mir geht durch den Kopf, daß er sich selbst anscheinend nicht hat heilen können. Aber vielleicht kann man das von einem Medizinmann nicht verlangen. Er schimpft laut und stöhnt.

Unsere mitgebrachten Tüten mit Wein und Parfüm werden geleert und die Flaschen geöffnet. Die vier kleinen Parfümfläschchen werden in den Halbkreis gestellt, der Wein, der Rum und der Zucker mit den Limonen außen. Es ist kalt, auf der Erde zu sitzen. Wir breiten einige von den kleinen Schaffellen unter Emils Schlafsack aus, und Emil legt sich hin. Er zieht seinen Schlafsack eng um den Kopf zusammen und liegt dann warm und gut. Danach wird Ida in ihren Schlafsack gepackt. Sie schläft in meinen Armen ein, während Hjalte und ich bitterlich frieren.

Es hat eine Stunde gedauert, bis der Zauberer und sein Sohn die Heilmittel aufgestellt haben. Jetzt döst der Alte auf einem Haufen von Decken vor sich hin. Ab und zu kommt einer seiner drei Söhne vorbei und fragt: „Vater, du schläfst doch nicht?" Und der Alte murmelt: „Nein, nein" – und schläft weiter.

Etwas später wacht er auf. Er nimmt eines der kleinen Parfümfläschchen und trinkt daraus. Während wir ihn angaffen, prustet er das Parfüm über uns aus. Dabei murmelt er eine Art Segen. Dann nimmt er wieder einen Schluck und prustet. Es ist nicht gerade angenehm, und wir ducken uns im Schutz der Dunkelheit. Meine einzige Hoffnung ist jetzt nur noch, daß wir durch diese Behandlung nicht krank werden. Dann schickt der Medizinmann uns fort. Einen Augenblick später werden wir zurückgerufen und bekommen eine Muschelschale, gefüllt mit einem süßen, aromatischen Saft, gereicht. Wir sollen ihn ins linke Nasenloch schnupfen. Es beißt und brennt so in der Nase, daß einem die Tränen in die Augen schießen. Wir husten und spucken und weinen genau wie der Alte und seine drei Söhne, die ebenfalls da sind. Es kratzt, reinigt aber, und das ist gar nicht so unangenehm. Nun füllt der Medizinmann erneut die Muschelschalen, diesmal für das rechte Nasenloch. Ich kriege mit, daß er den Saft aus einem kleinen, gelben Topf schöpft, der voll mit großen, schwarzen Tabakblättern ist. Das ist sicher Rum, in den sie eingeweicht sind. Wir bekommen reichlich von dem Saft, und es tut gut, die Nase gereinigt zu bekommen, nachdem wir so lange schnupfend in der Kälte gesessen haben. Der Alte hat jetzt bessere Laune und unterhält sich ausgiebig mit seinem zweitältesten Sohn über dessen neue Armbanduhr. Der Sohn soll seinem Vater die ganze Nacht hindurch sagen, wie spät es ist. Um elf Uhr kommt der schwarze Topf aus der Küche, und einer nach dem anderen bekommt eine Tasse von der bitteren, graugrünen Kaktussuppe. Sie schmeckt nicht gut, aber wir trinken sie entschlossen. Der Zauberer sprüht wieder Eau de Cologne über uns und löscht dann die Öllampe. Er schärft uns ein, nicht einzuschlafen.

Wir sitzen sehr unbequem und frieren entsetzlich. Der Alte schnarcht laut. Ab und zu wacht er auf und ermahnt uns: „Ihr schlaft doch nicht etwa?"

Nein, wir warten auf die Wirkung der Kaktussuppe. Um Mitternacht fragt er uns, ob wir etwas im Kopf spüren? Nein, wir spüren nichts. Vielleicht hat der Alte uns zuwenig von der Suppe gegeben? Aber er gibt uns nicht mehr, obwohl es offensichtlich ist, daß irgendeine Wirkung ausgeblieben ist.

Der Vollmond leuchtet immer noch klar, aber unter dem Vordach ist es dunkel, und die Kälte zieht von der Erde direkt in den Körper. In den Bergen Perus müssen die meisten Menschen auf der Erde schlafen, und auf eine Weise ist es auch gut, zu erleben, wie es ist, eine Nacht ohne unsere Isoliermatten und warmen Daunenschlafsäcke zu verbringen.

Wir legen uns hin und kämpfen gegen die Müdigkeit an. Wir schlafen nicht ein – dazu ist es auch zu kalt und zu unbequem.

Der alte Zauberer scheint im Laufe der Nacht munter zu werden. Jetzt sitzt er da und redet mit Hjalte, obwohl sie einander nicht sehen können in der Dunkelheit. Der Alte ist sehr an den Wechselkursen, dem Geldwert in anderen Ländern interessiert, und ich finde das für einen Medizinmann etwas unpassend. Doch alle haben wohl dasselbe Recht, am modernen Leben teilzunehmen.

Um ein Uhr nachts gibt der Alte uns etwas in die Hand und sagt, daß wir damit unseren ganzen Körper reiben sollen. Ich habe eine glattgeschliffene Glasrolle bekommen und Hjalte ein Steinei. Wir reiben uns damit energisch – das macht warm. Danach streichen wir zart über die Kinder. Dann liegen wir wieder unendlich lange und warten. Ich kann nichts sehen. Der Mond ist untergegangen. Aber ich höre den Zauberer mit jemandem reden.

„Wer ist das?" frage ich.

„Es ist ein kleines Mädchen, das gekommen ist, um geheilt zu werden", murmelt der Alte.

Aber als das erste schwache Licht um vier Uhr den Himmel färbt, ist das Kind verschwunden. Wir richten uns auf, und der Zauberer nimmt die Flasche Rum. Ich hoffe, daß wir eine kleine Stärkung bekommen, doch diese Hoffnung zerschlägt sich sofort, als der Medizinmann einen Schluck Rum nimmt und ihn wieder ausspuckt. Dies tut er mehrere Male. Vielleicht werden so die guten Geister zu uns und die bösen von uns getrieben? Der Alte erhebt sich und gibt uns ein Zeichen, nacheinander zu ihm zu kommen. Ich stehe auf und gehe zu ihm. Ich bin einen Kopf größer als der dicke Zauberer. Er zieht leicht an jedem meiner Finger. Dann schüttelt er jede Hand. Danach nimmt er den Mittelfinger meiner linken Hand, führt den Arm über meinen Kopf und geht unter dem Arm mit. Wir drehen uns wieder rückwärts, halten uns danach an der rechten Hand und wiederholen die seltsamen Tanzschritte. Der Medizinmann schlägt mir auf den Rücken, beschwört dabei den Teufel und verflucht alle bösen Geister. Dann erhält Hjalte die gleiche Behandlung.

Der älteste Sohn, der um die dreißig Jahre alt ist, hilft seinem Vater. Er hat genau wie seine zwei jüngeren Brüder hübsche Gesichtszüge. Der Sohn mit der Armbanduhr hat uns die ganze Nacht hindurch über die genaue Uhrzeit unterrichtet. Jetzt ist es sieben. Der Zauberer prustet noch einmal Rum aus, während sich der Sohn für die folgenden Rituale vorbereitet. Hjalte ist der erste, der „gereinigt" wird. Der Sohn nimmt zwei blankgeschliffene, ovale Steine und drückt sie an Hjaltes Schläfen, seine Stirn und seinen Nacken. Danach streicht er über die Augen, dann über die Arme, die Hände, den Körper und die Beine. Jetzt nimmt der Sohn ein Schwert und streicht damit genauso über Hjaltes Körper wie mit den Steinen. Zum Schluß wird der Vorgang mit zwei Holzstöcken wiederholt. Als der Sohn an Hjaltes Beinen hinab zu den Füßen gelangt ist, muß der die Füße anheben, um auch unter den

Fußsohlen gereinigt zu werden. Dann hebt der Sohn Hjalte viermal hoch, stellt sich danach hinter ihn und hebt ihn wieder viermal. Das sieht äußerst komisch aus! Hjalte ist mindestens drei Köpfe größer als der Sohn des Medizinmannes, der ihn bei den Oberschenkeln packt und aufpassen muß, daß er nicht umfällt. Nachdem ich dieselbe Behandlung erhalten habe, werfen und treten wir selbst noch einmal die bösen Geister weg. Die Kinder sind im ersten Morgengrauen allmählich wach geworden. Ida wird auch mit Stein, Metall und Holz abgerieben. Der Sohn des Zauberers geht dabei zart und vorsichtig mit ihr um. Emil hat keine Lust, „verhext" zu werden. Er findet das „blöd" und bleibt in seinem Schlafsack liegen. Jetzt sollen wir aus einem großen Becher Maissuppe trinken. Ich nehme mir sehr wenig, denn ich muß daran denken, daß der Alte und seine Söhne aus demselben Becher getrunken haben.

Wieder bekommen wir Muschelschalen voll Tabaksaft für die Nase. Es kostet Überwindung, das Zeug zu schnupfen, obwohl wir uns langsam daran gewöhnen. Dann packt der Zauberer Hjalte und spuckt ihm Maissuppe ins Gesicht, auf Handflächen und Handrücken. Dann bin ich an der Reihe. Ich überwinde meinen Ekel und halte still. Der Alte macht weiter und spuckt jetzt Parfüm in unsere Gesichter. Wir werden mit dem Inhalt von allen vier Flaschen bespuckt. Wenn wir vorher noch nicht gestunken haben, jetzt tun wir es.

Es kommt noch schlimmer, denn jetzt sollen wir selbst aus den Flaschen trinken und es hinterher ausspucken. Igitt, wie das schmeckt! Noch schrecklicher, als ich es mir vorgestellt habe. Ich habe mir nie etwas aus billigem Parfüm gemacht – und jetzt muß ich gleich vier verschiedene Sorten trinken! Endlich kommt der Wein an die Reihe, aber er ist nicht so angenehm, wie ich es erhofft habe. Der milde Sauterne kann den ekligen Geschmack überhaupt nicht überdecken. Mit Freude spucke ich ihn wieder aus.

Ganz am Schluß dürfen wir eine Limone essen. Ich glaube, um den Parfümgeschmack loszuwerden. Aber die Frucht schmeckt auch nicht besonders gut. Der fürchterliche Geschmack sitzt immer noch im Mund. Der alte Zauberer kommt mit der größten Flasche. Sie ist ungefähr halb voll mit Eau de Cologne, das mit Kräutern versetzt ist. Der Alte zeigt Hjalte, wie er die Flasche unter die Muschel halten soll, während er den Tabaksaft schnupft. Als Hjalte schnupft, beschwört Guarnizo die guten Geister. Der Inhalt der Flasche soll uns vor allen Krankheiten beschützen. Ich schnupfe meinen Tabaksaft und halte eine andere Parfümflasche darunter. Der Medizinmann spricht eine Beschwörung, die Hjalte und mir Glück bei unserer Arbeit bringen soll. Der Inhalt der dritten Flasche bringt uns Glück in Geldangelegenheiten, und die letzte wird unsere Ehe bewahren.

Es ist inzwischen halb acht, und die Sonne geht auf. Der nächtliche Zauber ist vorbei. Der Alte ist lebhaft und munter. Er atmet jetzt fast unbeschwert und unterhält sich freundlich mit Hjalte. Wir dürfen seine Gerätschaften und magischen Figuren fotografieren, bevor er alles in Säcke packt und wegschließt. Er ist mit dem Verlauf der Nacht zufrieden, und wir sind es auch. Obwohl Pancho Guarnizo der berühmteste Medizinmann Perus ist, war er vielleicht doch etwas unsicher, seine Kunst an Gringos auszuüben. Er hat uns großes Vertrauen entgegengebracht. Menschen in Südamerika haben deutliche Minderwertigkeitskomplexe Weißen gegenüber und neigen dazu, ihre Kultur zu unterschätzen.

Das, was der Zauberer kann, hat er von seinem Vater gelernt. Der hat es wiederum von seinem Vater und so weiter. Der Einsatz des Zauberers ist also nicht etwas persönlich Eigenes. Er ist kein Guru und will es auch nicht sein. Seine Rolle sieht er in der Weitergabe, und es versteht sich von selbst, daß er nichts Neues hinzufügt.

Wir versprechen ihm, die Fotos von den Heilmitteln zu schicken, worüber er sich sehr freut. Er selbst will nicht fotografiert werden, und das respektieren wir. Wir verhandeln mit ihm über den Preis für die Nacht. Wir wissen nicht, was angemessen ist. Die Leute hier in Peru verdienen wenig, doch auf der anderen Seite, wenn er jetzt wirklich weiß, wie . . . Egal, wie die Wirkung des Zaubers ausfällt, ich will ihm zwanzig Dollar geben. Damit ist der Medizinmann zufrieden.

Die Sonne ist jetzt ganz aufgegangen, und wir gehen mit dem ältesten Sohn über die Wiese hinüber zu einem Kräutergarten und einem Kräuterhaus. Wir bekommen eine Tüte mit verschiedenen getrockneten Pflanzen für einen Tee gegen Schmerzen und Gicht. Hjalte erhält außerdem einige Blätter von einem Baum, der Engelstrompete heißt. Sie sollen in Alkohol eingeweicht und bei Schmerzen über Kreuz auf das Bein gelegt werden. Es ist eine giftige Pflanze, die aktive Stoffe enthält, die vermutlich wirklich helfen.

Wir verlassen das Haus des Medizinmannes, und mit schweren Schritten geht es wieder heimwärts. Trotz der durchwachten Nacht sind wir erstaunlich munter und klar. Wir erreichen die Stadt und gehen hungrig zum Markt. Wir haben ja gestern nicht zu Abend gegessen. Da wir eingehüllt in eine riesige Duftwolke daherkommen, fragen uns ein paar Bauersfrauen, ob wir oben beim Medizinmann waren.

„Ja, das waren wir."

„Die ganze Nacht?"

„Ja."

„Wie war's?"

„Gut", sage ich.

Die Leute scharen sich in kleinen Gruppen um uns zusammen. Sie wollen wissen, ob es wirklich wahr ist. Während wir zum Markt weitergehen, spüren wir, daß die Unsicherheit, die gestern in der Luft lag, jetzt einem tiefen Respekt gewichen ist. Auf dem Markt kaufen wir Brot, Obst und Gemüse.

Nachdem wir auf dem Zimmer gegessen haben, müssen wir uns hinlegen. Jetzt meldet sich bei uns die Müdigkeit unaufhaltsam. Die Kinder dagegen sind frisch und ausgeruht. Sie breiten eine Serviette auf dem Boden aus und legen Brot und Obst darauf. Es ist eine kleine Kindercafeteria. Gut, daß es heute warm ist, da Ida keine saubere Windel mehr hat und ohne Hosen herumlaufen muß.

Während wir dösen, füllt sich das Zimmer mit Abfall, mit Bananen- und Apfelsinenschalen, mit Avocadokernen, Kaffeesatz, gebrauchtem Toilettenpapier und dreckigen Kleidern. Ida stößt an den wackligen Tisch, auf dem das Essen steht, und alles fällt herunter. Außerdem macht sie mehrmals auf den Boden. Ich wische es im Halbschlaf auf. Die Abfallberge wachsen. Die Fußbodenbretter sind schwarz und fettig und auch unsere sauberen Sachen werden schmutzig.

Als es Abend wird, legen sich die Kinder zu uns ins Bett, und wir schlafen tief und fest, bis die Sonne am nächsten Morgen aufgeht. Jetzt sind wir wieder frisch, und mit Hilfe von Schaufel und Besen räumen wir unser Zimmer auf. Ich bin mit meinen Gedanken immer noch oben beim Medizinmann. Es war nicht gerade das, was wir erwartet haben. Sind wir enttäuscht? Nein, wir lachen nur über uns selbst. Das ist ja gerade das Schöne, sich überraschen zu lassen. Diese Tour werden wir sicher so schnell nicht vergessen.

Beim Zusammenpacken denken wir an den Rückweg durch die Berge. Nur einen Moment nicht aufgepaßt oder ein Zusammenstoß in einer Kurve kann Tod oder lebenslange Verkrüppelung bedeuten. Wir müssen mit den Kindern wohlbehalten nach Hause kommen. Gott sei Dank leidet keiner von uns an Höhenangst, und nach kurzem Nachdenken haben wir alle Bedenken wieder von uns geschoben und fahren los.

Alles läuft wie geschmiert. Es ist eigentlich einfacher, hinunterzufahren. Einmal stürzt Hjalte im Schlamm, aber es ist ungefährlich. Schon am frühen Nachmittag haben wir die Berge hinter uns. Wir halten wieder bei dem Restaurant hinter dem Dorf Chanchaque. Das Personal erkennt uns sofort wieder, und wir müssen ihnen ausführlich von unserer Nacht bei Pancho Guarnizo berichten. Der junge Mann, der uns bedient, fragt mich, ob ich so mit dem Medizinmann getanzt habe. Dabei hebt er seinen Arm über den Kopf. Ich nicke zustimmend, und alle lachen bei dem Gedanken daran, daß wir Gringos von dem Alten herumgeschwenkt worden sind.

Etwas später kommen wir an einen Fluß, an dessen Ufer wir unser Lager aufschlagen. Das Wasser ist lauwarm, so daß wir den Rest des Tages baden und Wäsche waschen.

Wir sehen ein, daß wir nicht mit vier Parfümflaschen, die nicht mehr ganz dicht sind, herumreisen können. Die Flasche mit den Kräutern für unsere Gesundheit ist nur halb voll. Wir nehmen daher die Flasche, die unsere Arbeit positiv beeinflussen soll, gießen den Inhalt in die Flasche mit dem Gesundheitselixier und setzen den Korken drauf. Sorgfältig packen wir sie in eine Plastiktüte und binden sie zu. Die Flasche, die uns reich machen soll, brauchen wir nicht. Wir sind reich genug. Die Flasche, die unserer Ehe Glück bringen soll, brauchen wir auch nicht. Wir sind nicht verheiratet und trotzdem sehr glücklich. Wenn es einmal anders werden sollte, müssen wir uns trennen. Wir wollen nicht zusammengebunden sein, weder durch eine Ehe noch durch Zauberei. In diesen Dingen vertrauen wir unserer Liebe und unserem eigenen Einsatz. Ohne Wehmut werfen wir die Flaschen fort.

Am nächsten Tag erreichen wir unversehrt wieder die Hauptstraße.

Peru
(Hjalte)

Außerhalb der zerfallenen Stadt schlagen die goldenen Wellen des Pazifiks an den Strand. Die Häuser von Chan Chan, in denen Rituale abgehalten wurden, und die Königsgräber erstrecken sich kilometerweit in alle Richtungen. Wir stehen vor einem, das noch gut erhalten ist. Dicke Mauern umgeben einen Platz mit kleinen, in sich zusammengefallenen Gebäuden. Auf diesem Platz wurden die Könige des Chimú-Reiches begraben, und hinter ihnen wurden die Tore zugemauert. Für jeden König, der begraben wurde, baute man eine neue Mauer um die alte. Hier sind es drei. Sie sind zerfallen und gezackt wie alte Bergketten. Der Wüstenwind wirbelt kleine Sandfahnen über die zweitausend Jahre alte Hauptstadt und bedeckt ein Gebäude nach dem anderen mit graubraunem Lehm.

Wir sind an diesem Abend die einzigen Menschen in Chan Chan. Nina entdeckt in dem zarten Licht einen Henkel, der ihr aus dem Staub am Fuße des Königsgrabes entgegenblinkt. Sie hebt ihn auf. Es ist eine mit roten und schwarzen Streifen fein verzierte Scherbe einer Tasse. Emil und Ida beginnen sofort im Sand zu graben. Freudestrahlend zeigen sie uns eine ganze Handvoll Scherben. Der ganze Abhang ist voller Abfall einer alten Kultur, die wir nicht kennen. Stumm liegt sie hier in der Küstenwüste und sinkt langsam zurück in die Erde, aus der sie gekommen ist.

Emil beobachtet einen Fischer am Pazifik, der sein Schilffloß zum Fischfang vorbereitet

Draußen in der Brandung erkennen wir fünf Zacken, die wie Jaguarzähne gebogen sind. Es handelt sich um Flöße aus Tortora-Schilf, elegant und schlank in der Form. Ein Mann kommt uns mit seinem Hund entgegen. Er grüßt uns. Auf seinem Rücken trägt er ein Floß, das er ins Wasser läßt. Emil schaut ihm gespannt zu. Der Mann zieht seinen Pullover und seine Schuhe aus und legt sie zusammen mit einem kleinen Netz in eine Vertiefung im Floß. Das Wasser hier an der Küste ist sehr kalt, doch der Fischer zieht unverdrossen sein Fahrzeug hinaus in die Wellen. Schließlich kniet er sich hinten aufs Floß und beginnt mit einem Bambusstab in die Brandung hinauszupaddeln. Mehrere Male muß er sich auf das Floß stellen und wie ein Surfer das Gleichgewicht in den großen Wellen halten. Dann wirft er das Netz aus.

Emil und Ida finden einen Pelikankopf mit langem Schnabel und Fischsack. Etwas weiter entdecke ich einen großen, schönen Flügel.

Mit diesen Dingen wollen wir unsere Motorräder schmücken. Der Fischer kehrt wieder zurück. Das Netz hat er in einem Sack über der Schulter. Nur ein einzelner Fisch bewegt sich darin. Der Fischer ist fast nackt, und sein muskulöser Körper glänzt. Mit einem Schwung nimmt er das schwere Floß auf die Schultern. Dann läuft er den Strand hinauf und legt es zum Trocknen in den Sand. Er schneidet den Kopf des Fisches ab, schmeißt ihn dem Hund rüber und wandert nach Hause.

Die Schilfflöße hat man schon vor tausend Jahren benutzt. In der alten Ruinenstadt hat man auf Scherben Abbildungen von ihnen gefunden. Heute gibt es sie nur noch an diesem Strand. Sie sind eine Seltenheit unter den modernen Flotten von verrosteten und stinkenden Fischkuttern, die wie Staubsauger die Fische aus dem Humboldtstrom saugen und die Küstenstädte mit ihrem Fischmehl anfüllen.

Zahllose Pelikane stehen aufgereiht am Strand. Emil und Nina betrachten sie mit größtem Interesse

Emil freut sich über unseren Flügel. Er hat beschlossen, daß er vorn an der Windschutzscheibe befestigt werden soll. Es dauert lange, ihn so festzumachen, daß der Fahrtwind die Federn in die richtige Richtung bläst. Emil ist in solchen Sachen sehr geschickt, und wir haben viel Spaß dabei.

Ida ruft: „Mi-mi, guck!" und zieht an Emils Hand, um ihm zu zeigen, wie Nina und sie den Pelikanschnabel an ihrem Motorrad befestigt haben.

Auf halbem Weg vom Medizinmann nach Lima kommen wir zum Santa-Fluß, der in den Pazifik mündet. Der Fluß ist breit, trüb und träge. Er fließt durch die Felder der Santa-Genossenschaft. Auf der einen Seite der Bewässerungskanäle liegt immer noch, graubraun und staubig, die steinige Wüste, während auf der anderen Seite Zuckerrohr, Mais, Baumwolle und Bohnen in fruchtbaren Reihen im warmen Schlamm stehen. Wir biegen von der Küstenstraße ab, um dem Santa-Fluß zu seiner Quelle im Lago Conococha, fünfhundert Kilometer landeinwärts, zwischen den höchsten Bergen Perus, zu folgen. Bereits zehn Kilometer von der Küste entfernt hört die grüne Fruchtbarkeit auf. Das flache Flußdelta wird zu einem engen Tal, und nicht ein Tropfen Wasser fließt außerhalb des tiefen, reißenden Flusses. Der fruchtbare Schlamm wird zu erdrückendem Staub, die Felder zu unfruchtbarster Wüste.

Der Weg schlängelt sich am Fluß entlang. Es ist ein ziemlich breiter Schotterweg, hart wie ein Waschbrett. Das Waschbrett setzt sich Kilometer um Kilometer fort, und die Motorräder rütteln so, daß sie zu schwimmen scheinen. Unsere Arme sind weich wie Gummi geworden. Ich versuche neben dem Weg zu fahren, aber die Steine, der Sand und die Löcher sind da genauso schlimm. Es ist hart für die Kinder. Ihre kleinen Nacken können die schweren Sturzhelme fast nicht mehr halten. Ida liegt auf der Tanktasche und wird trotzdem vor und zurück geworfen. Emil klammert sich am Lenker fest und hält nach Löchern Ausschau. Nur zweimal begegnen wir an diesem Nachmittag Menschen. Wo der Fluß Ablagerungen hinterlassen hat, sind Bauern dabei, mit ihren Holzgeräten die Erde zu bearbeiten. Gräben führen Wasser von fernen Punkten weiter oben am Fluß über die kleinen Felder.

An einer Stelle breitet sich der Fluß über ein flaches Gebiet aus. Dort fahren wir an das Sandufer, um unser Lager aufzuschlagen. Emil zieht seine Hose aus und geht mit seiner Trillerpfeife auf Entdeckungsreise im Fluß. Er pfeift die ganze Zeit, damit wir hören können, falls er vom Wasser weggespült werden sollte. Die Gefahr ist hier allerdings gering, da wir ihn die ganze Zeit sehen können. Während er Staudämme baut, suchen wir Kleinholz für unser Lagerfeuer. Nachmittags, wenn wir unser Lager zeitig aufschlagen, verbringen die Kinder ihre schönsten Stunden. Dann können sie nämlich noch vor der frühen tropischen Dunkelheit die Umgebung auskundschaften. Nach dem Essen sitzen wir am Feuer. Ida gräbt im Sand, und Nina und Emil spielen Schule. Sie streichen den Sand glatt und schreiben mit einem kleinen Stock Buchstaben hinein. Emil kann schon ein wenig schreiben. Danach wird gerechnet. Ich sitze und lese in unserem Reisehandbuch. Die Gedanken wandern hierhin und dorthin, kehren aber immer wieder zu Emil und Ida zurück. Welch großartiges Erlebnis, die Welt zusammen mit ihnen kennenzulernen! Schade, daß so viele Menschen glauben, Kinder seien ein Hindernis, wenn man weiter als bis zur Costa del Sol reisen will. Dabei sind sie eine unschätzbare Hilfe beim Kennenlernen von fernen Orten.

Idas Zehennagel ist, nachdem sie sich vor einiger Zeit gestoßen hat, abgefallen, aber sie beklagt sich nicht. Sie ist wirklich tapfer.

Am Nachmittag erreichen wir das kleine Dorf Huallanca. Dort holt ein Wasserkraftwerk Energie aus dem Santa-Fluß und transportiert sie tief in das Gebirge. Die Hochspannungsleitungen ragen senkrecht in die Luft und verschwinden hinter den Bergkämmen.

Die Straße scheint hier zu enden. Nur ein Kiesweg windet sich hinter dem Ort in engen Haarnadelkurven weiter hinauf. Der Fluß stürzt hier direkt aus dem Felsen, und wir folgen ihm mehrere hundert Meter zu einem schmalen Cañon mit dunklen, stillen Wänden. Hier gibt es kein Geländer, nur steinige Kurven am gurgelnden Abgrund. Der Weg wird immer schmaler, und allmählich haben wir den Eindruck, zwischen Fluß und Himmel zu schweben. Immer wieder werden wir von Tunneln verschluckt. Die Augen können sich gar nicht so schnell an die Dunkelheit gewöhnen, die von den Hondas nur spärlich ausgeleuchtet wird. Das Wasser rinnt von der Decke, und der Kiesweg verschwindet in Schlammkuhlen zwischen großen Steinen und rohem Fels. Einmal werden wir von einem entgegenkommenden Bus dermaßen geblendet, daß wir die Motorräder an die Felswand drücken müssen. Der Bus rattert wie ein Sinnbild für die Fahrt in die Hölle an uns vorbei.

Nina ist ein paar Tunnel hinter mir. Wir sehen uns, wenn wir um die offenen Kurven herumfahren. Aber dann kommt sie auf einmal nicht mehr. Ich halte an und warte. Immer noch nichts! Mir bricht der Schweiß aus, und sofort habe ich die grausamsten Schreckensvisionen von Nina und Ida und dem Abgrund. Ich wende vorsichtig auf dem schmalen Weg und fahre zurück. Emil hat die Situation voll erfaßt und hält mit ängstlichen Augen nach seiner Mutter und seiner kleinen Schwester Ausschau. Einen Kilometer zurück steht ein Lastwagen in einer Kurve. Die Tür zum Fahrerhaus ist offen, und ich sehe den Fahrer draußen stehen und nach etwas schauen. Das Herz rutscht mir in die Stiefel, und ich bereite mich auf einen Schock vor. Ich werfe das Motorrad fast um, als ich Nina entdecke. Sie ist zwischen dem Motorrad und der Bergwand eingeklemmt. Sie winkt und lacht mir aufmunternd zu. „Nichts passiert", ruft sie.

Sie hat Ida heruntergehoben. Der Fahrer ist jetzt bei ihr und hilft, die Honda aufzurichten, damit Nina freikommt. Nervös fragt er, was geschehen sei. Nina beruhigt ihn. Sie ist okay. Ida ist auch nichts passiert, und nicht einmal das Motorrad scheint etwas abbekommen zu haben.

Nina war mitten in der engen Kurve auf den Lastwagen getroffen. Sie hatte dem Fahrer ein Zeichen gegeben, daß sie links überholen wolle, damit sie nicht an der Seite zum Abgrund hin am Lastwagen vorbeifahren müsse. Er hatte ihr Zeichen verstanden, aber der Weg war einfach zu schmal. Mit der Ladefläche hatte er die Honda gerammt und sie gegen den Felsen geworfen. Es war alles ganz langsam vor sich gegangen, und keiner hatte Schaden genommen. Gott sei Dank!

Es dämmert bereits, als wir den Cañon del Pato verlassen und nach Süden ins Callejon de Huaylas abbiegen. Die Sonne ist untergegangen, und das Tal liegt im Dunklen. Nur zwei Gipfel glühen schwach rosa über der Dunkelheit. Wir blicken hinauf zum leuchtenden Schnee. Es ist, als ob die Sterne auf Besuch gekommen sind. Dann schwindet das Licht. Die kalte Nacht senkt sich auf uns. Wir müssen einen Platz zum Schlafen finden. Es ist nicht leicht, aber schließlich liegen wir im Zelt – an einem Abhang, den wir notdürftig von Steinen und Kakteen gesäubert haben. Wir sind steif vor Kälte und Staub, aber unsere Seelen sind übervoll von der gewaltigen und phantastischen Natur Perus.

Am nächsten Tag fahren wir an süß duftendem, blühendem Ginster vorbei. Das dichtbesiedelte Tal, das wir durchqueren, ist von Bergen mit grünen Feldern umgeben. Von den beiden höchsten Gipfeln Perus, dem Huascarán und dem Huandoy, leuchten die weißen Schneefelder aus einer Höhe von 7000 Metern zu uns, die wir 4000 Meter tiefer unterwegs sind, herab.

Callejon de Huaylas war das Zentrum eines furchtbaren Erdbebens, das Peru 1970 traf. Zwei Dörfer im Tal sind begraben worden. Deshalb sehen wir heute nur neue Blechdächer auf den alten Mauern. Die ärmsten Hütten sind immer noch ohne Dächer. An einer Stelle stehen drei barfüßige Männer und formen Bausteine. Eine Mischung aus Tonschlamm und Stroh wird in Holzformen geschaufelt und zum Trocknen in die Sonne gestellt. Das ist das universelle Baumaterial in Peru.

An der Straße wandern Frauen entlang und spinnen Wolle mit Handspindeln. Sie haben geflochtene Körbe am Arm und Kinder auf dem Rücken, die in bunte Decken gebunden sind. Die Frauen kleiden sich in faltenreiche, handgewebte Röcke, meist rot mit weißer Passe. Dazu tragen sie blaue oder grüne Pullover und hohe Strohhüte, blendend weiß wie die Berge.

In Huaraz kaufen wir ein. Später schlagen wir an einem sprudelnden Bach die Pflöcke für unser Zelt in die Erde. Das einzige Brennholz, das wir finden können, sind kleine Büsche, und weder Beschwörungsformeln noch Benzin können sie zum Brennen bringen. Kein warmes Essen heute!

Die Sonne ist aufgegangen und hüllt die Berge in verschleierndes Gegenlicht. Es ist der 1. Mai. Ich lehne an einem alten Steinwall und blicke zum ewigen Schnee der Cordelliera Blanca hinauf. Emil

203

Bei Callejon de Huaylas haben wir einen Lagerplatz mit einer traumhaften Bergkulisse

und Ida sammeln Steine und bauen ein kleines Haus, das heißt nur die Grundmauern. Der Rest ist ein prachtvolles Luftschloß. Ida nimmt ihren Schlafsack und legt ihn mitten im Schloß auf die Erde. Sie liebt das Zelt und das Motorrad, aber ihr Schlafsack ist ihr richtiges Zuhause.

Ich kaue auf meinem Bleistift. Er wirft fast keinen Schatten auf dem Papier. Die Sonne steht genau über uns. Ihr grelles Licht erweckt den Eindruck, daß der Schnee in der eiskalten Luft brennt.

So wie heute habe ich mir den 1. Mai nie vorgestellt. Keine Reden, kein Bier und keine alten Freunde, sondern viele tausend Kilometer der dritten Welt unter der Haut.

Ida erwacht aus ihrem Mittagsschlaf, und Emil und Nina kommen vom Bach herauf. Wir essen ein wenig, dann setzt sich Nina mit ihrem Tagebuch an den Steinwall. Wir anderen binden uns mit einem Seil aneinander und klettern den Steilhang hinter dem Weg bis dorthin hinauf, wo die braune, windige Hochebene beginnt. Ein kleiner Bauernhof liegt zusammengekauert in der Ebene. Nina genießt derweil die Ruhe im späten Nachmittagslicht und freut sich, als wir mit einer blauen Lupine für sie wieder zurückkehren.

Am nächsten Tag fahren wir weiter gen Süden. Wir haben eine Hochebene mit weißen Eisgipfeln hinter kalten Sümpfen erreicht. Der Santa ist jetzt nur noch ein Bach. Mit frierenden Nasen fahren wir in 4100 Meter Höhe über den Paß. Hier liegt der Lago Conococha voll von Algen in intensivem Rot und Grün. Auf der feuchten Ebene reiten Hirten hinter zotteligen Kühen her.

Plötzlich hören wir Musik. Ein kleiner Umzug kommt uns entgegen. Voran reitet ein Mann mit einem Pferd, dahinter folgen neun Männer. Sie tragen Sandalen, braune Hosen und Ponchos, schwarze Hüte, die mit weißen und roten Blumen, Perus Nationalfarben, geschmückt sind. Die ersten drei Männer halten Stricke in ihren Händen, die sie in einem flotten, steppenden Tanz vor und zurück schwingen. Sie drehen sich, machen einen Schritt zur Seite, einen nach vorn und wieder zu Seite. Ihnen folgen sechs Musikanten. Ein Saxophon, eine Violine, Tamburine, Flöten und eine wehmütig klingende Harfe, die ein Mann auf seinen Schultern trägt. Das Instrument ist fast genauso groß wie er selbst. Die Saiten schlägt er vor seinem Gesicht an. Ganz am Ende folgen die Flötenspieler, mit großen blauen Bändern über Kreuz vor der Brust, die mit goldenen Medaillons verziert sind. Die Musik ist verhalten und melodiös, mit einem immer wiederkehrenden Thema.

Wir sind beeindruckt und erstaunt. Der Umzug setzt seinen Weg fort, allein unter dem grenzenlosen Himmel. Wo kommen sie her? Wo wollen sie hin? Bis zum nächsten Dorf sind es etliche Kilometer. Sie verschwinden hinter einem Hügel. Die Musik klingt immer leiser zu uns herüber. Dann taucht der Zug auf dem nächsten Hügel wieder auf. Die Männer tanzen immer noch und verschwinden wieder.

Lima liegt in einer schrecklichen Gegend – in einer brütendheißen Wüste am Rand des Pazifiks, von dem die blauen Nebel des Humboldtstroms hereintreiben.

Schon viele Kilometer vor der Stadt beginnt sich das Slumviertel an den kahlen Wüstenhängen zu verdichten. Die Hütten gehen in den Sand und die braunen Abhänge über. Hier, außerhalb der Stadt, können die Armen nachts einen Streifen Wüste für einen neuen Schuppen erobern. Am Rande des Slums sind die Hütten noch aus Strohmatten und flachgeschlagenen Blechdosen. Zur Mitte hin bestehen sie dann aus festerem Material. Jeden Stein haben sie auf den Müllplätzen gesammelt. Ganz unten an den steilen Bergwänden, unten auf dem flachen Land, beginnen die Geschäfte, die gestrichenen, zweistöckigen Betonhäuser, Straßenlaternen und Busse.

Am Rimac-Fluß halten wir. Wir sind ins Zentrum gekommen. Vor uns liegen die spanischen Paläste und die amerikanischen Wolkenkratzer. Auf der andern Seite des gelben, stinkenden Flusses liegt ein kleiner Berg, ein armseliger Ameisenhaufen mit einem Kreuz auf der Spitze. Am Fluß liegt ein Müllplatz aus Strohhütten. Das Haus neben mir ist eingestürzt. Während ich es fotografiere, höre ich plötzlich, wie sich ein Mann in der Ruine räuspert. Erst jetzt entdecke ich, daß das Haus nicht nur ein großer Haufen von Steinen ist, sondern daß dort Löcher gegraben sind und

Zufahrtsstraße nach Lima. Werbung für ein besseres Leben an einem Müllplatz, auf dem die Ärmsten noch etwas Brauchbares zu finden hoffen

kleine Blechtüren vor die Schächte gesetzt sind. Ein Mann hält mit seinem Mofa an und fordert Nina auf, weiterzufahren. Dies sei kein gesunder Ort.

Es ist Sonntag, und in allen Seitenstraßen spielen junge Männer Fußball. Gegen Abend kommen wir zu einem riesigen Marktviertel. Alles wird in den überfüllten Gassen verkauft. Die Menschen drängeln sich zwischen Eß- und Trinkbuden, den Verkaufsständen. Frauen bieten lebende Hühner feil, andere verkaufen alte Zeitschriften, die auf dem Bürgersteig ausgebreitet sind. Überfüllte Busse bahnen sich ihren Weg durch Kohlköpfe und alte Kleidungsstücke. Es stinkt, und es ist unsagbar laut. An einer Stelle sitzen nur Flickschuster: Nähmaschine an Nähmaschine mit kleinen Stapeln Lederresten und zehn Dosen Schuhwichse daneben. Die kommen uns wie gerufen, denn Ninas Stiefel sind völlig zerschlissen. Die Reißverschlüsse sind kaputt, und die schlotternden Schäfte werden nur noch von zwei Schnüren zusammengehalten. Hier in Peru kann sie keine ordentlichen Stiefel bekommen, und ihr zweites Paar haben wir schon wegschmeißen müssen. Nina verhandelt mit einem der Schuster, dann zieht sie die Stiefel aus. Schnell sind wir von einer Menge von Leuten umgeben, die uns anstarren und an unseren Sachen herumfummeln. Nina steht beim Schuster. Er muß jedesmal erst gesagt bekommen, was er jetzt machen soll. Ich hänge den Sturzhelm an den Lenker und nehme Ida auf den Arm. Emil will sich etwas umschauen, aber mehrere Leute warnen mich. Sie sagen, daß er nicht alleine herumgehen soll, weil er sonst schnell entführt werden könnte. Ich finde das etwas übertrieben, aber sie sagen es mit tiefem Ernst, so daß ich Emil zurufe, er soll in der Nähe der Motorräder bleiben. Die Menschentraube ist so groß und dicht, daß sich die hinteren nach vorne drängeln und stoßen, um zu sehen, was es da gibt. Ich muß die Motorräder wie bei einem Sturm festhalten, damit sie nicht umfallen. Und der Schuster ist immer noch mit dem ersten Stiefel beschäftigt.

Die Straßenlaternen gehen an, die Buden werden allmählich geschlossen, und der ganze Markt scheint jetzt zu den komischen Touristen hinzutreiben. Die Leute sind freundlich und lachen. Wir sind für sie fremd und interessant. Aber ganz plötzlich könnte die Stimmung umschlagen. Ich spüre unterschwellig die lebenslange Frustration, die leise Wut der Armen, die sich langsam Platz schafft. Einige warnen uns. Sie meinen, daß es für uns zu gefährlich sei, hierzubleiben. Das Gepäck könnte gestohlen werden, wenn nicht noch Schlimmeres. Aus den Augenwinkeln sehe ich andere auf dem Sprung stehen, unsere Sachen zu ergreifen, sobald ich einen Moment nicht aufpassen sollte. Das Spannungsfeld ist noch nicht ganz zusammengezogen. Noch stehen wir unter dem Schutz der Menge, die aufpaßt, daß nichts verschwindet. Ich merke, daß es darum geht, keine Angst zu haben, keine Angst zu zeigen. Da ist einer, der unauffällig versucht, meinen Sturzhelm zu stehlen, und kurz darauf will eine Frau Ida, die auf meinem Arm sitzt, die Stiefel ausziehen. Gott sei Dank sind sie mit einem Gummi festgebunden. Der freundliche Schutzwall um uns bröckelt ab. Die größeren Jungen beginnen sich zuzurufen. Die Stimmung ist an der Grenze zwischen Freundlichkeit und Bösartigkeit. Bald kann der Funke überspringen.

Der Schuster verlangt jetzt doppelt soviel Geld für den zweiten Stiefel – und zum ersten und einzigen Mal fühle ich mich erleichtert, als Polizei kommt. Die zwei Polizisten ziehen ihre Pistolen und treiben die Menschenmenge auseinander. Die Menschen respektieren die Pistolen, aber ich habe plötzlich das Gefühl, verloren zu haben. Wir sind unter dem Schutz der Polizei bei der besitzenden Klasse gelandet. Wir müssen unbedingt weg von hier. Ich rufe Nina zu, ob der unfähige Schuster nicht bald fertig ist. Er gibt sein Bestes, während die Polizei uns die Leute vom Leibe hält. Endlich ist der Stiefel fertig. Die Spannung löst sich. Wir winken der Ansammlung zum Abschied zu und verschwinden in der Nacht. Vor uns blinkt Limas Kreislauf von Hotels und Bars.

Am nächsten Tag halten wir am Nachmittag in einem Park mitten in Lima unseren verdienten Mittagsschlaf. Während verliebte Paare auf dem Gras herumrollen, trotten Straßenhändler auf dem Bürgersteig vorbei. Stumme Reihen von barfüßigen Händlern haben ihre Waren auf den Platten ausgebreitet. Die Frauen sehen nach den viel zu vielen Geburten abgearbeitet und verhärmt aus. Den ganzen Tag sitzen stille Kinder neben ihren Müttern und schauen demütig auf die Vorbeigehenden. Nachts wird die Ware eingepackt, und die Familie legt sich daneben auf den Bürgersteig.

Im Park gehen die Zärtlichkeiten weiter. Ich finde das ganz amüsant, aber Nina bemerkt trocken, daß sie sich über all diese Romantik wundert. Sie brauchen doch nur auf den Bürgersteig zu blicken, um ihre eigene eheliche Zukunft vorbeiziehen zu sehen . . .

Im Norden Perus trafen wir zufällig Poul, einen Landsmann, der mit seiner Familie in Chosica lebt. Er sagte, wir sollten vorbeischauen, wenn wir nach Lima kämen. Nun wollen wir ihn besuchen.

Der Strudel der Hauptverkehrszeit saugt uns ein. Er wird zu einer Flutwelle, die durch die Straßen schwappt. Die Straße, die aus Lima herausführt, schneidet direkt durch eines der großen Slumviertel. Meine Güte, welch ein Verkehr! Straßenhändler, Betrunkene, Kinder, Lastwagen, Busse und schrottreife amerikanische Schlitten schäumen aus den holprigen, unbeleuchteten und unübersichtlichen Gassen, die voller stinkendem Abfall sind. Ganz plötzlich stehen Polizisten mit weißen Handschuhen auf der Kreuzung und blasen sich mit ihren verchromten Trillerpfeifen die Lunge aus dem Hals. Ich kann nicht begreifen, wie sie sich das trauen. Autos und Busse setzen ihr Rennen jedoch ohne zu zögern fort. Lastenträger ziehen schwere Karren hinter sich her, und auf der nächsten Kreuzung torkeln betrunkene Besucher eines Vergnügungsparks herum. Außerhalb der Stadt wird es sogar noch schlimmer. Die Durchschnittsgeschwindigkeit beträgt hier 100 km/h, und das Straßenlicht ertrinkt in der trüben Nacht. Kinder, Bauern, Busse, Autos, Karren, Penner und Säufer tummeln sich in der Dunkelheit auf der Straße. Überraschend tauchen unmarkierte Umleitungen, Baustellen mit gähnenden Schächten und herausragenden Eisenstangen aus der schwefelgelben Nacht auf. Es sind fünfzig Kilometer bis nach Chosica. Wir sind erst verärgert und dann erleichtert, als eine Frau uns aus ihrem Auto an die Straßenseite winkt. Es ist Else, Pouls Frau. Sie will das letzte Stück durch das teure Villenviertel vor uns her fahren.

Dann stehen wir in ihrer Villa mit Swimmingpool, Außenbar, Gästehaus und Bediensteten, die um uns herumhuschen. Alle Zimmer sind voll mit dänischen Möbeln und kostbaren Nippes, völlig frei von jeglicher schweren Kultur. In den Regalen stehen keine Bücher, sondern unnütze Gegenstände, die den Wohlstand unterstreichen sollen. Es ist eine gelungene Präsentation von wirtschaftlichem Erfolg. Poul bietet uns sofort etwas zu trinken an, und wir genießen die behagliche Umgebung. Poul und Else sind sympathische Menschen. Sie strahlen ein Gefühl von Geborgenheit aus. Sie haben es geschafft, ihr Leben auf eine einfache Formel zu bringen, und die lautet: Geld verdienen. Ich glaube nicht, daß sie von einer borniertten Geldgier getrieben werden, aber sie sind imstande, sich ein Leben zu schaffen, in dem alles klare Linien hat, gerade hier in Peru, wo sie fremd sind. Ein Leben ohne Zweifel, aber, genau besehen, auch ein Leben in vollständiger Isolation.

Sie haben einige reiche Peruaner als Bekannte, aber die Armen in der Stadt, ganz zu schweigen von den Bauern in den Bergen, könnten genausogut auf dem Mond wohnen. In Lima gibt es eine dänische Kolonie von dreißig Familien. Die achten genau auf Einladungen zu Festen und Cocktailpartys, ob zum Tag der Befreiung oder zum Geburtstag der Königin.

Der Wind schlägt uns entgegen und sticht uns mit Sandkörnern. Es gibt hier Hochspannungsleitungen quer durch die Wüste und Asphalt auf der Straße. Am Rand liegen verrostete Auspufftöpfe und geplatzte Reifen. Draußen im Sand sehen wir die Reste einer Hühnerfarm mit wehenden Plastikplanen. Das ist das einzige, was an eine produktive Tätigkeit erinnert.

Es ist nicht besonders warm, und der Sand läßt mich an Schnee denken. Plötzlich wird die monotone Wüste unterbrochen, und rechts und links tauchen Felder auf.

Ganz im Grünen liegen eine Tankstelle und ein Restaurant. Wir parken neben bunten Lastwagen. Das Restaurant besteht aus einem großen Raum mit Betonboden und weißen Wänden. An kleinen Tischen sitzen ein paar Männer und trinken Bier. Wir bekommen *pollo grisado* – gebratenes Huhn – serviert, was ganz gut schmeckt. Eine halbe Stunde ruhen wir uns aus, dann gehen wir hinaus, um weiterzufahren. Ich kehre noch einmal um. Will nach dem Weg fragen. Erst glaube ich, daß die Männer im Restaurant Lastwagenfahrer sind, aber sie erzählen mir, daß sie Kollektivbauern aus der Gegend seien. Sie laden mich auf ein Bier ein, und ich setze mich zu ihnen und beantworte ihre Fragen nach dem Land, aus dem ich komme. Nach kurzer Zeit kommen Emil und Ida zu mir. Ich finde es etwas merkwürdig, daß Nina nicht mitkommt. Das Gespräch geht weiter, und ich erkläre, so gut ich kann, wie die dänische Landwirtschaft funktioniert. Die Kollektivbauern sind nett, und es ist interessant, etwas über ihr Leben zu hören.

Wir haben vielleicht zwanzig Minuten zusammen gesessen, als

Nina mit einem wütenden Gesicht hereinkommt und fragt, weshalb ich sie, zum Teufel, draußen sitzenlasse! Sie ist sauer, und nur wegen der Bauern, die aussehen, als seien böse Frauen ihnen wohl vertraut. Nina zischt mir zwischen den Zähnen zu, daß ich sie ruhig hätte fragen können, ob sie nicht auch ein Bier trinken wolle. Ich verabschiede mich eilig von den Männern und gehe nach draußen. Ich merke, daß Nina nicht nur sauer ist, sondern auch traurig. Sie ist den ganzen Tag wütend, und ich weiß, daß das Problem tiefer sitzt. Alle wenden sich hier an mich, den Mann, und unterhalten sich nur mit dem Familienoberhaupt. Nina muß kämpfen, um auch beachtet zu werden, um auch ein Wort sagen zu dürfen. Weder Frauen noch Männer erwarten hier, daß die Frau etwas sagt, wenn der Mann danebensteht. In einer so von Männern dominierten Gesellschaft ist es schwer, gleichberechtigt zu sein. Natürlich ist Nina nicht über die peruanische Frauenunterdrückung traurig, sondern darüber, daß ich sie auf gewisse Weise im Stich gelassen habe. Es geht allein um unser Verhältnis zueinander.

Am selben Abend schreibt Nina in ihr Tagebuch: „Nachdem wir in einem Restaurant gut zu Mittag gegessen haben, gehen wir nach draußen, um weiterzufahren. Ich ziehe Ida an. Noch bevor ich meine eigene Jacke und meinen Helm anziehe, bin ich in Schweiß gebadet. So ist es fast immer, doch wenn wir erst fahren, wird es sofort besser. Wir wollen gerade starten, da kommt Hjalte auf die Idee, doch lieber die Lastwagenfahrer, die drinnen im Restaurant sitzen, zu fragen, wie der Weg weitergeht. Ich sitze schon – Ida vor mir auf dem Motorrad – und warte. Drinnen scheint es zu dauern. Sollen wir absteigen und die Klamotten wieder ausziehen? Nein, das lohnt sicher nicht. Es ist zu anstrengend in dieser Hitze. Warum dauert das denn so lange? Hjalte weiß doch, daß wir hier sitzen und warten. Warum beeilt er sich nicht? Was machen die eigentlich? Ich lausche. Nein, nein, nein! Das kann doch nicht wahr sein! Da sitzt Hjalte und erzählt von der dänischen Landwirtschaft und der Genossenschaftsbewegung um die Jahrhundertwende.
Ich weiß, daß er nicht verrückt geworden ist. Es ist eine Art, mich zu behandeln, die er ganz in Ordnung findet. Ich weiß nicht, ob ich

verzweifeln oder rasend werden soll. Vielleicht sollte ich einfach nach Hause fahren. Ich überlege es ernsthaft, denn hier helfen keine Worte. Ich weiß genau, daß Hjalte mir gleich erzählen wird, daß es mein Fehler sei, daß ich hier sitze und schwitze. Ich werde ihm nicht erklären können, was mich so traurig macht, denn er lacht in solchen Situationen immer so dämlich. Wenn andere Leute dabei wären, wäre es ein leichtes, sich über den Verrückten da drinnen lustig zu machen, der es nicht für nötig hält, uns Bescheid zu geben – aber es ist schwer, hier alleine zu stehen. Oh, wie ich jetzt ein paar Frauen vermisse, mit denen ich reden könnte!

Ich überlege das Ganze noch einmal. Wenn ich jetzt nach Hause fahre, wäre das nicht nur das Ende der Reise, sondern auch das Ende unserer Beziehung. Die Kinder ohne Vater! Bei dem Gedanken

Die Wüste erstreckt sich mehrere tausend Kilometer entlang der pazifischen Küste. Nicht weit vom Strand schlagen wir unser Lager auf

fühle ich mich ganz leer. Alle unsere schönen gemeinsamen Erlebnisse, unsere beiden Wunschkinder, die kalten Winternächte in Christiania unter einer Decke, unsere Reise. All das zählt mehr als eine kurzzeitige Wut. Aber irgend etwas ist anders an dieser Situation hier. Ich bin traurig und niedergeschlagen, weil wir nicht gleich sind. Wie soll ich jemals gleichberechtigt sein, wenn ich um die kleinsten Sachen kämpfen muß und mich für Bagatellen verausgabe? Ich fühle einen Schmerz, weil ich etwas von meiner Liebe zu Hjalte verloren habe – aber nur ein kleines bißchen."

Wir müssen uns vom Pazifik verabschieden. Ziemlich langsam fahren wir nebeneinander her. Nina kuppelt aus und reicht mir die Hand. Der glühende Asphalt rollt unter uns weg. Emil und Ida strecken ihre Arme aus. Wir halten uns alle vier bei den Händen. Die Kinder jauchzen und hopsen herum. Dann halten wir an und drehen uns noch einmal um, um einen letzten Blick auf das Wasser, das draußen in der Dämmerung liegt, zu werfen.

Seit wir Nordamerika durchquert haben und es draußen im Dunst hinter Los Angeles haben liegen sehen, haben wir 55 Breiten- und 49 Längengrade an dieser Küste hinter uns gebracht. Jetzt werden wir nach Osten abbiegen und Südamerika an seiner breitesten Stelle durchqueren. Wir rechnen damit, in ungefähr zwei bis drei Monaten etwas südlich von Rio de Janeiro auf den Südatlantik zu stoßen. Es ist eine lange Strecke. Ich überlege, wie es um uns stehen wird, wenn wir das Meer wiedersehen. Es darf auf dem letzten Stück kein Unglück geschehen. Wir müssen uns anstrengen. Emil und Ida sollen unversehrt nach Hause kommen.

Der Pazifik verschwindet, und wir fahren in eine windzerzauste, verstaubte Stadt. In einem Geschäft gibt es peruanische Oliven, und die Straßenhändler verkaufen Pisco und billigen Wein. Mit hundert Stundenkilometern fegen silberglänzende Fernreisebusse hupend durch die Stadt – auf dem Weg nach Santiago de Chile. Kinder und Tiere springen in Sicherheit. Wir fahren weiter, bis die Lichter der Stadt aufhören. Dann biegen wir in die Wüste ab. Nach ein paar Kilometern entdecken wir eine Mulde, in der wir unser Zelt aufschlagen können. Ida ist schon in der Stadt eingeschlafen und

Ida und Emil teilen sich am Strand von Paracas (Peru) eine Orange

nicht wieder aufgewacht. Nina legt sie ins Zelt und zieht ihr vorsichtig die Stiefel und die staubige Jacke aus.

Ins Zelt zu kommen ist wie in eine andere Welt zu treten, in eine Welt aus Wärme, Frieden und Geborgenheit. Wir krabbeln darin mit unserer Petroleumlampe herum, umsorgen Emil und Ida, bis wir alle gut und warm liegen. Durch das dünne Zelttuch dringen die Laute der Wüste zu uns. Es ist wie eine Zelle, eine Membran, die uns einhüllt. Unsichtbar liegen wir in unserer kleinen Kammer in dem großen Schneckenhaus der Nacht.

In 4000 Meter Höhe sehen wir die ersten Lamas. Da stehen sie, ziemlich groß, weiß und braun, mit schlankem Hals, großen ausdrucksvollen Augen und wachsamen Ohren mit hellroten Rändern. Sie nehmen keine Notiz von uns, aber für uns sind sie ein großes Erlebnis. Es ist, als ob wir erst jetzt, wo wir auf die Lamas treffen, richtig nach Südamerika gekommen sind. Wir haben mehrere Tage nach einem guten Platz Ausschau gehalten, um unsere Wäsche zu waschen. Jetzt endlich entdecken wir einen Bach unten an einem Abhang. Wir rattern den Berg hinunter. Die Sonne ist zwar warm, doch an schattigen Stellen liegt Eis. Nina beginnt zu waschen, und ich staple Steine unter die Motorräder. Die Vorderreifen müssen gewechselt werden, weil der Weg so schlecht ist, daß wir nicht länger mit den abgefahrenen Reifen fahren wollen. Die Reservereifen haben wir seit Panama, und es wird eine Erleichterung sein, sie endlich aus dem Gepäck zu haben. Das Wechseln dauert lange. In der dünnen Luft kann ich nur langsam arbeiten. Ida ist von dem Reifenwechsel ganz begeistert und hält das Werkzeug für mich. Emil hilft beim Aufpumpen, und ich erkläre ihm, warum die Pumpe warm wird. Er hat auf der Reise viele physikalische Gesetze kennengelernt.

Wir spannen unsere Wäscheleine zwischen die Motorräder und hängen die Wäsche zum Trocknen auf. Ninas Hände sind vom Schmelzwasser im Bach ganz steif geworden, und das wird unsere Wäsche leider auch. Wir brauchen den ganzen Tag für unsere Arbeit. Die Schatten sind pechschwarz geworden, und wir klappern vor Kälte mit den Zähnen, als wir endlich wieder auf dem Weg sind.

Er wird immer holperiger, und Ida ist unzufrieden. Sie verkrampft sich und fängt an zu weinen. Wir können das nächste Dorf heute nicht mehr erreichen, und nicht einmal ein kleines Restaurant hat uns unser Glücksstern an den Weg gelegt. Vor zwei Hütten sitzen unbeweglich und stumm Indianer und betrachten den Sonnenuntergang. Ich friere und denke, daß sie das sicher auch tun. Wir steigen höher und höher und folgen dem bleichen Sonnenschein, der die langen Hänge hinaufkriecht. Schließlich erreichen wir die Lagunas Yaurihuiri, fünf tiefblaue Seen, die mit flüssigem Silber überzogen und zwischen ferne Schneegipfel gespannt sind. Nina bekommt schlimmes Seitenstechen und muß sich an den Straßenrand legen. Wir beschließen, das Lager hier aufzuschlagen, obwohl wir sehr weit oben sind. Nach ein paar Minuten ist Nina wieder auf den Beinen. Wir verlassen die Straße und kriechen einen Hügel hinauf. Dort finden wir eine Plattform für unser Zelt – in einer Höhe von 5000 Metern. Von hier können wir in alle Himmelsrichtungen schauen, sehen aber weder ein Haus noch irgendwelche Menschen. Um uns ist nichts als Kälte und dünne Kristalluft. Vergeblich versuchen wir, die Zeltpflöcke in die steinige Erde zu schlagen. Es ist dunkel geworden, die Kinder frieren und weinen. Die Milchstraße ist am Himmelsgewölbe festgefroren. Schließlich binde ich das Zelt an den Motorrädern fest, und wir können uns endlich dem eiskalten Wind entziehen.

Die Temperaturen fallen. Emil und Ida werden mit all ihren Sachen in die Schlafsäcke gepackt. Ich setze mich unter das Vorzelt und stelle aus unseren letzten Haferflocken, Kakao und Wasser vier kleine Kugeln her. Sie schmecken sonderbar, aber die Kinder essen sie trotzdem und verkriechen sich dann in ihren Schlafsäcken. Ich ziehe den Reißverschluß zu, und wir machen das Licht aus. Es dauert lange, bis Idas Zehen warm sind. Wir rücken ganz eng zusammen und lauschen dem Wind, der über die Ebene saust.

Mitten in der Nacht wacht Emil plötzlich auf und klagt. Noch bevor wir etwas tun können, erbricht er sich. Mir ist von der Höhe auch übel, und das wundert mich etwas, da wir uns schon mehrere Tage über 3000 Meter aufgehalten haben. Unser Wasser ist gefroren, doch Nina kann Emils Schlafsack trotzdem notdürftig

In 5000 m Höhe ist die Luft klar und dünn und die Straße teilweise mit Eis bedeckt

reinigen, und wir legen uns wieder hin. Unser Atem bleibt als Eis an der Zeltbahn hängen. Wir sehnen uns nach der Morgensonne . . .

An einem sumpfigen See liegen zwei braune Lehmhäuser mit glänzenden Dächern. Es ist das Dorf Negro Mayo. In dem einen Haus gibt es Essen. Wir bekommen das Übliche: ein Spiegelei, ein kleines Stück Fleisch und Reis. Es gibt hier keine Heizung, und die Kälte der Nacht kommt jetzt aus den dicken Wänden und dem Erdboden gekrochen. Die Frauen frieren. Sie tragen zwar gefütterte Röcke, doch ihre nackten Beine stecken in dünnen, spitzen Gummi-schuhen, in denen hier alle Frauen gehen. Vor dem Haus hält ein Lastwagen, und Leute versammeln sich um eine große Waage. Der Wollkäufer ist da. Nina fragt, was für die Wolle gezahlt wird. 90 000 Soles – etwa zwölf Mark – pro Kilo. Die Hirten berichten uns, daß sie die Lamas nur jedes zweite Jahr scheren können. Viel Geld kann man damit also nicht verdienen. Und Ackerbau kann man hier oben ganz vergessen.

Wir sind mehrere Tage durchgefahren. Eines Vormittags wendet Emil sich zu mir um und deutet an, daß er Durst hat. Ich bin müde, der Hintern ist durchgesessen, und der Hals ist auch trocken. Unten im Tal sehen wir einen Kirchturm und Dächer. Wir nähern uns dem Ort, und ich beginne rechtzeitig nach einem Inca-Cola-Schild Ausschau zu halten. Über einer Tür entdecke ich eines. Nina ist direkt hinter mir und hält neben uns. Sie hat auch schon lange an Mittagessen gedacht. Wir heben die Kinder herunter und steigen ab. Während wir Emil und Ida helfen, die Helme abzunehmen, sehen wir uns um. Wo sind wir diesmal gelandet?

Das Dorf gleicht allen anderen. Neugierige Menschen nähern sich uns. Wir packen unsere Sachen und betreten das Restaurant. Es kommt mir vor, als wäre ich schon oft hier gewesen. Ich sehe dieselben kleinen Tische, die Untertasse mit *salsa picante* – eine sehr salzige Chilisoße –, das Glas mit Zahnstochern, die fettige Wachstischdecke und den Steinboden. An der Wand hängt der Kalender eines Mofa-Importeurs, geschmückt mit einer barbusigen weißen Frau.

Wir bestellen unser Essen und bekommen zum Trinken dieselben

Den ganzen Tag lang sitzen die Frauen mit ihren Kindern auf der Straße, um ihr Gemüse zu verkaufen

Inca-Colas wie immer. Die Wirtin schätzt mich auf Fünfzig und will es nicht glauben, als ich darauf bestehe, erst siebenundzwanzig zu sein. Als ich mich im Spiegel sehe, fällt es allerdings auch mir schwer, zu glauben, daß das graue und gefurchte Gesicht nicht einem alten Mann gehört. Es starrt nur so von Staub und Dreck – und um Himmels willen, wie sind Nina und die Kinder schmutzig!

Es gibt niemanden im Restaurant, der so dreckig ist wie wir. Die Leute sind alle sehr sauber, selbst die kleinen Kinder sehen immer frisch gewaschen aus. Wir gehen in den Hof. Dort steht ein Benzinfaß voll Wasser und ein Tisch mit einer Waschschüssel. Nachdem wir uns gesäubert haben, gehen wir wieder zurück. Wie gewöhnlich essen sich die Kinder schon halb an Brot satt, bevor das Essen kommt, das hier nicht von viel Einfallsreichtum zeugt. Der Salat ist der einzige Lichtblick. Aber wir haben noch kein Essen, das man uns hingestellt hat, stehenlassen.

Eine ziemlich gewöhnliche und stumpfe Mittagsstimmung: das Essen, die Gerüche, die Geräusche, draußen ein paar Jungen, die die Hondas betrachten, Emil, der langsam ißt und noch nicht fertig ist, Ida, die gewickelt werden muß. Es klingt alles banal, ist aber gerade deshalb so phantastisch.

Nach verschiedenen Flüssen und einigen Bergketten, nach spitzen Agaven und roter Erde kommen wir zum ersten großen Tal in Peru. Wogende grüne Flächen säumen die Straße. Wir sind zur Kornkammer des Inkareiches gekommen, und noch vor dem Abend werden wir am Nabel der Welt, in Cuzco, sein. Wir sehen Mais auf den Feldern, der wie zur Zeit der Inkas mit einer kleinen Sichel geerntet wird. Am Straßenrand laufen Männer mit großen Bündeln von Mais auf dem Rücken nach Hause. Die unzähligen Wanderungen vorangegangener Generationen mit schweren Bürden haben den Indios diese besondere Gangart gegeben: nach vorne gebeugt unter dem Gewicht der Last, in kleinen Schritten laufend, ohne die Füße anzuheben – so als müßten sie immer noch zu den königlichen Kornkammern des Inka nach Cuzco eilen.

Ich reibe den Staub aus den Augen und blinzle ein paarmal. Cuzco breitet sich mit seinen braunen Lehmhäusern und dunklen

Dächern vor uns aus. Wir können drei oder vier Kuppeln im Tal sehen. Cuzco bedeutet in Quechua, der Sprache der Inkas, Nabel. Es ist nur fünfhundert Jahre her, daß diese Stadt da unten die Hauptstadt eines der größten Reiche der Weltgeschichte war. Das Inka-Reich erstreckte sich von Ecuador im Norden bis nach Argentinien und Chile im Süden. Jetzt ist Cuzco eine Provinzstadt in einem Entwicklungsland.

In der kleinen Pension steht ein alter Fernseher. Der Vater sitzt den ganzen Tag auf seinem Stuhl davor. Wir müssen durch die Wohnstube, um in unser Zimmer zu gelangen. Die Mutter, die Tochter und die Großmutter sitzen auf einem Plastiksofa mit Schutzbezug und stricken, während der Fernseher läuft. Das Dienstmädchen wäscht in der Küche ab. Es ist fünfzehn Jahre alt, so wie die beiden Töchter der Familie, und arbeitet die ganze Zeit. Die beiden Mädchen gehen in die Schule. Der Vater ist fast taub, und der Fernseher ist voll aufgedreht, so daß man sich nicht unterhalten kann. Nach zwei Minuten beginnt das Bild zu flimmern, und der Vater ruft der Tochter zu, ihn schnell auszumachen. Sie springt auf und schaltet den hysterischen Fernseher ab. Nun ist doch etwas Unterhaltung möglich. Aber sie haben kaum angefangen zu reden, da ist der Fernseher schon wieder so weit abgekühlt, daß die Tochter ihn wieder anmachen kann. Wir springen mitten in eine Coca-Cola-Reklame und können gerade noch einen bestialischen Mord in New York sehen, bevor die Glotze wieder eine Pause machen muß. So setzt sich das Familienleben eine Stunde lang fort. Wir sind völlig kaputt und wanken in unser Zimmer. Die Familie bleibt ungerührt sitzen, schaltet an und schaltet ab. Vermutlich finden es alle sehr gemütlich.

Im Zimmer setzen Emil und Ida sich aufs Bett und schreiben Briefe und Postkarten. Sie machen es sich wirklich gemütlich. Emil zeichnet etwas auf die Rückseite der Briefe. Für den großen Bruder Max zeichnet er einen Papagei, der auf einem Ast sitzt und eine Papaya frißt. Ida geht in die Küche zum Dienstmädchen, die sich sehr nett um sie kümmert. Sie bekommt warme Milch, ein richtiger Luxus, und Ida genießt es. Sie sagt jetzt übrigens auch schon mal Bescheid, wenn sie mal muß, und erreicht es so, rechtzeitig auf den

In Südamerika müssen auch schon die Kinder arbeiten

Topf zu kommen. Jedesmal, wenn sie es sagt, regt sich in uns die Hoffnung auf Sauberkeit, aber es gibt immer noch einen Haufen von Windeln zu waschen.

Abends ist Cuzco kalt und dunkel. Ein klammer Nebel kommt von den Bergen und hängt sich um die schläfrigen Straßenlaternen. Die Temperatur liegt um den Gefrierpunkt. Trotzdem sitzen noch viele Straßenhändler mit ihren Lastfahrrädern oder einem kleinen Koffer, den sie auf dem Bürgersteig aufgeschlagen haben, draußen. Sie verkaufen Zeitungen, Kämme, Zigaretten und Süßigkeiten. Indianerfrauen verkaufen gebratene Speckschwarten, die ein paar

Männer in Jacken und Wollmützen im Stehen essen. Es ist kein Verkehr mehr auf den Straßen; die Stadt ist sehr ruhig.

Im Zentrum mit den vier teuren Restaurants ist etwas mehr Leben. Hier traben Touristen herum und versuchen, von allem das Beste zu bekommen. Vor den eindrucksvollen Inka-Mauern stehen kleine Bauersfrauen mit handgewebten Bändern und selbstgestrickten Pullovern und versuchen, die letzten Souvenirs des Tages zu verkaufen. Ihre Kultur wird vor die unermüdlichen Kameras von gehetzten Touristen gestellt, die auf der Jagd nach *the lost cities of the Andes* sind. In Cuzco herrscht eine triste, kommerzielle Stimmung. Nur Emil und Ida können uns noch ein Lächeln an diesem Abend abringen.

Nach Machu Picchu kann man nicht selber fahren. Wir müssen den Zug nehmen. Der orangefarbene Dieselzug hat große Abteile. Die Leute drängeln, um in die Wagen zu kommen, große Körbe und Pappschachteln werden hereingeschleppt. Irgendwo hält eine Mutter ihre kleine Tochter aus dem Fenster. Das Kind pinkelt auf den Bahnsteig, und die junge Mutter schaut verlegen weg, während alle anderen lachen.

Emil und Ida sind ganz begeistert, daß sie Zug fahren sollen, und quietschen vor Aufregung, als er sich endlich in Bewegung setzt. Wir schlängeln uns die Talseiten hinter Cuzco hinauf. Es geht im Zickzack vor und zurück. Einmal ist die Lokomotive vorne, ein anderes Mal hinten. Alle möglichen Händler schlagen sich mit großer Behendigkeit durch die Abteile. Ein Junge stellt sich an das eine Ende unseres Abteils und rezitiert todernst und theatralisch eine lange Passage aus der Bibel. Ein anderer Mann gibt fünf Lieder zum besten, die von einer unglücklichen Liebe handeln, so daß ihm die Tränen in den Augen stehen. Die Frau neben uns hat zwei große Körbe mit Deckeln drauf, aus denen es plötzlich wild zu gackern beginnt. Emil und Ida sperren die Augen auf, und die Frau lacht.

Auf dem Weg durch das Urubamba-Tal hält der Zug an unzähligen kleinen Haltestellen. In der Dämmerung warten Bauersfrauen darauf, in den Zug zu klettern und *tamales* – kalte Maisgrütze, die in ein Maisblatt gewickelt ist – und *papas rellenos* – gebackene Kartoffeln – zu verkaufen. Sie kommen mit großen Pfannen mit gebratenen Schweineköpfen, von denen man ein Stück kaufen kann. Es werden Käse und Früchte, *chocolos* – Maiskolben mit großen mehligen Körnern – und Limonade verkauft. Nach ein paar Minuten ist dieser hektische Handel vorüber. An jedem Trittbrett muß der Schaffner mit den Bauersfrauen kämpfen, damit der Zug weiterfahren kann. Nach hundertzwanzig Kilometern fahren wir dem Amazonasdschungel entgegen. Die Fahrt dauert länger als fünf Stunden, und Emil und Ida langweilen sich zu Tode, bis sie schließlich einschlafen. Die Gleise schlängeln sich wild am Urubamba-Fluß entlang. Oft können wir die Lokomotive weiter vorne in einer Kurve sehen – Flammen schlagen aus dem Schornstein. Nina ist seekrank geworden, so schaukelt und ruckelt der Zug. Rechtzeitig wecken wir die Kinder und wanken müde aus dem Abteil. Wir gewinnen das Rennen mit den anderen Touristen um ein freies Zimmer in den Blechschuppen von Agua Caliente.

Von unten, vom Fluß, kann man nichts von Machu Picchu sehen. Obwohl es viele Sagen um die heimliche Stadt der Inkas gab, in der sie, nachdem Cuzco 1532 erobert worden war, Zuflucht suchten, fanden die Spanier sie nie. Nur die Eingeborenen kannten sie. Viele Schatzsucher haben sie durchforstet, nachdem die Öffentlichkeit, das heißt europäische und nordamerikanische Zeitungen, sie 1911 kennengelernt hatten. In diesem Jahr war die Stadt durch einen Zufall von Hiram Bingham, einem jungen amerikanischen Forschungsreisenden, entdeckt worden.

Wir gehen den Pfad hinauf, und auf einem Felsvorsprung stoßen wir auf eine Mauer. Dort stehen zwei Häuser. Wir sind an die äußerste Verteidigungsmauer von Machu Picchu gelangt. Hinter uns steigt der Berg mit nur einem einzigen Pfad, der die Stadt mit der Umwelt verbindet, steil auf. Vor uns endet der große Bergsattel in einem fünfhundert Meter hohen Gipfel, Hauyna Picchu. Ein Labyrinth führt uns durch die Häuser der Wächter, und endlich sehen wir Machu Picchu.

Der Berg hat in der Mitte eine Mulde, so daß die große Steinstadt wie ein Amphitheater nach innen gewandt ist und sich nicht nach außen, zum Abgrund hin, öffnet, wie man es eher erwarten würde. Die charakteristischen hohen, spitzen Giebel – die Grasdächer sind schon lange verschwunden – beherrschen das Bild. Auf einigen großen Terrassen in der Mitte der Stadt stehen die Ruinen von Tempeln und eines Observatoriums. Die Tempel gleichen im Stil den anderen Häusern, sind aber aus riesigen Steinblöcken, millimetergenau zugehauen, errichtet, die ohne Mörtel zusammengehalten werden. Auf dem Hügel gegenüber den Tempeln liegen Wohnhäuser, Werkstätten und hinten am Fuß des Hauyna Picchu ein weiterer kleiner Tempel. Die Inkas kannten keine gebogenen Formen, und alle Räume sind klein mit trapezförmigen Fenstern und feinen Decksteinen.

Zwischen der Stadtmauer und den Häusern liegen Felder, schmale Terrassen mit Treppen, die in die Felsen geschlagen sind und senkrecht zum Urubamba-Fluß hinunter verschwinden. Der Ort ist genial ausgewählt. Die Inkas konnten ihren Adlerhorst leicht verteidigen. Es gab Wasser und gerade ausreichend Platz, um genügend Nahrung anzubauen. Sie haben den windumtosten Berg bestens genutzt. Jeder Quadratmeter Fels und Erde ist zugehauen oder bebaut und in Häuser und Felder verwandelt worden. Alles ist so großartig gemacht, daß man meinen könnte, die Stadt sei aus dem Berg gewachsen.

Emil untersucht alles. Auf einer Karte zeichnet er genau ein, wo wir entlanggehen. Ida folgt uns mutig die vielen Treppen hinauf und hinunter. Sie will natürlich alles Emil nachmachen und bekommt also auch eine Karte, um darauf zu zeichnen. In dieser Ruinenstadt fühlt man sich sicher. Sie ist voller gemütlicher Winkel und schöner Häuser, ist viel lebendiger als die religiösen Ruinenstädte, die wir anderenorts gesehen haben. Mit der Zeit verlieren wir auch das Gefühl für oben und unten und haben keine Angst mehr, wenn wir auf den Terrassen mit freiem Fall zum sechshundert Meter tiefer liegenden Fluß herumklettern.

Es ist Sonntag. Wir erwachen noch einmal nach einer klirrenden Frostnacht mit Eis im Zelt auf der Hochebene. Das erste Morgengrau sickert über den Berg und bleibt als Reifnebel über dem Fluß hängen. Ida quengelt und niest. Sie ist seit ein paar Tagen erkältet, und die Kälte und der Staub hier machen es noch schlimmer. Sie krabbelt im Zelt herum, will sich nicht anziehen lassen und heult, wenn wir es trotzdem versuchen.

Ein paar Enten schnattern unten auf dem zugefrorenen Fluß. Endlich werden in den Eiskristallen des Grases unendlich viele kleine Sonnen entflammt. Die Sonnenstrahlen bahnen sich schnell einen Weg zu uns. Die Luft ist so unfaßbar dünn hier oben auf dem Altiplano. Wir kriechen alle vier raus aufs Gras, und nach einer Stunde sind die Zehen aufgetaut. Heute wollen wir bis zum Titicacasee kommen, morgen bis Bolivien und übermorgen bis nach La Paz.

Vor uns breitet sich die Hochebene gelb und breit aus. Der Himmel hat ein tieferes Blau als unten am Meer. Wir spüren, daß wir näher am Universum sind. Die holprige Schotterstraße folgt den Eisenbahnschienen nach Puno, der größten Stadt am Titicacasee. Plötzlich sehe ich vor uns eine Menschenmenge. Fahrräder liegen am Straßenrand, und ein Wirbel von Stimmen, Flöten und Blechbläsern schallt uns entgegen. Sonnenschirme und Baldachine

Indianer bei einem Fest mit traditionellen Hüten

227

leuchten in der Sonne auf, und eine Tuba ragt über die festlich gekleideten Indianer, als wir näherkommen.

Lebhafte Feststimmung hüllt uns ein. Die Indianer freuen sich, Besuch zu erhalten. Wir bekommen ein Bier in die Hand gedrückt und schauen uns um. Die Trachten sind phantastisch. Ihre Farbenpracht strahlt eine Lebensfreude aus, die in scharfem Kontrast zu der düsteren Stimmung in den Dörfern, durch die wir gekommen sind, steht. Männer in weißen Röcken und roten Jacken haben riesige Hüte auf, die wie Lampenschirme geformt und fast einen Meter hoch sind. Sie sind mit weißen und blauen Papageienfedern besetzt. Einige Männer haben ihre traditionellen silbereingefaßten Flöten, Trommeln und Becken dabei. Einige tragen Strohhüte, die nach oben gestülpten Schalen ähneln und sehr flach sind. Ein eingeflochtenes Muster gibt Auskunft über die Gegend, aus der sie kommen. Unter den Hüten sehen wir lachende Gesichter. Alle haben ihre besten Kleider an. Der Durst ist groß, und das Bier wird gleich in Literflaschen verkauft. Leckere Forellen, Salate, gebratenes Fleisch und hiesige Spezialitäten werden von kräftigen Frauen mit kurzen, roten Fingern angeboten. Nina und die Kinder essen *trucha* – Forelle.

„*Mas, mas*", sagt Ida – mehr, mehr! Und die Frau reicht ihr ein weiteres Stück von dem rosa Fisch.

„*Gras*", sagt Ida, und die Frau lacht und streicht ihr über den Kopf. Emil lacht. Er findet es lustig, wenn Ida spanisch redet.

Die Frauen haben sich richtig herausgeputzt. Große, saubere Röcke rauschen um ihre nackten Waden, und auf den Köpfen wippen kokett die verrückten Melonen. Auf dem Rücken hängen die Kinder und schlafen in gestreiften Wolldecken.

Wir gehen durch das Gewimmel und nehmen die Laute, Düfte und Bilder in uns auf. Dieses lärmende Fest ist eine wundervolle Überraschung. Ein junger Kerl kommt angelaufen. Er trägt eine grüne Filzmaske mit einer langen Nase und schwenkt an einer Schnur ein ausgestopftes Eselsfell. Ein Freund ist in Fell gekleidet und hat einen Schafskopf auf. Er fängt das Lamm mit einem Lasso. Der grüne Mann pikst mich mit einem Holzstab. Alle Herumstehenden brechen in lautes Lachen aus.

Ich begreife die Stimmung, verstehe aber nicht ihren Inhalt. Ich lache, so gut ich kann, mit. Emil bekommt Angst, reißt sich von meiner Hand los und flieht zur Mutter in Sicherheit. Doch der Holzstock und das Lamm sind nicht nur hinter mir her, sondern damit werden alle gefoppt.

Einer der Männer mit weißem Rock und Papageienfederhut winkt mich heran und gibt mir ein Zeichen, daß ich mich hinsetzen soll. An einem gestreiften Tuch sitzen die Papageienmänner in zwei langen Reihen. Sie haben alle blaue Bambusflöten dabei, die über einen Meter lang sind. Auf dem Tuch liegen *chunjos*, kleine getrocknete Kartoffeln, und geräuchertes Lamafleisch. Ihre Mahlzeit wirkt wie ein Ritual, aber sie kann offenbar mit einem Fremden geteilt werden. Sie schieben einen kleinen Haufen *chunjos* und Fleisch zu mir hin. Ida setzt sich unangefochten neben mich und fängt an, die kleinen, schwarzen Kartoffeln zu essen. Sie schmecken bitter, doch das Fleisch ist sehr gut. Die Stimmung ist sehr munter und freundlich. Nur ein paar betrunkene Alte murmeln irgend etwas feindlich Klingendes. Die jungen Männer setzen mir unter großem Gelächter einen Papageienhut auf und reichen mir eine Flöte, auf der ich für sie spielen soll. Der große Hut ist leicht und angenehm zu tragen. Ich komme mir mit dem Hut auf dem Kopf, der voller Federn aus tropischen Wäldern ist, fast wie ein Inka-Adliger vor. Ida ist ganz beeindruckt. Es ist schwierig, auf der Flöte zu spielen. Sie hat kein Mundstück, sondern ist nur ein offenes Rohr, über dessen Kante man bläst. Selbst die Alten schütteln sich vor Lachen, als sie mein Geflöte hören. Emil kommt zurück. Er ist immer noch nervös, setzt sich hinter mich und zupft an mir. Ich bedanke mich für die Bewirtung und erhebe mich. Ein kleiner alter Mann umarmt mich, und alle lachen, als Nina das mit dem Fotoapparat verewigt.

Das Fest hat einen religiösen Anlaß. Wir sehen eine Prozession, bei der ein Kreuz und eine Madonna herumgetragen werden. Die meisten Festbesucher trinken aber unverdrossen weiter, und die Blechbläser spielen mit größter Hingabe einen Walzer.

Das Fest ist voll im Gange. Frauen haben angefangen, zu der Blasmusik zu tanzen. Melonen, dicke, geflochtene Zöpfe, schwere

Brüste, gefütterte Röcke, nackte Waden und kleine spitze Gummischuhe wirbeln in einem staubigen Tanz zusammen mit Sonnenbrillen und Papageienfedern herum. An mehreren Stellen gibt es Ehekrach, und auf den Feldern pinkeln Frauen hinter ihren Röcken versteckt, und Männer, die sich nicht so genieren. Schon am hellichten Tage sind betrunkene Männer auf die rauhe Erde gefallen, und ihre Frauen sitzen geduldig mit dem kleinsten Kind in einem Schal auf dem Rücken neben ihnen. Immer wieder wird uns Bier angeboten. Ich werde von betrunkenen Männern umarmt, die mich *amigo* nennen und die Hand ausstrecken, um einen Dollar zu bekommen. Die Stimmung wird immer rauher. Wir sind jetzt nicht mehr nur ein unerwarter, lustiger Besuch, sondern vielleicht auch eine Geldquelle. Arme Frauen stellen ihre Kinder zum Fotografieren hin und strecken danach die leere Hand aus.

Ich schenke einigen Kindern dänische 25-Öre-Stücke und werde kurz darauf von einer großen Schar erwartungsvoller Freunde umringt. Ich sage, sie können mit rüber zu den Motorrädern kommen und dort einige mehr kriegen. Münzen mit Löchern sind hier sehr beliebt. Ich finde unsere Souvenirdose und mache mit den Kindern ab, daß jeder nur eine haben soll. Etliche größere Jungen sind hinzugekommen und starren gebannt auf die Dose. Im selben Augenblick, in dem ich sie öffne, werfen sie sich über mich.

„Nur für die Kinder", rufe ich, habe aber die Kontrolle über die Situation verloren. Dann ist die Dose leer, und die kleinsten Jungen und Mädchen stehen enttäuscht da. Mit einer Handbewegung deute ich an, daß es mir leid tut, und zeige auf die großen Jungen, die weglaufen. Die stark betrunkenen Erwachsenen werden aufdringlicher und unangenehm, und irgendwann entdecke ich, daß jemand meinen Dolch gestohlen hat. Ich bin wütend und traurig zugleich, denn es ist das erste Mal, daß man uns etwas gestohlen hat.

Am späten Nachmittag erreichen wir Puno. Es ist eine kalte und windige Stadt, die am Ufer des Titicacasees an baumlosen Berghängen liegt. In der Stadt finden wir ein winziges Hotelzimmer mit zwei schmalen Betten und einem wackligen Tisch. Wir füllen es bis auf den letzten Winkel mit unseren Sachen. Ida sitzt zusammen mit

Emil auf dem Bett und spielt im Dunkeln mit den Legosteinen.

Nina und ich unterhalten uns über das Fest auf der Hochebene. Es war ein schönes und gleichzeitig trauriges Erlebnis. Ich merkte, daß die Indianer in ihrem Verhältnis zu uns und der Welt, aus der wir kommen, gespalten waren. Sie lieben Kassettenrecorder, Lastwagen, deutsche Medizin und chemische Farben, leben aber noch in einer mittelalterlichen Tradition. Dann kommen wir zufälligerweise vorbei, poltern mitten in ihr schönes Fest, und sie wären ja dumm, wenn sie nicht versuchen würden, einen Dollar aus uns herauszuholen. Die Indianer träumen von denselben materiellen Bequemlichkeiten wie jeder Däne, nur daß ihr Traum todsicher im Unglück des Verlierers endet. Der Kampf für eine westliche Wohlstandsgesellschaft scheint in der jetzigen Welt(un)ordnung Schiffbruch zu erleiden, und ihre ursprüngliche Kultur scheint mit unterzugehen. Wir sind auf der Sonnenseite geboren – sie im Schatten.

Unten im Hafen liegt der Dampfer nach Bolivien neben den Schilfbooten. Wir verabschieden uns von Peru. Der Titicacasee ist der blaueste Spiegel, den man sich vorstellen kann. Er ist ein Meer und ein Spiegel zugleich und stellt die Welt auf den Kopf. Hier wurde der erste Inka auf der Sonneninsel geboren, und von hier aus begann der Überlieferung nach das Menschengeschlecht seine Wanderung hinaus in die Welt.

Geburtstag in der höchstgelegenen Hauptstadt der Erde
(Nina)

Die Sonnenstrahlen glitzern in der kristallklaren Luft, und das Schilf steht eingehüllt wie in tausend Diamanten. Das ist der hübscheste Ort, den ich jemals gesehen habe; eine abenteuerhafte Schönheit leuchtet vom See und den Bergen, aber ich bin beunruhigt. Ida ist in den letzten Tagen krank gewesen. Sie hustet

Bauernhöfe auf dem Altiplano an der Grenze zwischen Peru und Bolivien

schlimm, und es pfeift aus ihren Bronchien. Nachdem wir einen letzten Blick auf den See geworfen haben, fahren wir los nach La Paz. Ich fahre voran, und nun kann ich endlich einmal hundert Kilometer in der Stunde fahren... Ida geht es schlecht; es war hart für sie im Hochland.

La Paz liegt in einem Talkessel der Hochebene in viertausend Meter Höhe. Oben am Rand des Kessels liegen Vorstädte aus flachen Häusern. In den trostlosen Elendsvierteln ist alles verdorrt, windzerzaust und staubig. Doch bald finden wir die Straße, die hinunterführt, und einen Augenblick später sind wir auf einer stark befahrenen Hauptverkehrsstraße mit eleganten Hochhäusern und exklusiven Geschäften. Wir haben überhaupt kein Geld mehr. Ida liegt matt und schlapp vor mir auf dem Tank, und wir fassen den raschen Entschluß, ins *Sheraton Hotel* zu fahren.

Die Motorräder werden in der unterirdischen Garage abgestellt, und wir betreten die Halle. Wir sehen aus wie die letzten Bettler; unser Zeug ist zerschlissen, und unsere Gesichter sind zerfurcht von Staub und Kälte, aber niemand scheint sich darum zu kümmern. Wir haben eine Kreditkarte, und die öffnet uns die Glastüren. Der Portier in frisch gebügelter Uniform trägt unser staubiges Gepäck in den Aufzug, während wir verlegen husten. Wir können ihm leider kein Trinkgeld geben.

Sowie der Portier die Tür hinter sich geschlossen hat, reißen wir uns die Lumpen vom Leib und stürzen uns ins Badezimmer, um uns am warmen Wasser zu ergötzen. Das Klo ist desinfiziert und versiegelt und mit einer Erklärung versehen, die für Hygiene garantiert. Die lesen wir laut vor, und sogar Ida geht freiwillig aufs WC. Wir wandern auf den weichen Teppichen herum und genießen den unbescheidenen Luxus. Es ist uns gar nicht angenehm, wieder in unsere zerschlissenen Fetzen zu kriechen. Das Doppelbett ist enorm; groß genug für uns alle vier. Seidengefütterte Decken liegen über schneeweißen Laken und federnden Sprungfedermatratzen. Mit einer Schnur kann man die dezent graublauen Gardinen zur Seite ziehen, und hier, von der 8. Etage, haben wir einen herrlichen Ausblick über La Paz und den Berg Illimani, der mit seinen 6882 Metern über der Stadt thront. Aber das beste ist, daß das Zimmer geheizt ist. Wir hatten ganz vergessen, daß es einen solchen Luxus gibt! Etwas später gehen wir aus, um zu essen. Unser Bedarf an Luxus ist schon gestillt, deshalb ärgert es uns, daß wir in einem der teueren Restaurants der Stadt essen müssen, aber da wir kein Bargeld haben, können wir nur mit einer Kreditkarte bezahlen, und die wird eben nicht überall akzeptiert. Als wir aus der 8. Etage herunterfahren, denke ich an die Essensphantasien, die wir in letzter Zeit gehabt haben. Wir haben unser trockenes Brot gegessen und dünnen Tee getrunken und dabei von Entenbraten mit knuspriger Haut und süßsaurer Soße mit Ananasstücken geträumt. Während wir Hafergrütze mit Wasser gegessen haben, phantasierten wir von Eisdessert mit Makronen, beträufelt mit Madeira, mit Marzipan und Orangenschokolade und Unmengen von Schlagsahne . . .

Wir sehen zwar aus wie Vagabunden, aber der Koch hätte wissen müssen, daß eine Traumente, in die man endlich die Zähne gräbt, nicht halbkalt sein darf! Und wie sieht das Vanilleeis aus – mit Dosenfrüchten garniert? Enttäuscht gehen wir zurück zum *Sheraton*.

Wir erwachen nach einer wunderbaren Nacht im Seidenbett – und Ida ist gesund! Sie hat in der vergangenen Nacht kein einziges Mal gehustet. Wir strecken uns noch im Bett, als ein Mann in schwarzem Frack und weißen Handschuhen mit einem großen verchromten Teewagen hereinkommt und ihn mit einer Verbeugung vor das Panoramafenster stellt.

Was für ein Anblick! Da gibt es frischgepreßten Orangensaft in Glaskannen, zwei Kannen mit Kaffee, Kannen mit warmer Milch, Kannen mit kalter Milch. Blanke Kuppeln verbergen kleine Omeletts und knusprigen Schinken. Da sind Körbe mit frischen Brötchen, Schälchen mit Marmelade und frische Butter. Aber das allerbeste ist die große Kuppel mit dicken Pfannkuchen und Ahornsirup darunter. Langsam lassen wir das Silberbesteck sich durch die Köstlichkeiten arbeiten. Das ist sozusagen unser Abschied von der Welt der Reichen. Danach werden wir in die Stadt gehen, Geld abheben und uns ein billigeres Hotel suchen. Ich freue mich, denn obwohl es hier im *Sheraton* bequem ist, merkt man nicht, ob man in Bolivien oder in Frankfurt ist.

Das billigste Hotel, das wir auftreiben können, ist das *Residencial Rosario*. Es liegt im Marktviertel, wo die Straßen steil sind und von Leben überquellen. Weit unten im Tal liegen das langweilige Geschäftsviertel und das *Sheraton Hotel*.

Vor der Tür zum Hotel sitzt eine alte Frau und verkauft Äpfel. Die Äpfel sind teuer, aber ich kaufe sie trotzdem. Die Frau sieht aus, als wenn sie Geld nötig hätte.

„Wie ist das Leben in Ihrem Land, Frau?" fragt sie mich.

„Es ist gut", antworte ich etwas überrascht.

„Hier ist es schlecht", sagt sie. „Die Regierung ist schlecht, und das ganze Volk weint." Sie sieht mich mit ihrem vergrämten Gesicht an und bewegt die Lippen ihres zahnlosen Mundes. Mit Entsetzen erkenne ich, daß sie nicht viel älter ist als ich.

234

Auf Umwegen haben wir die Adresse eines Journalisten in La Paz bekommen. Wir nehmen ein Taxi, das uns zu seinem Haus bringen soll. Ida darf nicht gleich wieder krank werden. Im stillen haben wir gehofft, daß wir zusammen mit dem Journalisten zu Mittag essen würden, aber der ist am Rande eines Nervenzusammenbruches. Vor einer Woche ist sein bester Freund vom Militär auf bestialische Weise ermordet worden. Bevor der Freund erschossen wurde, hatte man ihm die Hände, die Füße und die Zunge abgeschnitten. Die verstümmelte Leiche wurde auf die Straße vor seine Tür geworfen. Der Journalist berichtet, daß seit dem Militärputsch 1980 Gewalt und Unterdrückung zugenommen hätten. Nicht nur Kommunisten und Gegner des Regimes sind ermordet worden, sondern auch viele völlig Unschuldige – nur um die Bevölkerung einzuschüchtern.

Wir stellen fest, daß es schon halb zehn Uhr abends ist, und müssen uns beeilen, nach Hause zu kommen, bevor die Ausgangssperre beginnt. Wir versuchen, ein Taxi zu bestellen, geben es aber bald auf und gehen hinaus auf die Straße. Autos rasen vorbei, keiner sieht uns. Um Viertel vor zehn erstirbt der Verkehr ganz. Zum Glück kommt schließlich doch noch ein Taxi, das uns auch mitnimmt, obwohl schon viele Leute im Wagen sind. Der Chauffeur wohnt im Elendsviertel gegenüber vom Markt, und er will uns auf dem Heimweg absetzen. Der Preis ist viermal so hoch wie sonst, aber daran ist nichts zu ändern. Oben auf dem Markt sind schon viele Wegsperren errichtet, und die Soldaten stoppen den Chauffeur. Er erhält schließlich die Erlaubnis, uns verspätete Touristen abzusetzen und nach Hause zu fahren.

Heute wird Ida zwei Jahre alt, und die Kinder willigen ein, eine Stunde alleine zu spielen, während Hjalte und ich weggehen, um Geburtstagsgeschenke einzukaufen. Wir kommen mit vielen Paketen zurück. Für Ida gibt's eine neue windfeste Jacke, ein Paar Lederstiefelchen aus Argentinien, eine hübsche, hellrote Perlenkette und Sandalen. Emil bekommt einen Dolch in einer Scheide, eine braune Cordhose und einen blauen Gürtel. Für jeden von ihnen haben wir außerdem einen dicken, handgestrickten Lamapullover gekauft.

Vier strahlende Kinderaugen in einem unordentlichen Hotelzimmer, Unmengen von Früchten vom Markt und eine Limonade für jeden von uns – wir machen ein Fest! Ida freut sich riesig über ihre neuen Sandalen und Emil über seinen Dolch. Wie sind wir doch glücklich, daß wir die Kinder haben!

Früh am Morgen kommen die Bauersfrauen zum Markt. Sie sitzen frierend zusammen mit ihren Kindern auf der Ladefläche eines Lastwagens, denn es hat heute nacht gefroren. Unter den Umhängetüchern wirken ihre dicken Körper schwer und aufgeschwemmt von dem schlechten Essen und den endlosen Schwangerschaften. Einige sind seit gestern unterwegs, andere seit morgens um fünf. Jetzt müssen sie erst einen Platz für ihre Säcke und Kisten mieten. Wenn sie schwere Sachen wie Bananen, Apfelsinen oder Kartoffeln dabeihaben, müssen sie einen Träger anheuern, der ihnen die Waren in einem großen Netz aus Lederschnüren auf seinem Rücken zum Verkaufsplatz trägt. Sie können nichts auf der Straße oder dem Lastwagen zurücklassen; hier muß jeder selbst auf seine Sachen aufpassen.

Danach setzen sie sich auf den Bürgersteig, um ihre Waren zu verkaufen. Ihre Kinder hocken den ganzen Tag still bei ihnen. Erst wenn die Sonne untergeht und es dunkel wird, ist das Hoffen zu Ende, doch noch etwas mehr zu verkaufen, und die Bauersfrauen schleppen die Reste zu ihrem Lagerplatz zurück. Sie kämpfen sich an Haufen von halbverrottetem Gemüse vorbei zu den Lastwagen, die sie nach Hause bringen. Die Stimmung ist chaotisch; es herrscht ein unaufhörliches Drängeln, Rufen und Schreien zwischen den stinkenden Dieselmotoren – so lange, bis die Lastwagen voll mit Passagieren sind und abfahren. Diejenigen, die nicht mitkommen, müssen zwischen Kisten und Säcken auf der Straße übernachten.

Gleich neben dem Hotel liegt der Hexenmarkt. Auf der einen Seite der Straße sitzen die Frauen mit kleinen Sträußen frischer Heilkräuter vor sich. Das ist etwas, was alle kennen, Kamillentee und so weiter. Aber auf der gegenüberliegenden Straßenseite werden ganz andere Sachen angeboten. Hier verkauft man Magie, und davon wird mehr verkauft. Große Tische, gefüllt mit Tüten und

Säcken, Flaschen und Krügen; hier findet man Mittel gegen alles. Ich stehe und blicke über die Tische. Es ist schwer zu erkennen, was in den Tüten und Säcken ist.

„Muß die Frau in ein neues Haus umziehen? Wünscht die Frau einen getrockneten Lama-Embryo, den man unter der Türschwelle vergräbt? Wünscht die Frau ein Mittel gegen Kopfschmerzen?"

„Ja, danke", sage ich schnell. „Laß mich sehen, was das ist . . . Was? Geröstete Kakerlaken? Meine Güte, wie die doch stinken und eklig aussehen!" Fünfzig Pfennig für eine kleine Tüte mit gebrannten Untieren. Und die soll man *essen?*

Die Frau macht mir begeistert vor, wie man einen großen Löffel davon schluckt. Nach dem Handel bin ich überzeugt, daß ich nie mehr Kopfschmerzen bekommen werde.

Etwas weiter unten werden Amulette verkauft. Das erste, das mir angeboten wird, ist eine kleine Figur, aus Knochen geschnitzt, die die Ehe verbessern soll.

„Sind die Kinder krank? Oder die Haustiere? Fehlt es Ihrem Mann an Kraft?" Ich kaufe ein Amulett für Reisende. Es ist eine kleine Flasche mit einem Sortiment von Kleinkram, eingelegt in Öl. Außer mehreren geheimnisvollen tropischen Samen und farbenprächtigen Bohnen liegen dort ein kleiner Fuß und eine Hand, fein geschnitzt aus Knochen, zusammen mit einem winzigen, aus Silber gegossenen Lama, einem Stück Lapislazuli und verschiedenen anderen Mineralien. Ich kaufe noch eine getrocknete Pumanase mit Schnurrhaaren; sie soll dem Besitzer Kraft geben.

Während ich handle, kommen ein paar Frauen unbefangen zu mir und fragen, wie viele Kinder ich habe. Drei? Sie lachen. Es ist hier ganz gewöhnlich, drei Kinder zu haben – aber das bedeutet drei Überlebende aus einer ganzen Kinderschar. Eine der Frauen faßt sich ein Herz und fragt geradeheraus, warum ich nicht mehr Kinder habe. Ich antworte, daß ich mit drei Kindern zufrieden bin, und dem pflichten sie bei – aber da ist noch etwas anderes, das sie gerne fragen möchten. Wie habe ich es gemacht, daß ich nur drei Kinder bekommen habe? Ja, wie soll man eine Spirale erklären? Ich gebe es auf und äußere mich dahingehend, daß Verhütung etwas ist, das man beim Arzt bekommt.

Eine Straßenhändlerin mit ihrem Kind in La Paz

Ganz langsam ist der Kreis größer geworden, und man hört mir aufmerksam zu. Die vielen Geburten sind ein großes Problem für die Familien. Was ist Verhütung? Gibt es jemanden in der Runde, der davon gehört hat?

Eine junge Frau meldet sich, sie hat die *pildora* – die Pille – ausprobiert. Sie trägt einen bedauernswürdigen Säugling auf dem Arm. Ich verstehe nicht ganz. Die Pille soll doch ganz sicher sein . . . Nein, die Pille taugt nichts, widerspricht sie, denn als sie sich die nicht mehr leisten konnte, wurde sie trotzdem wieder schwanger, und das Geld war rausgeschmissen!

In der nächsten Straße liegt der Coca-Markt. Säcke und Körbe voll mit Coca-Blättern werden dort angeboten. Sie sind billig, und die Armen kauen sie jeden Tag. Das mindert ihr Leiden, indem es das Gefühl von Hunger, Durst und Kälte betäubt. Ich kaufe eine kleine Tüte für fünfzig Pfennig und bekomme als Zugabe ein Stück schwarzen Kalk mit, das man sich mit den Blättern in den Mund schieben soll. Ich stopfe sofort ein paar Blätter in den Mund – ich bin neugierig. Es schmeckt nicht gut, und die Wirkung läßt auf sich warten. Ich versuche es mit mehr Blättern, und bald füllt eine ansehnliche Coca-Kugel meine eine Wange, genau wie bei den Indianern, die auf dem Markt sitzen. Was ist das für eine Wirkung, die den Armen der Anden Trost sein soll? Ich finde es nicht heraus – mir geht es zu gut, um die Wirkung zu spüren. Nach einer Stunde gebe ich es auf. Der Geschmack ist abscheulich; dort, wo die Coca-Kugel liegt, ist die Haut in meinem Mund wund und völlig gefühllos. Ich spucke das Zeug aus und preise mich glücklich, daß ich nicht so arm bin, daß Coca eine tägliche Notwendigkeit ist. Es werden jeden Tag große Mengen auf dem Markt hier verkauft. Aber das ist nicht mit den Mengen zu vergleichen, die illegal in Form von Kokain in die USA und nach Europa exportiert werden. Und das gibt einem doch zu denken. Daß die reichsten Nationen der Welt einen so großen Bedarf an Aufputschmitteln haben . . .

Wir genießen es, durch den Sturm zu fahren, während wir einen letzten Blick hinunter auf La Paz, die hochstgelegene Hauptstadt der Erde, werfen. Die Straße vor uns ist plötzlich gesperrt, und einige Soldaten fordern die Autofahrer auf, ihre Fahrzeuge zu verlassen. In der Nähe ist eine Fabrik, in der gestreikt wird. Wir sehen einige Leute auf der Straße liegen. Das Ganze wirkt sehr bedrohlich, aber man läßt uns an der Sperre vorbeifahren. Etwas weiter vorn kommt ein Kontrollposten nach dem anderen. Überall beherrscht das Militär das Bild.

Um vier Uhr nachmittags ist es bereits zu kalt, um weiterzufahren. Wir haben beschlossen, im Hochland nicht mehr im Zelt zu schlafen. Das ist zu hart für Ida. Wir machen in einem Dorf halt. Vor der Herberge stehen ein paar Lastwagen für Personentransporte. Auf dem Dach eines jeden Führerhauses ist eine Bank befestigt, auf der vier bis fünf Personen sitzen können, und auf der Ladefläche haben zwanzig bis dreißig stehende Personen zusammen mit dem Gepäck Platz. Einige der Passagiere haben sich ins Lokal gesetzt und trinken eine Tasse Kaffee. Aber die meisten bereiten sich auf eine Nacht auf der Ladefläche des Lastwagens vor. Es ist beißend kalt jetzt bei Sonnenuntergang; die Männer tragen Wollmützen unter ihren Filzhüten und die Frauen Tücher unter ihren Hüten, die wie englische Melonen aussehen. Alle haben ihre Ponchos eng um den Körper geschlungen, und die Kinder sehen wie wollene Puppen aus.

Ich schaffe es gerade noch, zwei Kerzen in einem Geschäft zu kaufen. Im Dorf gibt es keinen Strom, und man muß selbst für Beleuchtung in den Zimmern sorgen, die hinter dem Lokal liegen. Das Haus ist aus Ziegeln, Stroh und Holz gebaut. Die Zimmer sind klein und ohne Fenster; pro Bett kostet es sechs Mark.

Während wir das Gepäck hereinschaffen, hören wir, wie Emil und Ida vor Entsetzen schreien. Wir beeilen uns, ins Zimmer zu kommen. Die Kinder haben sich in einer Ecke des Bettes verkrochen, denn plötzlich sei eine Kompanie Kakerlaken quer über den Fußboden in ein Loch in der Wand marschiert. In allen billigen Hotelzimmern gibt es Kakerlaken. Sie sind völlig harmlos, aber die Kinder haben solche Angst gekriegt, weil die Kakerlaken wie Soldaten in Reih und Glied marschiert sind. Das tun Kakerlaken nun einmal, wenn es so viele sind.

Kurz danach kommen die lieben Tierchen wieder zurückmarschiert. Wir springen ins Bett und spielen mit den Kindern, bis das Licht heruntergebrannt ist. Dann fallen sie in Schlaf, und wir legen sie auf die eine Matratze. Hjalte und ich versuchen in dem anderen Bett zu liegen, das viel zu kurz ist. Wir liegen unbequem, aber schließlich schlafen wir doch ein.

Wir sind wieder auf der großen Höhe. Plötzlich peitscht der Wind uns nasse Schneeflocken entgegen. Es ist eisig kalt. Unsere Handschuhe haben wir schon vor einigen tausend Kilometern verloren, und der Schnee legt sich naß auf unsere Handrücken. Die Gegend ist spärlich besiedelt, und als wir endlich zu einigen Häusern kommen, halten wir an. In einem schmutzigen Lokal nehmen wir eine warme Mahlzeit zu uns. Hjalte fühlt sich müde und unwohl – liegt das an der Höhe? Leidet er an Kreislaufproblemen? Ständig wird ihm schwarz vor Augen, wenn er sich etwas anstrengt.

Wir wagen nicht, das Wasser zu trinken, und haben gestern und heute nur Limonade getrunken. Ich habe das Gefühl, man wird immer durstiger, je mehr man von dem Zeug zu sich nimmt.

Es hagelt, als wir vor die Tür treten. Der Himmel ist dunkel und bedrohlich. Wieviel Uhr es wohl sein mag? Es liegt schon lange zurück, daß ich meine Uhr verloren habe, und wir sind bisher gut ohne sie ausgekommen. Wir haben gelernt, uns nach dem Tageslicht zu richten. Die Sonne steht schon tief – es könnte so gegen vier Uhr sein.

Endlich wieder eine Teerstraße! Es ist wunderschön, über die glatte, dunkle Fläche zu gleiten. Vor uns liegt das Tal, geschützt und grün, mit soliden Häusern und fruchtbaren Feldern. Wir erreichen Cochabamba gerade, als die Sonne untergeht. Es gibt nur wenig Straßenbeleuchtung, und wir tasten uns durch die staubigen Lehmstraßen mit Bächen und Pfützen von Abwasser. Wir haben die Adresse einer Lehrerin, die in der „Ciudad del Nino", der „Kinderstadt", wohnt. Diese „Kinderstadt" ist eine Schule für elternlose Kinder, die ein Stück den Berg hoch außerhalb des Elendsviertels liegt.

Als wir vor dem großen Gebäude anhalten, werden wir von den

Kindern beinahe umgeworfen, die alle die kleinen Motorradfahrer sehen wollen. Der Schulleiter lädt uns zum Abendessen mit seinen Mitarbeitern ein. Die Lehrerin, die wir besuchen wollten, ist nicht mehr an der Schule.

Die Schule, in der zweihundertfünfzig Kinder aus Cochabamba wohnen, wird von der katholischen Kirche in Italien finanziert. Der Schulleiter erzählt, daß elternlose Kinder ein großes Problem in Bolivien sind; es gibt mindestens zwanzigtausend davon. Sie wohnen auf der Straße.

Die meisten der zwanzig Mitarbeiter der Schule sind Italiener. Die Kinder erhalten gebrauchte Kleidungsstücke und Schuhe aus Italien. Sie wohnen mit ihrer *madre*, der Pflegemutter, in soliden Steinhäusern. Fünfundzwanzig kleine Betten stehen in jedem Haus, und jedes Kind hat eine Kiste für sein eigenes Zeug. Wir besuchen die Häuser, die verstreut auf dem Hügel liegen.

Die Kinder sind zur Zeit den ganzen Tag über draußen, denn es sind Ferien. Wie alle Indianerkinder sind sie friedlich und geduldig und lieb zu anderen Kindern. Die Großen kümmern sich um die Kleinen. Jedes Haus stellt so etwas wie eine große Familie dar. Doch die Kinder haben nicht viel, womit sie sich beschäftigen können. Spielzeug gibt es nicht. Die großen Mädchen stricken, und die Jungen spielen mit ihren selbstgebastelten Kreiseln aus Holz. Manchmal finden sich ein paar zusammen, die Fußball auf dem Sportplatz spielen, aber sonst passiert hier nichts.

Wir dürfen ein paar Tage hierbleiben. Die Schule hat eine große Werkstatt, und Hjalte bringt sein Motorrad in Ordnung, aber mittags muß er sich hinlegen. Er ist leichenblaß und kann sich nicht auf den Beinen halten. Den Rest des Tages liegt er schlapp herum und hat keinen Appetit. Am nächsten Tag geht es ihm nicht besser, und ich mache mir mehr Sorgen, als ich ihm zeigen will. Der Schulleiter hilft mir, einen Termin mit einem Arzt in der Stadt zu vereinbaren.

Jetzt sind sie mit Hjalte im Jeep der Schule weggefahren. Ich gehe hinüber zur Werkstatt und bastele etwas an meinem Motorrad herum, reinige den Luftfilter und fülle Wasser in die Batterien – wo bleibt Hjalte nur? Das Warten nimmt kein Ende.

Endlich kommt der Jeep zurück – ohne Hjalte. Er mußte ins Krankenhaus. Vermutlich hat er Paratyphus; auf jeden Fall hatte er so wenig Flüssigkeit in seinem Körper, daß sein Blutdruck auf 50 gefallen war. Er ist ohnmächtig geworden, als der Arzt den Blutdruckmesser an seinen Arm angelegt hat.

Jetzt liegt er auf der anderen Seite des Tales – wir können die Fenster des Krankenhauses dort drüben rot in der Abendsonne blinken sehen. O Hjalte, wir vermissen dich jetzt schon!

Wir wachen auf und denken an Hjalte. Um uns die Zeit zu vertreiben, machen wir ein Buch mit Zeichnungen. Wir freuen uns darauf, Hjalte das Buch zu schenken, wenn wir ihn am Nachmittag besuchen.

Das Krankenhaus ist in einem niedrigen Gebäude untergebracht und ist sehr modern. Kinder dürfen nicht hinein, und so stehen wir draußen im Garten vor dem Fenster.

„Hallo, Hjalte, wir lieben dich! Wie geht es dir?" – Zum Glück schon besser! Er sitzt im Bett mit einem Tropf am Arm, und der Blutdruck ist schon fast wieder normal. Wie schön, daß er wieder etwas Farbe bekommen hat! Emil und Ida reichen ihm das selbstgemachte Buch mit den Zeichnungen als Trost und Ermunterung. Wenig später kommt der Jeep, um uns abzuholen.

Auf dem Heimweg kaufen wir Limonade. Das Wasser in Cochabamba ist mit Amöben infiziert. Gut, daß endlich jemand daran gedacht hat, uns zu informieren. Wir haben schon seit zwei Tagen davon getrunken, blind darauf vertrauend, daß alles, was aus dem Wasserhahn kommt, in Ordnung ist.

Am vierten Tag, den Hjalte im Krankenhaus ist, ruft er an und teilt mir mit, daß er Gelbsucht habe und entlassen wird.

Etwas später ist er bei uns. Seine Augen sind gelb, und er ist sehr müde. Der Arzt hat gesagt, daß er zehn Tage liegen soll. Aber was nun? Wo sollen wir hin? Ich gehe davon aus, daß wir die Schule sofort verlassen müssen, wenn er ansteckende Gelbsucht hat. Aber der Schulleiter ist sehr großzügig. Er sagt, daß wir auf jeden Fall bleiben können, wenn Hjalte krank ist. Wir müssen nur dafür sorgen, daß er sein eigenes Geschirr hat und daß ich ihm selbst das Essen heraufbringe.

Wir haben mal wieder mehr Glück, als man erwarten darf. Die Schule ist der einzige Ort, wo wir längere Zeit wohnen können und Essen serviert bekommen, ohne jemandem zur Last zu fallen.

Hjalte liegt im Bett, und ich versorge ihn mit Essen und Trinken. Jeden Tag fahre ich zur Stadt und kaufe Limonade, frische Früchte und Erdnüsse. Auf dem Heimweg halte ich im Eukalyptuswald vor der Schule an und pflücke blaufarbene Eukalyptussprößlinge. Das gibt dem Zimmer einen frischen Duft, und aus den Blättern machen wir Tee.

In der Schule sind zwei Priester: der Schulleiter, der wie ein großer, liebenswürdiger Tolpatsch wirkt, und der neue Priester, der gerade angekommen ist. Er hat einen unwiderstehlichen Charme, und ich hätte nie erraten, daß der Mann Priester ist, wenn er es nicht selbst erzählt hätte. Er soll die Metallwerkstatt der Schule auf Vordermann bringen. Vorher hat er an einer technischen Schule in einem Minenbezirk unterrichtet. Wenn der Schulleiter mit dem einen oder anderen Problem nicht klarkommt, faltet der neue Priester die Hände und ruft aus: „Ja, so können wir wohl nichts anderes machen, als zu Gott beten", wonach er die Augen verdreht und gen Himmel blickt, daß alle Mitarbeiter vor Lachen brüllen. Im großen und ganzen wird die Atmosphäre in der Schule nicht von Religiosität oder strenger Disziplin beherrscht. Das ist wohl das Verdienst des Schulleiters.

An einem Abend gibt es draußen vor der Kirche ein Fest mit fröhlicher Musik. Die Kinder tanzen und spielen im Schein des Lagerfeuers und der Fackeln. Emil tobt mit einem Mädchen herum. Wir sehen sie nur kurz, wenn sie an uns vorbeistürmen. Sie lachen und spielen und rollen sich im Gras. Emil vergißt uns völlig und mischt sich unter die Kinder der Schule, bis das Fest um Mitternacht zu Ende ist. Dann kommt er mit glühenden Wangen zurück. Er hat einen wunderbaren Abend gehabt.

Hjalte ist bald wieder gesund! Die Blutproben, die man ihm gestern entnommen hat, sind gut ausgefallen. Wir bereiten uns darauf vor weiterzureisen. Einen Tag muß ich im Zollbüro verbringen, um die

Aufenthaltsgenehmigung für die Motorräder zu verlängern, die inzwischen abläuft.

Die Sekretärin dort ist ein nettes Mädchen aus Cochabamba. Sie unterhält mich mit Geschichten über ihren einjährigen Studienaufenthalt in den USA, während ich auf den Chef warte.

Der kommt schließlich um drei Uhr, und innerhalb von zehn Minuten sind alle Sachen im Büro erledigt. Mit Unterstützung der Sekretärin bekomme ich die Verlängerung. Ich treffe später Hjalte und die Kinder im Eukalyptuswald. Sie sind mir entgegengekommen; sie fanden, ich sei so lange weggeblieben, und Emil hat sogar ein bißchen geweint, weil er mich vermißt hat. Bevor wir einschlafen, flüstert er: „Oh, ich hab' euch so lieb, ich möchte euch nie verlieren!"

„Das wirst du auch nicht", flüstern wir und geben ihm einen Gutenachtkuß.

In der Johannisnacht schnüren wir unser Gepäck auf die „Hexenbesen", und nachdem wir von den gastfreundlichen Priestern Abschied genommen haben, rasen wir in 3600 Metern Höhe von Cochabamba über die Berge. Uns erfrieren fast die Hände, aber sowohl ich als auch Hjalte sind dazu aufgelegt, an der Luft zu sein. Die Kinder bekommen eine Schachtel Wunderkerzen, und sie erfüllen die Nacht mit funkelnden Ringen und Sternschnuppen.

Das Bolivien Che Guevaras
(Hjalte)

Die Straße, die von Cochabamba aus den Bergen herausführt, ist flach und eben und vom Dschungel gesäumt. Die Wolken sind schwarz; es wird bald regnen. Vor uns taucht eine Reihe von Hütten auf. Wir nehmen Gas weg und fahren an einigen parkenden Lastwagen vorbei. Ein großer Schlagbaum versperrt den Weg. Fünf oder sechs Soldaten mit Maschinenpistolen lehnen sich darauf. Es ist ein Kontrollposten des Militärs, zwölf Kilometer vor Santa Cruz in Bolivien.

Ein Soldat gibt uns Zeichen, auf den Seitenstreifen zu fahren und anzuhalten. Zehn Lastwagenfahrer stehen mit ihren Ausweisen in einer Schlange vor der Glasluke des Kontrollhäuschens. In Bolivien muß man für jede einzelne Fahrt zwischen zwei Städten vom Militär ein *Hoja de Ruta* – eine Fahrerlaubnis – kaufen. Ich sehe niemanden in selbstgewebter Kleidung, nur schwitzende Menschen in ABBA-Unterhemden und verblichenen Terylenehosen. Auf beiden Seiten der Straße sitzen dicke Frauen und braten für die Wartenden auf kleinen Kochern *empanadas*.

Nun nähern wir uns Santa Cruz. Wir fahren an Tankstellen, schwarzen Gummifabriken und staubigen Autowerkstätten vorbei; es gibt viele Baustellen. Wir kommen durch einen chaotischen Kreisverkehr und erblicken einen futuristischen Busbahnhof, der an eine Muschel aus Beton erinnert. Seit wir von den Bergen herunter sind, ist mir ganz leicht ums Herz, ich verspüre so etwas wie Frühjahrsstimmung.

Unser Zimmer liegt zwischen zwei Hinterhöfen. Der Tag fängt an, bevor es hell wird, und einmal werden wir vor den Kindern wach. Ich sitze und schreibe Tagebuch, und hinter mir auf der zusammengefallenen Matratze liegt Emil und schläft tief. Der Fliesenboden ist mit Waschsachen, Toilettenpapier, Legosteinen und Essensresten übersät. Mein einziges sauberes Hemd hat Ida auf den Boden geworfen, als sie gestern Zirkusprinzessin gespielt hat.

Nina hat eine Kerze angezündet und schreibt Briefe an Freunde zu Hause. Ich sehe sie an. Sie ist dünner geworden, seit wir von zu Hause losgefahren sind, aber sie sieht gesünder und kräftiger aus. Ihr Gesicht ist sonnengebräunt, und die Hände sind rauh und kräftig von der Kälte und dem scharfen Sonnenlicht in den Bergen. Ich bin tief und glücklich in sie verliebt. Deshalb sitzen wir in diesem Hotelzimmer in Südamerika.

Gestern, bevor wir eingeschlafen sind, haben wir unsere nächste Route festgelegt. Die Frage war: Sollen wir den schwierigen Weg durch den öden und unwegsamen Chaco, den Landstrich zwischen Bolivien und Paraguay, wagen, oder sollen wir den großen Umweg südwärts nach Argentinien fahren? Wir haben uns schließlich beide für den Chaco entschlossen.

Ida wacht auf und setzt sich in ihrem Schlafsack auf. Sie guckt mit verschlafenen Augen im Zimmer herum: Wo bin ich denn wohl heute aufgewacht? Sie ist ganz ruhig, denn Vater und Mutter sind immer da, und Emil liegt neben ihr. Er wacht gerade auf. Wir lassen das Durcheinander Durcheinander sein und gehen los, um irgendwo zu frühstücken.

Etwas weiter die Straße hinunter liegt ein Café. Es ist ein richtig großes Lokal; an einer Seite steht eine Theke, dahinter hängen quer durch den Raum verschiedene Decken auf einer Leine. Dort beginnt der Privatbereich. Mutter und Tochter trocknen die Tische ab, und wir bestellen eine Käseplatte und Kaffee. In diesem Teil von Bolivien ist Kaffee in der Regel Nescafé mit Trockenmilch. Ein zehnjähriger Junge kommt hinter dem Vorhang hervor und setzt sich auf die Theke, um Schularbeiten zu machen. Ich glaube, die meisten Restaurants, in denen wir gegessen haben, waren gleichzeitig auch Wohnzimmer. Wer kann es sich hier schon leisten, ein Zimmer ganz für sich alleine zu haben – und nicht ein paar Tische aufzustellen und Pepsi-Cola und einfache Gerichte zu verkaufen?

Ein schlammverschmiertes Tourenmotorrad parkt vor dem Café. Ein langer, magerer Typ mit brauner Lederjacke zieht müde seine Handschuhe aus und nimmt den Helm ab. Er sieht zu uns herüber und deutet mit dem Kopf zu unseren Motorrädern. Wir nicken bestätigend zurück und geben ihm ein Zeichen, daß er zu uns herüberkommen soll.

Wir hätten jetzt eigentlich fahren sollen, aber ich finde es sehr interessant, einen anderen Motorradfahrer zu treffen. Es ist das erstemal in Südamerika. Wir bestellen noch einmal eine Limonade für die Kinder und begrüßen den Mann. Er heißt Christian Cateloy und kommt aus Frankreich. Er ist erschöpft, nachdem er in nur anderthalb Tagen von La Paz hierher gerast ist. Mir wird schon allein bei dem Gedanken ganz anders. Wir haben fünfeinhalb Tage für diese Strecke gebraucht. Wir beeilen uns, eine Tasse Kaffee für den armen Mann zu bestellen. Nach und nach kommt er wieder zu sich.

„Es ist amüsant, euch zu treffen", sagt er mit einem warmen Lächeln. „Ich habe nämlich seit Cochabamba bei jeder einzelnen

Militärkontrolle von euch gehört – eine Familie mit Kindern auf Motorrädern!"

Ich mag ihn sofort und genieße es, jemanden zu treffen, der vielfach das gleiche erlebt hat wie wir. Er erzählt, daß er im Dezember von Los Angeles losgefahren und im großen und ganzen den gleichen Weg wie wir zurückgelegt habe. Er hat sich allerdings lange in Kolumbien aufgehalten. Es macht auf Nina großen Eindruck, daß er schon sieben Ketten und vier Reifen verschlissen hat, während sie noch immer mit ihrer ersten Kette fährt und mit dem zweiten Reifen.

Christian lebt davon, kleine Schmuckstücke aus Acryl und Blumen zu machen. Sie sehen hübsch aus, und er schenkt uns eins. Er hat fast kein Geld mehr und muß nach Brasilien, um wieder etwas zu verdienen. Er will die gleiche Route wie wir durch Paraguay nehmen, weil er glaubt, daß das die leichteste ist. Er hat nur die übliche ungenaue Straßenkarte von Bolivien. Wir zeigen ihm unsere Generalstabskarte vom Militär in La Paz, und ich erkläre ihm, was ich über diese Route weiß. Er will trotzdem durch das Chaco-Gebiet fahren. Wir machen aus, daß wir zusammen fahren, falls wir uns weiter südlich wiedersehen sollten. Ich hoffe es, und wir winken ihm zum Abschied zu.

Wir wechseln Geld und fahren hinunter zum Markt. Dieser ist in einem Betonklotz in einem Elendsviertel untergebracht. Auf den Straßen herrscht hektisches Treiben. Nina und die Kinder gehen hinein, und ich bleibe auf dem Motorrad sitzen und passe auf die Sachen auf.

Die Menschenmenge erdrückt mich mit ihrer Neugier. Alle wollen den Pelikanflügel am Windschutz anfassen und bewundern den Vogelkopf an Ninas Honda. Die Aufkleber von allen durchreisten Ländern üben eine magische Anziehungskraft aus. Ich werde gefragt, ob wir wirklich in allen diesen Ländern gewesen sind, wo wir herkommen, wo wir hinwollen. Aber erst, als sie verstehen, daß wir von Cochabamba mit dem Motorrad hierhergefahren sind und beabsichtigen, ins Nachbarland Paraguay zu reisen, braust die Menge richtig vor Begeisterung auf. Eine Frau ruft aus: *„En puro moto, que valiente"* – nur auf dem Motorrad, wie mutig!

Leute kommen und drücken mir die Hand, und sowohl sie als auch ich empfinden das als eine Ehre. Ich versuche etwas über den Weg nach Camiri und Boyuibe zu erfahren, aber keiner kann eine präzise Auskunft geben. Ein Mann ist einmal mit dem Zug nach Camiri gefahren und erzählt warnend von Eisenbahnbrücken, die wir überqueren müssen. Ich verstehe jedoch nicht ganz das Problem. Die Frauen in den näher gelegenen Buden werden lebhaft. Sie haben Nina und die Kinder gesehen und versichern jetzt lauthals und lachend den Leuten, die neu dazugekommen sind, daß wahrhaftig auch eine Señora und zwei Kinder mit zur Expedition gehören.

Ich bemerke einen Mann in der dichten Schar um mich herum. Er hat Apfelsinen gekauft und drängelt sich jetzt nach vorne, um sie in meine Arme zu legen. Er drückt meine Hand und wünscht mir eine gute Reise. Ich erröte. Ein altes Mütterchen verläßt ihre Bude und wackelt zu mir her. Sie bringt eine große Tüte Früchte aus ihrer Bude und setzt sie vor mir auf meinen Tank. „Für deine Kinder, für deine Kinder", sagt sie, während ihre eigenen Kinder oder Enkelkinder an ihrer Schürze hängen und keine Spur neidisch aussehen. Ich bin ziemlich verwirrt und danke ihr immer wieder. Sie strahlt über das ganze Gesicht, und die Menge schaut sie und mich wohlwollend an. Und dann kommt doch tatsächlich noch eine jüngere Frau und steckt mir einen Geldschein in die Hand. Ich bin ganz überwältigt von der Großzügigkeit dieser Menschen und protestiere: „Du sollst mir kein Geld geben – schau dir unsere teuren Motorräder an, und . . ." Aber sie blickt mich mit einem wundervollen Lächeln an und besteht darauf. Für sie ist es eine Freude, mir Geld geben zu können. Sie drückt mir den Geldschein in die Hand, und ich spüre die Wärme ihrer Hand, stark und rauh. Dann ist sie in der Menge verschwunden.

Dann kommen endlich Nina und die Kinder zurück. Sie muß sich durch die Menschenansammlung drängeln, und Emil klettert auf seinen Platz. Er muß die große Tüte mit Früchten festhalten. Alle lachen, als Ida ihren Sturzhelm aufbekommt. Ein Mann hält sie, während Nina das Motorrad startet. Jetzt kommt der Verkehr fast zum Stillstand. Ein Bus stoppt, und der Fahrer und alle Passagiere winken uns zu, und die Menge auf der Straße ruft: *„Buena suerte"* – viel Glück!

Draußen bei der Militärkontrolle fragt man uns, ob wir unseren Freund aus Kalifornien getroffen hätten. Ich grinse bei dem Gedanken an Christians selbstgemachtes „amerikanisches" Nummernschild und nicke zustimmend. Gleich nach dem Kontrollposten verlassen wir die asphaltierte Hauptstraße und fahren auf einen sandigen Weg, der zwischen einigen Lehmhütten hindurchführt. Jetzt liegen etwa tausend Kilometer vor uns, bis wir wieder auf Asphalt treffen – bei einem Ort in der Nähe von Paraguays Hauptstadt Asunción.

Der Weg besteht bald nur noch aus tiefen, sandigen Reifenspuren, die sich über die Ebene ziehen. Hier und da stehen ein paar Bäume. Entlang des Weges ziehen sich Stacheldrahtzäune, und einige Male sehen wir große Viehherden, Tiere, die bedächtig auf dem harten Gras herumkauen. Wir genießen die Wärme, und obwohl es Mühe bereitet, die Motorräder im roten Sand zu halten, sind wir guten Mutes. Nach einer Stunde Fahrt zieht sich der Stacheldraht einige hundert Meter vom Weg zurück, und wir fahren über das holprige Feld zu einem kleinen Gebüsch. Es ist das erstemal, daß wir in Bolivien im Zelt schlafen, und wir wollen vorsichtig sein, weil man ja nie wissen kann, was das Militär von einem Zeltlager hält. Im Land herrscht schließlich Ausgangssperre.

Wir stellen unsere Hondas tief ins Gebüsch und bauen das Zelt so auf, daß man es vom Weg aus nicht sehen kann. Wir fühlen uns wie befreit, wieder draußen zelten zu können. Es ist auch schon mehr als einen Monat her, seit wir das letztemal das Zelt bei Juliaca auf dem Altiplano bei Rauhreif zusammengerollt haben. Nina hat Spaghetti à la minimum gemacht, das heißt: Spaghetti mit Wasser. Aber das ist okay. Nach dem Essen legen wir uns hin und blicken zum südlichen Himmelsgewölbe empor, während Glühwürmchen ihr Milchstraßenballett aufführen. Einige Pferde haben uns zugesehen, während wir das Essen bereitet haben. Sie sind aber wieder verschwunden, als es dunkel wurde. Die ganze Nacht über hören wir Lastwagen, die rasselnd die Gänge herunterschalten, um sich durch eine offenbar schwierige Passage zu lavieren.

Nach langer Zeit können wir wieder einmal unser Zelt aufschlagen.
Emil fühlt sich sehr wohl darin

Der Morgen ist frisch und windig und sehr sommerlich. Wir freuen uns wieder einmal, daß die hohen, kalten Berge hinter uns liegen. Wir haben nichts zum Frühstück und packen schnell zusammen, während Emil und Ida über das Feld springen, um einen großen, rotbraunen Stein zu untersuchen. Sie halten vorsichtshalber einen sicheren Abstand, denn Bienen fliegen ein und aus. Ist das jetzt ein Bienenhaus oder ein Ameisenhaufen mit Bienen?

Draußen auf der Straße denke ich darüber nach, was uns im Chaco erwartet. Wird es vielleicht doch zu gefährlich? Wir haben niemanden getroffen, der im Chaco gewesen ist. Der paraguayische Konsul in Lima ist noch nicht dort gewesen, hat uns aber trotzdem angefleht: „Fahrt nicht durch den Chaco! Es gibt dort kein Wasser, keine Wege und keine Menschen. Nur feindliche Natur mit wilden Tieren und gefährlichen Insekten. Es ist unmöglich für Sie; die Kinder werden das nicht durchstehen."

Aber wir fanden, daß er zu bequem aussah, als daß er glaubwürdig hätte wirken können.

Aber es ist nicht das, was mir zu schaffen macht. Mir machen die Ketten der Hondas Sorgen, und ich lausche nervös nach Mißklängen der Motorräder. Meine Kette ist schon einmal abgesprungen, und sie kann nicht mehr fester gezogen werden. Bei Ninas Maschine ist es nicht viel besser. In La Paz habe ich das Auswechseln hinausgeschoben, weil Ketten verflucht teuer sind. Auch in Cochabamba habe ich es hinausgeschoben und in Santa Cruz wieder. Ich versuche mir einzubilden, daß sie wohl noch halten oder daß wir neue in Camiri kaufen können.

Plötzlich höre ich ein grelles und hämmerndes Geräusch, und das Motorrad zieht nicht mehr. Ich bremse, weil mir klar wird, daß etwas mit der Kette los ist. Zuerst glaube ich, daß sie zerrissen ist, aber sie ist nur abgesprungen. Allerdings ist der Flansch zerdrückt, der das Kettenrad an der Hinterradnabe festhält. Es sieht schlimm aus, und meine Laune ist dahin. Ich verfluche unsere idiotische Sparsamkeit. Aber ich kann nichts anderes machen, als das Motorrad auf den Ständer aufzubocken und die Kette wieder aufzusetzen. Nina holt uns ein, und etwas später halten wir bei einer Gruppe von vier weißgekalkten Lehmhäusern an. Ich bin immer noch unheimlich sauer und schimpfe Nina aus, weil wir nicht die verdammten Ketten gekauft haben. Das ist natürlich ungerecht. Ich brülle, daß ich sofort wieder nach Santa Cruz zurückfahren und die Ketten kaufen will. Ida fängt an zu weinen, und widerstrebend gehe ich darauf ein, daß wir auf jeden Fall erst einmal frühstücken sollten. Die Frau unter dem Vordach mit dem Pepsi-Schild kann uns *almuerzo*, das übliche Menü, das es morgens, mittags und abends gibt, anbieten: Suppe, etwas gebratenes Fleisch und Reis. Ida kippt ihre Limonade um, und ich schimpfe wieder. Aber langsam beruhige ich mich.

Es dauert lange, bis das Essen kommt. Drinnen im Schatten am andern Tisch sitzt der Fahrer eines riesig großen Caterpillar-Traktors. Er stochert in den Zähnen. Ich frage ihn, ob er den Weg nach Paraguay kennt. Er kennt ihn nicht genau, aber er meint, wir sollen noch vor Boyuibe, gleich nach dem letzten Haus des Dorfes Ivucati, in den Chaco fahren. Ich zeige ihm unsere Generalstabskarte. Sie imponiert ihm sehr, aber er kann nichts darauf finden, was er kennt.

Nina fragt ihn, ob er glaubt, daß wir in Camiri Ketten kaufen können. Nach einer langen Diskussion zwischen dem Traktor-Mann, der Wirtsfrau und einem Schlachter, der mit Fleisch auf dem Rücken ankommt, einigen sie sich darauf, daß das vermutlich möglich ist. Voller Zweifel hoffen wir, daß sie recht haben, und wie sonst auch fahren wir in der Überzeugung weiter, daß unser Glücksstern immer noch über uns steht.

Wir fahren schnell. Die Hondas pflügen sich mit sechzig Kilometer in der Stunde durch den tiefen Sand. Die einzigen Spuren vor uns sind die von riesigen Treckerreifen. In der kleinen Ortschaft Abapó ist ein Militärposten mit Schlagbaum, Baracken und allem, was dazugehört, eingerichtet. Ein hoher Lastwagen mit Vierradantrieb, beladen mit großen Pumpen und Bohrausrüstung, wartet auf die Fahrerlaubnis. Wir genehmigen uns eine Limonade und ein langweiliges Brötchen im Schatten des Ladens. Dann erhalten wir unsere Papiere zurück und die Erlaubnis, den Rio Grande zu überqueren. Der Schlagbaum geht auf. Der Weg biegt hinter den letzten Häusern scharf nach links ab und führt auf eine Rampe – es ist eine Eisenbahnbrücke, über die wir fahren sollen.

Auf der langen Brücke steht ein Mann. Er hat eine Coca-Kugel im Mund, und Speichel läuft ihm aus dem Mundwinkel. Er behauptet, von der Polizei zu sein, und will von uns eine Art Brückenzoll kassieren. Wir verwickeln ihn in ein Gespräch und erfahren, daß er kein Geld hat, weil einige Banditen ihm in der Nacht seine Matratze gestohlen haben, in der er leider sein Portemonnaie versteckt hatte.

„Hier wird alles gestohlen", sagt er und fängt wieder an, uns zu bedrohen. Er strahlt Unglück aus, und wir machen uns lieber aus dem Staub. Holterdiepolter geht es über die Brücke. Unter uns liegt der Rio Grande, breit und mit wenig Wasser.

Wir balancieren über einen Brettersteg, der neben den Schienen verläuft. Hier gibt es kein Geländer, nur die großen Stahlträger alle fünf Meter. Ich starre verkniffen auf die Bretter; es ist verflucht tief bis zu dem schönen, blauen Wasser unter mir. Eine Schar Kinder badet auf einer großen Sandbank draußen im Fluß und winkt uns zu. Aber ich habe nicht die Nerven zurückzuwinken. Am Flußufer vor uns erstreckt sich grün und abweisend der Dschungel.

Der rote Sandweg zieht sich hinauf und hinunter durch die zerfurchte Berglandschaft. Wir kommen an zwei, drei kleinen Dörfern vorbei. Hier und da sehen wir Rodungen, die sich ins Tal fressen. Die rauchenden Lehm-Iglus dort sind die primitiven Lager der Köhler. Hier ist alles grüner als im Norden. Der Dschungel besteht hier aus unzähligen Arten von stechenden und brennenden Rankengewächsen. Es muß die Hölle sein, sich hier mit einer Machete durchzuschlagen. Lange Schatten greifen nach uns; die Sonne ist nach China gereist. Wir wissen noch nicht, wo wir unser Lager für die Nacht aufschlagen sollen. Camiri können wir heute nacht nicht mehr erreichen, denn es sind noch mehr als hundert Kilometer bis dahin. Der dichte Wald zwingt uns, auf dem Weg zu bleiben. Endlich zweigt eine Spur vom Weg ab. Es ist ein schlammiger Kuhpfad, der vermutlich bei einer Hütte endet. Eine alte Frau kommt uns entgegengelaufen, aufgescheucht von unserem Motorengeräusch. Das erstemal trifft uns ein verhaßter und feindlicher Blick. Die Frau bleibt fünf Meter vor uns stehen und schickt uns einen Schwarm von kleinen, kannibalischen Fliegen entgegen.

Zurück auf der Straße, springt meine Kette zum viertenmal ab. Emil krabbelt vom Motorrad, um sie wieder in Ordnung zu bringen, und plötzlich kommt eine endlose Kolonne von Militärtrucks herangedonnert. Wir drücken uns ganz an den Wegrand. Durch Staubwolken sehe ich die stechenden Augen von Soldaten. Fünf Kilometer weiter kommt uns wieder eine Kolonne entgegen. Wir warten, bis der letzte Truck außer Sicht ist, und arbeiten uns mit den Motorrädern durch das Gebüsch. Nach hundert Metern halten wir an. Hier können wir nicht vom Weg aus gesehen werden. Wir blicken uns um: überall Buschwerk und umgestürzte Bäume. Etwas weiter steigt der Wald zu einer Anhöhe an. Meine Hände sind von den dornigen Ranken blutig gerissen. Wohin wir uns auch wenden, überall sind Dornen. Ich höre wieder Geräusche von einer Kolonne, die draußen auf dem Weg vorbeidröhnt. Hier sind sowohl die Natur als auch die Menschen feindlich, und das Militär könnte unser Lager vielleicht doch entdecken. Das erstemal fühlen wir uns unsicher und beschließen, ein Haus zum Schlafen zu finden.

Das erste Dorf mit einem Bett für uns ist Gutierrez. Der Marktplatz ist nur eine Ausbuchtung der Straße. Auf der einen Seite liegt eine kleine Kirche, auf der anderen Seite sind drei Häuser. Das eine ist eine Herberge. Der Rest des Dorfes besteht aus einigen kleinen Bauernhöfen. Ich lehne mich über die Tanktasche und lege den Kopf auf das Steuer, während Emil und Nina hineingehen, um nach einem Quartier zu fragen. Es ist friedlich hier in der Dämmerung.

Zum Glück sind in der Herberge Betten frei. Wir fahren hinter das Haus und parken im Hof. Es ist ein chaotischer, morastiger Platz, von hohen Planken eingezäunt und voll von schnatternden, gackernden, grunzenden und bellenden Tieren. Das Wohnzimmer der Familie ist ein großer Tisch unter einem Vordach eines mickrigen Hauses. Vom Deckenbalken baumeln eine zerlegte Kuh und eine rußende Petroleumlampe. In dem baufälligen Nebengebäude stehen zehn *camas collectivos*, Gemeinschaftsbetten, zwischen Regalen mit Einmachgläsern, Gerümpel und undefinierbaren Sachen auf dem Boden, alles eingehüllt in Spinnweben. Ich sitze draußen auf einer Bank; ich bin müde und merke, daß ich immer noch nicht ganz gesund bin. Nina trägt deshalb das Gepäck herein.

Der Generator des Dorfes springt an, und eine Glühbirne leuchtet über unserem Tisch. Wir essen Brötchen mit Sardinen und trinken Zitronensaft. Die Familie in der Herberge ist sehr freundlich. Die Frau schickt eins der Kinder mit abgekochtem Wasser für den Saft herüber, und es bleibt bei uns stehen und schaut uns zu. Wir sind es gewohnt, zu essen, während die Leute uns anstarren. Deshalb machen wir uns nichts daraus, denn unverhohlene Neugier ist immer freundlich und gut gemeint.

Emil saust im Hof herum und spielt mit einem kleinen Plastikring, den er mit einer Schnur an einem Stock festgebunden hat. Das Küchenmädchen lacht und hilft ihm beim Zählen, wenn der Ring über den Stock hüpft. Emil zählt in seinem selbst beigebrachten Spanisch mit. Ida wischt in unserer Unterkunft alles mit einem kleinen Lappen ab, auf den sie vorher spuckt. Wir blicken direkt auf das Küchenhaus, wo die schwarzgekleidete Ehefrau mit einem Mädchen zwischen vier großen Töpfen herumhantiert. Sie bereiten eine überraschend große Menge an Fleisch und Gemüse in dem flackernden Halbdunkel zu. Der „Herd" ist nichts anderes als eine Erhöhung des Bodens, wo Töpfe auf einem Eisenrost über dem Feuer stehen. Einer der Jungen schleppt Brennholz in einer Schubkarre herbei, und das Mädchen steckt es zwischen die Steine. Der Rauch muß sich seinen Weg nach draußen suchen, und entsprechend ist alles rußig und schwarz wie Kohle.

Nachdem wir Emil und Ida zum Schlafen ins Zimmer gebracht haben, sitzen wir noch eine Weile unter dem Licht der Glühbirne zusammen und unterhalten uns. Wir lassen die Stille in uns sinken. Einfach nur in Ruhe und Frieden auf einer Bank an einem Tisch mit Licht sitzen – eine Stunde für Erwachsene. Der Mond geht hinter der Küche auf. Hier ist es schön; nur selten durchbricht das Rumpeln eines Lastwagens den friedlichen Abend.

Die Wildnis fängt gleich hinter dem Schweinepfad, hinter den wenigen Maisfeldern an. Dort draußen kämpfte Che Guevara mit seinen Männern vor vierzehn Jahren. Es ist seltsam, hier zu sitzen und über ihre Sorgen und Nöte nachzudenken: Verpflegung beschaffen, Verstecke finden, die schrecklichen Krankheiten, das verdrossene, träge Mißtrauen der Bauern und schließlich ihr Tod nur elf Monate, nachdem sie ihren „Krieg" in diesen Bergen zwischen Rio Grande und Camiri begonnen hatten. Nach neun Monaten wahnsinniger Strapazen schrieb Che in sein Tagebuch: „Wir haben immer noch keinen Kontakt (zu anderen Revolutionären) und haben keine Hoffnung, einen solchen in naher Zukunft aufzubauen. Die Bauern haben sich uns immer noch nicht angeschlossen. Logisch, wenn man bedenkt, wieviel Kontakt wir in letzter Zeit mit ihnen hatten. Es ist hoffentlich nur eine vorübergehende Schwächung des Kampfgeistes."

Zwei Monate später, am 8. Oktober 1967, bekam eine bolivianische Militärabteilung Kontakt mit den Guerilleros. Es waren nur fünfundzwanzig Mann, und Che wurde verletzt gefangengenommen. Später am Tag haben sie ihn in Higueras, hundert Kilometer von hier, oben in den Bergen, erschossen.

Warum hat Che gerade diese Gegend, wo es nur kleine Freibauern gibt, für seinen Guerillakrieg gewählt? Das Tagebuch gibt keine Antwort. Sie hatten schlechte Kontakte mit La Paz. Die kommunistische Partei Boliviens arbeitete gegen sie. Während die dreißig bis vierzig Mann von Che vereinzelte Gefechte mit dem bolivianischen Militär hatten, gab es einen Aufstand und Streik in der großen Zinnmine „Siglo veinte" oben auf dem politisch aktiven Altiplano. Aber es fehlte an einer Zusammenarbeit mit Ches Leuten. Während ihre Kräfte nachließen und die Bauern ihnen völlig den Rücken kehrten, wurde die Guerilla sowohl von Castro in Havanna als auch von Präsident Barrientos in La Paz auf kontinentale Dimensionen erweitert. Castro stellte die Partisanen als Übermenschen dar, die dabei waren, ein, zwei oder drei Vietnams in Südamerika zu schaffen. Und Barrientos prahlte damit, den gefährlichsten Revolutionär liquidiert und seine Guerilla vernichtet zu haben . . . Che wußte, daß er sterben würde, und durch sein ganzes Tagebuch spürt man eine schicksalsschwangere Stimmung von heroischem Selbstmord. Hier wollte er also sterben.

*

Der Tag ist bedeckt, und der Weg immer der gleiche Schotter und Sand. Wir kommen so gegen zwei Uhr nachmittags nach Camiri. Um uns herum liegen grüne Berge, ein letztes Glimmen der Anden vor dem Chaco. Die Straße geht bergab, führt an einem häßlichen Denkmal bei der Bushaltestelle vorbei, an der großen Kaserne, überquert drei Betonpisten und verzweigt sich zu matschigen Sandwegen, die zu Hinterhöfen mit Kühen und Schweinen führen. Es ist Sonntag. Alle Geschäfte haben geschlossen. Es nieselt etwas, und Camiri sieht öde aus.

Das Mädchen im Hotel sagt uns, daß wir uns beeilen sollen, zur Militärpolizei zu gehen, um uns registrieren zu lassen. „Und vergeßt nicht ein Paßfoto von euch", fügt es hinzu.

Nina und die Kinder traben zur Kaserne. Der Offizier hinter dem Schreibtisch mit dem großen Bauch und dem Pistolengürtel ist der Kommandant der 4. Infanteriedivision in Camiri – er war es, der Che gefangengenommen hat. Alle, die durch Camiri kommen, müssen registriert werden und kommen in sein großes Fotoalbum. Er soll uns die Erlaubnis erteilen, nach Boyuibe und zur Grenze weiterzufahren. Zum Glück hat Nina unsere Aufenthaltsgenehmigung in Cochabamba verlängert. Unsere Papiere sind in Ordnung.

Ida zerrt an Ninas Hand: „A-a", ruft sie. Sie hat keine Windel um; eine Katastrophe bahnt sich an. Nina fragt, wo das Klo ist. Der Wächter öffnet die Klotür und salutiert. Simon Bolivar grinst aus seinem Goldrahmen unter der Fahne zu dem aufgeschwemmten Pin-up-Girl auf dem Kalender hinüber.

Ich ruhe mich in dem hohen Hotelzimmer in einem knarrenden Eisenbett aus und studiere die Karte vom Chaco. Welcher der Wege führt wohl nach Paraguay? Es ist nicht festzustellen, denn die letzten hundert Kilometer vor der Grenze sind militärisches Sperrgebiet, und darüber habe ich keine Karte. Aber genau diese Unsicherheit zieht mich unwiderstehlich an.

Es gelingt Nina, in Camiri eine Kette aufzutreiben. In dem kleinen, dunklen Laden findet der Besitzer zwischen Tausenden von Pappkartons eine Kette aus Japan, die paßt. Triumphierend kommt sie damit nach Hause, und ich atme erleichtert auf. Während ich im

Hof des Hotels die Kette wechsle, trudelt der Franzose ein. Ich winke ihm fröhlich zu. Christian erzählt, daß er auf dem Sandweg hinter Rio Grande gestürzt und der Ständer abgebrochen sei. Er muß zu einer Werkstatt, und wir machen ab, in einer Stunde die Stadt zu verlassen.

Nina hat einen unwahrscheinlich großen Karton voll mit Lebensmitteln gekauft. Wir brauchen für mindestens fünf Tage Proviant. Ich blicke verzweifelt von unseren beladenen Motorrädern zum Karton und wieder zurück. Aber eine halbe Stunde später ist alles in Ecken und Winkel gequetscht, von denen wir noch immer keine Ahnung hatten.

Wir erreichen Boyuibe am Nachmittag, nachdem wir durch zwei breite Flüsse gefahren sind. Es war nicht viel Wasser darin. Aber schon ein einziger Tag mit kräftigem Regen würde uns von der Außenwelt abschneiden. Das Dorf liegt in einem breiten Tal mit flachen Bergen nach Osten hin. Es besteht nur aus ein paar

So verbrachte Ida den größten Teil ihres zweiten Lebensjahrs

Häusern, die zusammengedrängt in einer staubigen Reihe an der Straße stehen. Sie haben flache Dächer und schattenspendende Höfe, um der unwahrscheinlichen Hitze, die hier herrscht, zu widerstehen. Boyuibe ist der wärmste Ort in Bolivien.

Die Herberge, die wir finden, hat sehr kleine Zimmer, aber einen großen Hof mit Grünpflanzen. Hinter dem Waschplatz steht ein mit roten Knospen besetzter Gummibaum. So etwas habe ich bisher noch nicht gesehen. Hier parken wir unsere Motorräder, und Christian fragt, ob Emil in einem extra Bett in seinem Zimmer schlafen möchte. Aber Emil will lieber bei uns sein. Er ist es so gewohnt, eng mit uns zusammenzusein, daß er das bequeme Angebot, ein Bett für sich zu haben, nicht annehmen will. Und wir quetschen uns also wieder zusammen. Aus unserer Gutenachtgeschichte wird nicht viel, weil Emil und Ida so viel Krach im Bett machen, daß nichts zu verstehen ist.

Die große Wildnis
(Hjalte)

Im Osten werden die Berge rot, und der Nebel der Nacht löst sich auf. Ein paar Hunde laufen schnuppernd über die Straße; eine Frau fegt den Bürgersteig. Ganz ruhig fängt das Leben in Boyuibe an. Ich bin gespannt, denn heute sollen wir hinaus in den Chaco. Wir sind alle früh aufgewacht und packen schnell zusammen, so daß wir ein ordentliches Stück zurücklegen können, bevor die Mittagshitze einsetzt.

Im Kopf gehe ich noch einmal alles durch. Haben wir genug Wasser, Benzin und Essen mit? Oder haben wir die Motorräder überlastet, so daß es unmöglich wird, sie in dem schwierigen Terrain zu lenken? Wir wissen, daß es vor Fortin Garay, dem Grenzfort von Paraguay, zweihundert Kilometer entfernt von hier, kein Wasser gibt. Wir müssen vierhundert Kilometer bis zum Militärlager in Mariscal Estigarriba zurücklegen, um Benzin zu bekommen, und hundert weiter, um Essen in der kooperativen

Mennonitenkolonie von Filadelfia zu kaufen. Aber wir wissen nicht, wie lange es dauert, um dort hinzukommen. In Boyuibe haben die Leute gesagt, daß der Weg zur Zeit gut ist und daß wir, wenn alles gutgeht, die Distanz zur Grenze in einem Tag schaffen können. Aber wir bezweifeln es. Allzuoft haben wir total unrealistische Einschätzungen über die Kraft unserer Motorräder erlebt. Ich denke an die Tour nach Darien, wo wir für vierzig Kilometer zwei Tage gebraucht haben.

Durst ist die größte Gefahr im Chaco, denn es gibt kein Wasser. Nur in der kurzen Regenzeit fällt dort Regen, und das spärliche Buschwerk versinkt in unüberwindbarem Morast. Es gibt keine Flüsse in dem flachen Land, nur Sümpfe, die in den Monaten nach der Regenzeit eintrocknen. Den Rest des Jahres sieht der Chaco aus wie eine knochentrockene, abgebrannte Wüste. Die Dürrezeit ist jetzt im Winter, wo die Temperatur auf ungefähr 30 Grad fällt.

Die Grenze zwischen Bolivien und Paraguay ist praktisch immer geschlossen. Boyuibe ist der letzte bewohnte Ort in Bolivien, und nach zehn bis fünfzehn Kilometern gibt es keine *estancias*, Rinderfarmen, mehr – und keine Menschen. Vor einigen Jahren gab es noch einen kleinen Grenzverkehr mit Benzin von Bolivien nach Paraguay. Aber jetzt hat La Paz es verboten. Wenn etwas schiefgeht, können wir nicht mit Hilfe rechnen. Wir sind ganz auf uns selbst gestellt.

Draußen im Hof checke ich die Motorräder genau durch – und das zum zehntenmal. Werden sie uns sicher durchbringen? Gibt es Schwachstellen, die ich übersehen habe? Nein, ich bin sicher, daß alles okay ist. Außerdem habe ich ja mein Werkzeug, so daß ich die allermeisten Reparaturen selber durchführen kann. Aber wenn wir stürzen sollten und uns verletzen, kann es schwierig werden. Solchen Problemen müssen wir eben vorbeugen, indem wir unseren Kopf gebrauchen. In Ninas Packtasche liegt unsere Medizintasche mit Heftpflaster, Jod und Antibiotika. Emil hat seine Legosteine und Ida ihren Schnuller. Christian ist auch bereit und wartet auf uns.

Wir füllen achtzehn Liter lauwarmes Wasser in Plastikkanister und fahren los. Unten beim Kaufmann tanken wir vierzig Liter

Benzin aus einer alten Benzintonne. Dann binden wir eine Tüte mit Apfelsinen und frischem Brot auf den Beutel mit der gewaschenen Wäsche, die im Hotel nicht mehr ganz trocken geworden ist.

Jenseits der Eisenbahnlinie werden wir angehalten. Die 6. Infanteriedivision muß uns mit einem Stempel aus dem Land entlassen, obwohl es noch einhundertsechzig Kilometer bis zur Grenze sind. Das Chaco-Gebiet ist ein richtiges Niemandsland. Eine Schar Soldaten umringt uns. Nicht jeden Tag bekommen sie eine Reisegesellschaft wie uns zu Gesicht.

Ich frage, wann zuletzt jemand durch den Chaco gefahren ist.

„Das ist vierzehn Tage her. War ein speziell gebauter Lastwagen."

Christian fährt vorweg, aber schon einen Kilometer außerhalb von Boyuibe verfährt er sich. Der Weg nach Paraguay ist eine kleine, sandige Piste, die von dem nach Süden verlaufenden Schotterweg bei einer Kirche abzweigt. Die Piste führt an einigen Lehmhütten vorbei und verschwindet in den Hügeln Richtung Osten. Eine Familie vor einer der Hütten versichert uns, daß das der richtige Weg sei. Sie weisen mit einer großen, ungenauen Armbewegung über die Hügel: „Ihr müßt euch nur auf dem am meisten zerfahrenen Weg halten, dann wird es schon gehen." Sie blicken uns verwundert nach.

Die Gegend ist verkarstet, und der Weg schlängelt sich zwischen den niedrigen Bergen ins Unendliche. Mimosenbäume mit bewachsenen Stämmen zeigen mit Dornen so lang wie Finger auf uns und winken mit flimmernden Blättern aus dem Gebüsch. Hohe Kakteen überragen die Büsche, und die *palo borrachos* mit ihren grotesken, tonnenförmigen Stämmen voller Dornen locken uns weiter und weiter in den Chaco. Alles ist knochentrocken; dort, wo in der Regenzeit vermutlich Schlammlöcher waren, liegt tiefer, feiner Sand. An einigen Stellen haben sich Sandverwehungen aufgeworfen, und es ist schwer, mit den überladenen Motorrädern hindurchzupflügen.

Unsere Piste verästelt sich unaufhörlich, und bald ist es unmöglich, sich nach den Karten zu orientieren. Ich weiß zum Schluß nicht mehr, auf welchem Weg wir sind, und die Landschaft bietet keinen sicheren Peilpunkt für den Kompaß. Hin und wieder fahren wir an einsam gelegenen *estancias* mit großen Rinderherden vorbei. Ochsenkarren mit zwei Meter hohen Rädern sind die einzigen, die in der Regenzeit durch den Morast kommen. Fünfzehn Kilometer hinter Boyuibe kommen wir zu einer *estancia*, die einsam auf einem Hügel liegt. Wir fahren hinauf, um nach dem Weg zu fragen. Ein Junge kommt und schaut uns prüfend an. Er sagt, daß wir hinter dem Sumpf rechts abbiegen und dann dem Weg folgen sollen.

„Dies hier ist das letzte Haus", erzählt er und blickt unfroh auf das Haus und den Wald.

Hinter dem Sumpf setzt sich der Weg in einem ausgetrockneten Bach fort, der von Tausenden von Rinderhufen zertrampelt ist. Ein Lastwagen muß versucht haben, während der Regenzeit dem Verlauf des Baches zu folgen. Ich sehe knietiefe Reifenspuren an allen möglichen und unmöglichen Stellen der Böschung. Nina fährt jetzt voraus, und ich kann sehen, wie schwer es für sie ist, das Motorrad auf dem richtigen Kurs zu halten. Der Motor hat nicht die Kraft, die schwere Last des Vorderreifens freizubekommen. Deshalb können wir nicht im Moto-Cross-Stil über den Sand hüpfen. Die einzige Methode ist, das Vorderrad bei einer gewissen Geschwindigkeit und der Kraft der Arme weiter geradeauszuzwingen. Aber sie hat fast nicht genug Kraft. Wieder und wieder schert das Rad zur Seite, und sie kippt um. Mein Vorderreifen drückt sich auch zur Seite weg, ich steuere gewaltsam dagegen – und wild schlingernd fallen wir in den bodenlosen Sand. Emil lacht und findet es lustig, wie wir so daliegen und im Sand herumwühlen. Wir kommen nicht gut voran, denn wir fahren mit höchstens zehn Kilometer in der Stunde und versacken immer wieder in dem weichen Sand. Ida weint; sie kann nicht verstehen, warum Nina sie herunterwirft und das Motorrad umkippt. Nina kann ihr Motorrad nicht aufrichten, deshalb muß sie warten, bis ich meines aufgehoben habe und hinüberlaufen kann, um ihr zu helfen.

Der Weg ist in einem schlechten Zustand. Das meiste ist weggespült, und der Rest ist von Lastwagen zerstört. Oft gibt es nur noch einen Meter zwischen tiefen Gräben rechts und links. Wir müssen eine Ruhepause machen. Ninas Arme zittern vor Anstrengung durch den ständigen Kampf mit dem Vorderrad. Es ist zwölf

Uhr, und die Sonne steht genau im Norden. In endloser Weite verliert sich *el Gran Chaco* vor unseren Augen. Wir stehen auf dem allerletzten kleinen Hügel der Anden und können weit über den flachen, grünlich flimmernden Wald sehen.

Christian fährt in der Ebene voraus. Die Sträucher hängen auf den Weg, und wir können nicht besonders weit sehen. Der Schlamm ist zu Stein verkrustet, und wir beschleunigen. Der Franzose rast davon, und nach der langen Fahrt im Schneckentempo kann ich mich nicht zurückhalten, auch Gas zu geben. Mit achtzig Kilometer in der Stunde jagen wir über die Ebene. Der Weg ist fest, aber gleichzeitig fürchterlich holperig. Immer wieder wird das Motorrad in die Luft gehoben. Wir knallen herunter, und die Federn setzen auf. Emil und ich stehen auf den Fußrasten und federn mit den Knien. Die Federung der Hondas imponiert mir.

Obwohl ich in all diesen Monaten sicher und vernünftig gefahren bin, dauert es nur zwei Minuten, alles zu vergessen und den bekannten alten Fahrteufel in mir zu wecken. Ein Mann auf einem Motorrad vor mir verursacht immer diesen gefährlichen Rückfall. Wenn er aufdreht und ich nur noch sein Hinterrad sehe, ist das ein Signal für mich, und ich vergesse jegliche Vernunft. Der Wald saust vorbei, der Weg erstreckt sich schnurgerade vor uns.

Plötzlich kommt uns ein ausgetrockneter Sumpf in die Quere, und der Weg macht eine scharfe Kurve. Ich bremse hart, nehme die Kurve gut, gebe wieder Gas und rase weiter. Ich versuche nicht, Christian zu überholen. Es erzeugt mehr Spannung, hinter ihm zu fahren, auf seine Fahrweise zu achten, ihn überholen zu können, wenn ich will. Ich muß enorm schnell fahren, weil er den Vorteil des leichteren Motorrades hat und schneller in den Kurven beschleunigen kann, wenn wir durch einen ausgetrockneten Sumpf fahren.

Nina kommt hinterher. Ich denke kurz an sie, nehme wahr, was um mich herum ist, und gehe etwas mit der Geschwindigkeit herunter. Aber kurz danach klettert die Tachonadel trotzdem wieder nach oben. Emil hopst auf seinen Fußrasten wie ein wildes Pferd, und seine Augen leuchten vor Spannung – oder vor Angst? Die Honda fräst sich aus einem tiefen Loch und landet aufheulend nach einem Luftsprung über einen Buckel – weiter, weiter! Ich denke im stillen darüber nach, ob das Motorrad das aushält. Das Gepäck knarrt und rasselt. Schneller und schneller düse ich weiter, aber plötzlich werde ich von einer unübersichtlichen Kurve überrascht. Ein Wirrwarr von Büschen und Bäumen versperrt den Weg. Ich haue auf die Bremsen, aber das Hinterrad wird von einem umgefallenen Baum weggeschlagen. Wir schreien, fallen auf die andere Seite und landen im Gebüsch.

„Emil, ist dir was passiert?" rufe ich. Er liegt unter mir und dem Motorrad.

„Nein, nein", antwortet er.

Ich kann mich hervorquetschen und ziehe ihn mit. Ihm ist zum Glück nichts passiert, und ich selbst habe nur einen verstauchten Finger. Der Windschirm hat Risse, und der Sturzbügel ist verbogen. Ich hebe das Motorrad hoch und verfluche mich selbst. Nina kommt heran, und Emil winkt ihr aufgeregt zu.

„Wir sind hingefallen", ruft er, und ich sehe ihn beschämt an.

„Was ist los?" ruft Nina. „Plötzlich sah ich euch in einem Busch verschwinden."

„Wir sind gestürzt, weil der Weg plötzlich eine Kurve gemacht hat", murmele ich.

„Du verdammter Idiot!" schimpft sie mich aus. „Du bist nicht gestürzt, weil der Weg abgebogen ist. Du bist gestürzt, weil du zu schnell gefahren bist! Und ich mußte wie der Teufel hinterherfahren, damit ich euch nicht verliere!"

Wir lächeln uns an, weil wir trotz allem erleichtert sind, daß nichts Schlimmes passiert ist.

Ein Stück weiter wartet Christian. Er hat ein kleines Feuer gemacht und ißt Hafergrütze. Als er angehalten hat, berichtet er, ist ein großes, schwarzes Raubtier im Gebüsch verschwunden. Vielleicht eine Pampakatze – ein südamerikanischer Luchs. Emil will nicht mehr fahren, und die Wäsche fängt an zu schimmeln. Aber Christian hat es unwahrscheinlich eilig und brennt darauf weiterzukommen. Wir sehen ein, daß sich unsere Wege trennen müssen. Es war schön, Gesellschaft zu haben, aber es ist schwer, unseren festen, langsamen Familienrhythmus aufzugeben.

Nina ist froh, daß Christian fährt. Sie kann ihn gut leiden, aber sie hat Angst, daß es mit einem richtig schweren Unglück enden könnte, wenn wir zusammen weiterfahren. Es sind noch etwa achtzig Kilometer bis zum paraguayanischen Grenzposten, und es ist zwei Uhr. Christian hat genug Zeit. Wir wollen die Nacht über hier draußen bleiben und am nächsten Tag folgen. Wenn er festsitzt, können wir ihm helfen, und er kann andererseits den Soldaten berichten, daß wir auf dem Weg sind. Wir reden davon, uns in Asunción zu treffen, aber keiner glaubt daran. Er winkt uns zum Abschied zu.

Es ist unwahrscheinlich heiß. Wir schwitzen, und alles klebt an uns. Die aufdringlichen, stechenden Fliegen sind eine Pest. Wie üblich errichten wir unser Lager im Gebüsch, so daß man uns vom Weg aus nicht sehen kann. Die Fliegen bringen Emil und Ida zur Verzweiflung. Darum beeilen wir uns, das Innenzelt mit dem Mückenfenster aufzubauen. Emil konstruiert ein Raumschiff aus Legosteinen, Ida legt sich zum Schlafen hin, und ich befestige eine Wäscheleine zwischen einem großen Kaktus und einem *palo borracho*.

Es ist still hier, eine Stille, die von einem Horizont zum anderen reicht und mich überwältigt. Kein Lüftchen weht, die Bäume und das Gras stehen unbeweglich und strecken sich der Sonne entgegen. Die Tiere sind stumm; die ganze Tierwelt wartet auf Abkühlung. Die einzige Spur von Menschen ist der staubige Pfad durch die Wüste. Ich glaube, wir sind noch nie so weit von anderen Menschen entfernt gewesen; auch nicht auf anderen Reisen.

Gegen Nachmittag wird es kühler. Die Fliegen verschwinden, und die Chaco-Wüste erwacht raschelnd und zirpend zum Leben. Wir schließen die Motorräder zusammen, um einen Spaziergang zu machen. Ich fühle mich etwas albern dabei, denn wer sollte schon mit ihnen wegfahren? Vielleicht ein Jaguar? Aber wenn sie verschwinden würden, hätten wir wahrscheinlich keine Überlebenschance. Es sind über siebzig Kilometer bis zu irgendwelchen Menschen, und wir haben für diesen Fußmarsch mit Kindern nicht genug Wasser.

Wir verlassen den Weg. Über uns kreisen Geier mit ruhigem Flügelschlag. An den Zweigen der Mimosenbäume sehen wir

Unterwegs im menschenfeindlichen Chaco

merkwürdige, aus Lehm zusammengeklebte Vogelnester, groß wie ein Menschenkopf. Das sind die Nester einer südamerikanischen Spatzenart. Ich klettere in einen Baum, um über das Chaco-Gebiet zu schauen. Doch alle Bäume sind in der flachen Ebene gleich hoch, und ich kann nicht weit sehen. An den blattlosen Palo-borracho-Bäumen hängen runde Samenkapseln an langen Stielen wie Kugeln an einem Weihnachtsbaum. Emil und Ida sind auf Entdeckungsreise gegangen und haben einige von ihnen gefunden. Sie sind flach und hart wie Kastagnetten, aber wenn die Kapseln auf die Erde fallen, öffnen sie sich, und die Samen fallen heraus. Die Samen sehen höchst merkwürdig aus. Sie sind wie große, runde Seidenpapierflocken mit einer sternartigen Struktur. In der Mitte sind sie indigoblau, dann werden sie braun, gelb und zum Schluß an den Rändern weiß. In jeder Kapsel liegt ein dichter, zusammengepreßter Haufen von Samen.

Wir halten die Kinder an der Hand und genießen die Dämmerung. Die Sonne geht hinter brennenden Wolken unter, und die Luft ist klar. Die Natur schlummert, wir sind von einem unsagbaren Frieden erfüllt, als wenn wir die ersten Menschen auf Erden wären. Emil hat einen kleinen Grillplatz aus Steinen gebaut. Wir zünden ein Feuer aus Zweigen an und essen im Schein unserer Taschenlampe zu Abend. Danach blicken wir in die Nacht; der Sternenhimmel ist phantastisch.

Es wird hell im Zelt, und Ida wacht auf. Sie krabbelt zu Emil hinüber und sagt: „Morg'n, morg'n, 'mil", und gibt ihm einen Kuß. Dann mache ich das Zelt auf. Die Sonne geht über dem Chaco auf. Es ist kühl und wolkig. Wir essen Hafergrütze mit Kakao und Trockenmilch und trinken Pulverkaffee, während Emil und Ida ihre Kondensmilch bekommen. Wir haben die frischen Früchte aufgegessen und nur noch zehn Liter Wasser. Die Sonne bricht durch die Wolken, und Myriaden von Fliegen überfallen uns wieder. Wir wiederholen unser dummes Ballett von gestern. Ununterbrochen bewegen wir uns und schlagen und strampeln mit Armen und Beinen. Die Fliegen sind nicht auszuhalten. Gut, daß wir weitermüssen.

Nina fährt voraus. Das machen wir genau eine Stunde lang genau Richtung Osten. Es wird jetzt richtig schwül. Die Landschaft ist recht eintönig, der gleiche dornige Wald aus Büschen, der in einem flimmernden Teppich aus braunen und grünen Farben den Weg verengt. Plötzlich zerrt Emil an meinem Arm und zeigt in den Wald. Ich bremse und blicke mich um.

„Hast du das nicht gesehen?" ruft Emil. „Hast du das Kreuz nicht gesehen?"

Ja, zehn Meter zurück, ein Stück vom Weg entfernt, ist ein Kreuz in einen dicken Baumstamm geschnitzt. Ich hebe Emil auf die Erde, und wir gehen hin. Vor dem Baum entdecken wir drei schwarze Holzkreuze, die in die Erde gesteckt sind. Am Baum selbst entdecke ich ein kleines Schild, auf dem das Datum 12-12-79 und die Namen von drei Männern gemalt sind. Ich schaue mich um, doch ich entdecke nichts Ungewöhnliches. Der Chaco erstreckt sich unbarmherzig nach allen Seiten. Die Sonne brennt auf uns herunter. Wir können Ninas Motorrad nicht mehr hören. Das einzige Lebendige sind die Geier hoch über uns.

Emil fragt, was die Kreuze bedeuten. Ich erkläre ihm, daß hier vor anderthalb Jahren drei Männer umgekommen sind. Er fragt, woran sie wohl gestorben sind. Der zwölfte Dezember liegt in der heißesten Zeit, in der fürchterlichen Regenzeit, wo der Chaco zu einer undurchdringlichen Hölle wird . . . Wir werfen einen letzten Blick auf die Kreuze und gehen zum Motorrad zurück. Erleichtert lasse ich wieder Leben in meine Honda kommen.

Diese Erinnerung an den Tod hinterläßt einen starken Eindruck bei mir. Der Mann mit der Sichel schwebt irgendwo am Wegrand, und hier an diesem Baum im Chaco hat er drei Männer angehalten. Das macht mir Angst, weil ich weiß, daß auch wir genau hier hätten enden können. Wir holen Nina ein.

Einige Kilometer später biegt der Weg grundlos plötzlich nach Süden ab. Ich werde nervös. Haben wir uns irgendwo verfahren? Meine Nervosität steigt, als der Weg immer schmaler und schmaler wird und in Richtung Süden weist – anstatt nach Osten zum Grenzfort. Wir fahren zehn Kilometer, dann hält Nina an und zeigt auf den Sand. Da sind Abdrücke von breiten Raubtierpfoten, größer als meine Hand. Sie sind ganz deutlich in dem warmen Sand zu sehen und führen vom Weg weg. Das muß ein Jaguar sein, das größte Raubtier des Chaco.

„Stell dir vor, es hätte uns gestern abend aufgespürt!" sagt Nina halb ängstlich und halb enttäuscht.

Wir kommen zu einer breiten Lichtung im Gebüsch, und hier dreht der Weg endlich nach Osten ab. Aber bevor ich erleichtert aufatmen kann, zeigt Emil erneut ins Gebüsch. Er hat ein weiteres Kreuz entdeckt. Es sieht aus wie die anderen, und unter einem neuen Namen steht dasselbe Datum: 12-12-79. Das Kreuz liegt gut fünfzehn Kilometer vom anderen entfernt, und wir diskutieren, was hier wohl passiert sein mag. Die vier Männer müssen zusammengewesen sein. Einer ist vielleicht weitergegangen, um Hilfe zu holen, aber er ist nicht weit gekommen. Die drei Männer dort draußen haben vergeblich gewartet. Vielleicht sind sie auch schon tot gewesen, als der letzte weiterzog . . .

Gürteltiere und Mennoniten in Paraguay
(Nina)

Ich überrasche einen Schwarm Kolibris direkt neben mir. Sie sind mir so nah, daß ich ihren leichten Flügelschlag an meiner Wange spüre, als sie hochschrecken. Die zierlichen, metallgrünen Vögel schweben schon über einem Busch mit orangefarbenen Blüten, hängen wie an unsichtbaren Fäden und verschwinden fast in den Blütenkelchen. Im Nu sind sie wieder verschwunden – so als hätten sie sich in Luft aufgelöst.

Ich sollte nicht von Kolibris träumen! Die Maschine schlingert wild im Sand hin und her. Ich gebe Gas und zwinge sie vorwärts, und nach einigen wilden Bocksprüngen finden wir wieder das Gleichgewicht. Als ich einen Blick zurückwerfe, sehe ich, wie Hjalte sein Motorrad mit schnellen, heftigen Bewegungen hochreißt, während Emil an der Seite lachend danebensteht.

Ida kann nicht auf dem Motorrad schlafen, weil es so hüpft und tanzt und sie die ganze Zeit auf dem Tank von einer Seite auf die andere geworfen wird. Sie legt ihren Kopf auf meinen Arm, aber der schmerzt bald, weil ihr Helm gegen meine gespannten Muskeln schlägt, und immer wieder muß ich den Lenker mit der einen Hand loslassen, um sie richtig hinzulegen. Wir kippen mehrmals um, aber ganz langsam, so daß ich Ida jedes Mal herunterheben kann, bevor wir auf dem Erdboden landen. Ida ist wirklich ein tolles kleines Persönchen: Sie spielt im Sand, bis sie hört, daß der Motor wieder gestartet wird. Dann springt sie auf und ist bereit.

Plötzlich kippe ich auf das linke Bein, verdrehe mir den Fuß nach hinten und bin fest eingeklemmt. Je tiefer die Maschine im Sand versinkt, desto mehr verdreht sich mein Fuß. Einer der Wasserkanister, die am Sturzbügel festgebunden sind, wird an das heiße

Auspuffrohr gepreßt – ssst – ein zischendes Geräusch, und das Wasser läuft aus. Ich rufe Hjalte zu, daß er sich beeilen soll, aber es sind schon vier Liter ausgelaufen. Jetzt haben wir nur noch drei Liter. Die gießen wir in den leeren Kanister in meinem Koffer – daran hätten wir auch früher denken können! Der Wasservorrat ist bedenklich geschwunden. Wir müssen heute unbedingt bewohntes Gebiet erreichen. Zum Glück ist nichts Ernstes mit meinem Bein passiert, obwohl es sich anfühlt, als sei es aus dem Hüftgelenk gedreht.

Eine Schar von kreischenden Papageien fliegt über den Weg, aber was im Gebüsch vor sich geht, können wir leider nicht sehen. Wie gerne würde ich doch etwas länger hier bleiben, aber wir Menschen sind zarte Geschöpfe, wenn wir uns außerhalb der Zivilisation befinden. Ich lasse Ida ohne Höschen fahren, lege nur eine Windel über den Sattel, um sie vor der Wärme des überhitzten Motors zu schützen. Sie hat es aufgegeben zu schlafen. Sie ruft den Schmetterlingen etwas zu und singt der Sonne ein Lied.

So gegen zwei Uhr taucht überraschend ein notdürftig eingerichteter Militärposten auf. Die Soldaten sind über unseren Anblick genauso überrascht wie wir über den ihren. Die Wachmannschaft gammelt in Unterhosen vor ihrer Baracke aus Zweigen herum. Es dauert lange, bis sie jemanden in Hosen gefunden haben, der unsere Papiere kontrollieren kann. Er erzählt uns, daß die vier Kreuze, die wir am Weg gesehen haben, vier Korporalen gesetzt worden sind, die verdurstet sind, nachdem ihr Auto liegengeblieben war.

Die Soldaten starren Ida derart an, daß ich ihr eilig ein Höschen anziehe. In ganz Lateinamerika wird das weibliche Geschlecht als ein großes Geheimnis gehütet.

Einige Kilometer weiter steht ein Wegweiser. Auf der einen Seite des Schildes steht BOLIVIA und auf der anderen PARAGUAY. Das ist die Grenze. Und wir feiern dies, indem wir absteigen und einige Fotos machen. Emil klettert ganz auf die Spitze des Schildes und ruft: „Hurra!"

Ein Wesen so groß wie eine Hand kommt in gerader Linie angeflogen. Es macht ein sirrendes Geräusch, und die langen, gelben Beine hängen nach unten – kann das ein Vogel sein?

Plötzlich klappt es die Flügel zusammen und ist verschwunden. Wahrscheinlich war es eine Heuschrecke. Kleine, gelbe Gürteltiere laufen herum. Sie sehen genauso treuherzig aus wie Igel. Das Tierchen, das ich in die Hand nehme, rollt sich sofort zusammen. Emil und Ida dürfen es halten. Es bildet eine perfekte Kugel, alle Schuppen und Gürtel passen wie ein wundervolles kleines Puzzle zusammen.

Es ist viel zu heiß, um Pausen zu machen. Nach fünf Kilometern kommt der erste paraguayanische Militärposten, der aus einem einzelnen Haus und ein paar Soldaten besteht. Wir fragen sie, wie der Weg ist, der vor uns liegt. Und die Antwort ist deprimierend: *Peor, mucha arena* – schlimm, viel Sand. Die Spurrillen haben sich zu beiden Seiten einen halben Meter tief in den Sand gegraben und sind total unbefahrbar. Wir müssen uns beide mit den Füßen abstützen – was für ein Anblick!

Es ärgert mich, daß ich nicht stärker bin – aber gleichzeitig mache ich mir klar, daß dies hier mehr eine Frage der Behendigkeit als der Muskeln ist. Aber jetzt bin ich total erschöpft, und meine Behendigkeit geht flöten. Ich stürze dauernd und schaffe nur wenige Meter, bevor ich wieder auf der Nase liege. Der Motor läßt sich nach dem Umkippen nur schwer starten. Er säuft sofort ab, und meine Arme und Beine sind vor Müdigkeit wie gelähmt. Langsam gehorcht mir mein Körper nicht mehr; ich nähere mich den Grenzen meiner Kraft. Was mich am meisten beunruhigt, ist, daß mit den Kräften auch der Wille zum Weitermachen schwindet.

Was wird geschehen, wenn ich nicht weiterfahren kann? – Nein, nein, das ist doch die totale Mittelmäßigkeit, und die hat hier nichts zu suchen. Ich habe mich selbst entschieden, auf dem Motorrad zu fahren, und ich habe mich selbst entschieden, durch die Wildnis zu fahren. Von allen Orten auf dieser Welt habe ich mir gerade diesen ausgesucht. Jetzt wird ein überdurchschnittlicher Einsatz von mir verlangt. War es nicht gerade das, was ich wollte? Ich reiße mich zusammen und bekomme meine Gefühle unter Kontrolle. Nie habe ich aus einem offenen Fenster blicken können, ohne einen Sog von Fernweh zu spüren. Jetzt bin ich mittendrin, und ich liebe es – paß auf, grüne Hölle, hier komme ich! –, aber verdammt noch mal, es ist so schwer! Hjalte hat auch Schwierigkeiten, kippt ständig um, aber wir lächeln einander ermutigend zu und machen weiter. Wir versuchen neben der Spur zu fahren, wo der Untergrund etwas fester, dafür aber sehr uneben ist. Das müssen wir schnell aufgeben und wieder auf die Spur zurückfahren, einige mörderisch stechende Büsche gehen direkt durch die Montur und brennen wie Bienenstiche.

Es ist, als kämen wir gar nicht voran, und ich lege mich neben mein Motorrad, um für zehn Minuten Kräfte zu sammeln. Aber sofort fallen die verfluchten kleinen Fliegen kitzelnd über mich her – hier ist kein Ausruhen. In dem Moment sehe ich schemenhaft etwas merkwürdig Gespenstisches – was macht ein Friedhof hier, wo keine Menschen wohnen? Die meisten schlichten Holzkreuze sind umgefallen und liegen auf dem sonnenverbrannten Sand, das Holz vor Alter grau. Über dem Eingang balanciert noch ein Portal, auf dessen Oberlieger „Sie starben für das Vaterland, 1929–1935" eingeschnitten ist.

Welch eine Absurdität, hier draußen, wo nichts ist, Krieg zu führen. Es ist unglaublich, wofür die Menschen zu sterben bereit sind. Hier im Kleinen wird es um so deutlicher.

Gegen sechs Uhr erreichen wir endlich Fortin Coronel E. Garay, eine etwas größere Militärkaserne, wo Paß- und Zollkontrolle durchgeführt werden. Ein ziemlich gereizter Soldat befiehlt uns, das Gepäck von den Motorrädern zu nehmen und es die Treppe hinauf zu einem Laubengang vor dem Haus zu tragen. Das fehlte uns gerade noch!

Wir schlucken unsere Verfluchungen hinunter und schleppen mit letzter Kraft das Gepäck zum gewünschten Platz. Mit übertriebenem Ernst zeigt Hjalte dem Soldaten eine Tasche mit Zwiebeln. Er nimmt die Zwiebeln eine nach der anderen sorgfältig heraus und zeigt sie vor. Als er danach anfängt, meine schmutzige Unterwäsche zu zeigen, hat der arme Soldat genug und befiehlt uns, wieder alles zusammenzupacken. Das Gepäck schnallen wir wieder an, aber unsere Pässe sind im Haus verschwunden. Über dem Chaco geht die Sonne unter. Der Himmel über der dürren Landschaft leuchtet rot, gelb und blau. In einem dornigen Baum hängt eine Schaukel. Emil und Ida spielen und wechseln sich so lieb beim Schaukeln und Anschubsen ab. Für einen Augenblick genießen wir die Ruhe und den Sonnenuntergang, dann gehen wir hinein und fragen, ob wir nicht bald unsere Pässe bekommen könnten? Nein, das ginge leider nicht, bevor der Kommandant gekommen sei.

Glücklicherweise erscheint *el Commandante* in seinem Jeep. Er sagt, daß wir in der Kaserne übernachten können und daß die Pässe bis morgen warten sollen. Uns wird ein kleines Haus aus Mauersteinen mit Gittern vor den Fenstern zugewiesen. Das Haus steht leer, und wir rollen unsere Schlafsäcke aus.

Ein Soldat kommt und befiehlt uns mit den Kindern ins große Haus. Was jetzt? Wir kommen in einen großen, leeren Raum. El Commandante sitzt am Ende eines langen Tisches mit einer grünen Filzdecke und einer zischenden Petroleumlampe darauf. Er bittet uns, am Tisch Platz zu nehmen. Er ist ein Mann Mitte Vierzig, mit einem von der Sonne gebräunten Gesicht, und er spricht ein einwandfreies Deutsch. Wir werden zum Essen eingeladen, und die Ordonnanz bringt uns Blechteller. Gleich darauf holt er einen Topf Suppe mit Fleischwürfeln, einige Zwiebäcke und eine Kanne Milch. *El Commandante* hat schon gespeist, nur wir essen. Und obwohl der Kommandant ein netter Mann ist, fühle ich mich wie verhaftet. Er erzählt uns, daß die kleinen Fleischstückchen in der Suppe von der Rinderherde des Forts stammen. Sie besitzen dreitausend Stück Vieh.

Ida kippt natürlich ihren Teller mit den klebrigen Fleischstücken um, aber relativ schnell und diskret kratze ich das Schlimmste wieder auf den Teller zurück. Und da mir keiner behilflich ist, benutze ich meine Jacke als Lappen und wische mit zerstreuter Miene die Suppe vom grünen Filz auf.

El Commandante hat ein Jahr lang in Deutschland gelebt, als Teil seiner militärischen Ausbildung, ja er hat sogar Dänemark einen Besuch abgestattet. Er findet den Tivoli wunderschön, und da sind wir natürlich ganz seiner Meinung. Seine Arbeit beim Militär macht ihm Spaß, und er ist stolz darüber, wie wirkungsvoll es für Ruhe und Frieden im Lande sorgt und Revolutionen verhindert. An der Wand hängt ein Plakat mit den Worten: „Paraguay, das Land der Sonne und des Friedens." Über der Tür hängt ein staubiges Bild von Paraguays Nationalhelden, Marschall Lopez.

Obwohl Paraguay ursprünglich von friedlichen Guaraní-Indianern bewohnt war, hat das Land eine unglaublich blutige Geschichte. 1537 gründeten die spanischen Eroberer Asunción, aber da es keine Reichtümer zu stehlen gab, siedelten sich nur wenige Spanier an. 1865 führte der Diktator Francisco Solana Lopez das Land in den sogenannten Dreiländerkrieg, in dem Paraguay zu gleicher Zeit gegen die Nachbarländer Brasilien, Argentinien und Uruguay Krieg führte. Unter der tapferen Führung von Marschall Lopez kämpften die Paraguayer buchstäblich bis zum letzten Mann. Als der Marschall 1870 in Cerra Cora endlich fiel und der Krieg zu Ende ging, war die Bevölkerung von 525 000 auf nur 221 000 reduziert, wovon nur 28 000 Männer waren! Marschall Lopez ist heute einer der am meisten geehrten Helden Paraguays.

Bevor wir schlafen gehen, erzählt uns der Kommandant, daß vor einigen Jahren ein ehrwürdig aussehender Pater hierher gekommen sei, während Che Guevara auf der bolivianischen Seite der Grenze kämpfte. Dieser Pater sei von Missionsstation zu Missionsstation gereist, ohne daß jemand den Verdacht gehegt habe, daß er ein Kommunist sei, von Fidel Castro geschickt. Der fromme Pater habe mehrere schwere Koffer mit sich geführt, in denen laut seiner Aussage Bücher waren. Aber als *el Commandante* die Koffer öffnete, seien sie voller Waffen gewesen, und er habe sofort den Pater mit einer Machete geköpft . . .

Hastig bedanken wir uns für das Abendessen. Morgen werden wir in Richtung der Stadt Filadelfia weiterfahren.

Ein leichter Nieselregen ist in der Nacht über dem Chaco gefallen, und die Spur ist für uns mit unseren viel zu schweren Motorrädern zum Glück etwas fester geworden. Während einer Rast am Wegrand befreien wir uns von großen Zecken. Ein besonders freches Biest, so groß wie ein Pfennig, hat sich auf Idas Po festgesetzt, wird aber mit einem Griff entfernt.

Emil zeigt ins Gebüsch und sagt: „Die Bäume da erinnern mich an einen Computer, der kaputt ist."

Hjalte fragt ihn, was er denn damit meint. Und Emil erklärt, daß das Licht die Blätter der Mimosen flimmern läßt, wenn wir an ihnen vorbeifahren, genau wie auf dem Bildschirm eines Computers. Es stimmt schon, daß das Licht in den Blättern flimmert, wenn wir vorbeifahren, aber es mit einem Computer zu vergleichen – darauf wären wir Erwachsenen nie gekommen.

Nur die Tiere benutzen den Weg. Wir sehen dauernd welche. Ein paar Wildschweine mit großen, häßlichen Köpfen und hervorstehenden Hauern grasen am Wegrand und bleiben stehen, als wir vorbeifahren. Ein kleiner, rotbrauner Antilopenhirsch springt in elegantem Bogen schnell in den Wald hinein, und ein großer Jaguar mit dickem Schwanz und geflecktem Fell jagt über den Weg gerade vor Hjalte und Emil. Ab und zu entdecken wir Skelettreste von toten Tieren. Ich halte nach einem Wildschweinkiefer Ausschau, und als ein guter auftaucht, bei dem alle Zähne intakt sind, hebe ich ihn auf. Er ist von der Sonne gebleicht, nur ein bißchen Erde klebt daran, die ich später abwaschen kann. Er wird an meinem Windschutz hinter dem Pelikankopf aus Peru befestigt. Kurz darauf halte ich wieder an, jetzt liegt da doch ein Stück Wildschweinfell mit dichten Borsten drauf – das muß ich unbedingt mit nach Hause nehmen! Ich bin schon viel zu weit zurückgeblieben! Scharen von Papageien fliegen von den Bäumen hoch – weit, weit vorne, wo Hjalte und Emil fahren.

Ich liebe es, Dinge aus der Natur zu sammeln. Sonst kann man wohl behaupten, daß ich keine irdischen Güter horte. Einige verschanzen sich hinter Teppichen, Lampenschirmen und Palmen auf Säulen, andere investieren in Einbauküchen, wieder andere sammeln Rassehunde oder tropische Fische. Das können sie meinetwegen alles für sich behalten; das einzige, was ich mir wirklich wünsche, ist ein Leben voller Erlebnisse. Viele glauben, daß sie mit mehr Geld mehr Freiheit hätten, aber das ist nicht die ganze Wahrheit. Zur wirklichen Freiheit gehört auch das Risiko, arm zu werden, denn je mehr man sich zu sichern versucht, desto weniger frei ist man.

Seit unser Zuhause in Christiania vor drei Jahren abbrannte, haben wir uns kaum Sachen angeschafft. Aber wenn ich an

Naturalien vorbeifahre, die nur auf mich zu warten scheinen, verspüre ich ein Kribbeln in den Fingern. In meinem Gepäck habe ich schon eine große Muschelsammlung, tropische Samen und getrocknete Pflanzen. Das sind meine kostbarsten Souvenirs, und jede dieser Kostbarkeiten ruft die Erinnerung an den Ort, woher sie stammt, in mir wach.

Später sehen wir einen großen, grauen Strauß auf dem Weg. Er glotzt uns lange an, nimmt schließlich doch Reißaus und läuft mit hüpfenden Schritten zu einer kleinen Hütte aus Zweigen, in der eine Indianerfamilie wohnt. Wir starren ihm nach – der Strauß läuft direkt zur Tür herein und versteckt sich im Inneren. Und die Indianer winken und lachen uns zu, denn wir sehen sicherlich aus, als hätten wir noch nie einen Strauß gesehen.

Am nächsten Tag erreichen wir Mariscal Estigarriba. Die Stadt liegt geduckt und sonnenbeschienen in einer Ebene. Verstreute Häuser und staubige Lehmstraßen, nur die Kaserne hat zwei Etagen. Wir müssen eine weitere Zollkontrolle über uns ergehen lassen, die Papiere werden wieder gestempelt. Hier müssen wir unbedingt Benzin auftreiben, sonst bleiben wir hier liegen. Das Militär bedient den einzigen Laden der Stadt und verkauft Benzin von einer Pumpe. Hjalte bekommt eine schriftliche Genehmigung und kauft Benzin für die letzten hundert Kilometer bis nach Filadelfia.

Langsam bin ich felsenfest davon überzeugt, daß wir die Abfahrt nach Filadelfia verpaßt haben, aber ich kann Hjalte, der weit vor mir in einer Staubwolke davonrast, kein Zeichen geben. Meine Irritation wächst, wir sind bestimmt hundert Kilometer zu weit gefahren – warum hält er nicht an?

Ein unverkennbares Zeichen dafür, daß wir uns der Zivilisation nähern: kleine, armselige, verslumte Häuser. Vor einem Schuppen aus Pappkisten und Plastiksäcken sitzt eine Indianerfamilie mit vielen Kindern.

Mitten in einer Baustelle stehen Hjalte und Emil, über und über mit Schlamm bespritzt. Die Straße ist gerade gewässert worden und so glatt wie grüne Seife. Das Motorrad hatte sich ein paarmal um

Ein paraguayischer „Cowboy" mit Revolver im Halfter

sich selbst gedreht und eine elegante Pirouette gemacht, bevor es sich auf die Straße legte und im Schlamm weiterrutschte. Jetzt warten die beiden geduldig auf mich, um mich rechtzeitig zu warnen.

Kurz darauf rollen wir durch Friedfeld, das, zwischen Feldern und Weiden gelegen, wie ein deutsches Dorf anmutet. Von kleinen Gärtchen mit Blumen und Rasen umgeben, stehen Steinhäuser, frisch gestrichen und gepflegt. Am Ortseingang von Filadelfia erwartet uns wieder eine Paßkontrolle, und als wir sie hinter uns gebracht haben, fahren wir die Avenida Hindenburg entlang.

Einige bettelarme, kleine Indianerfrauen schlurfen durch die deutsche Idylle, die uns hier mitten im Chaco völlig surrealistisch erscheint. Wir parken vor El Collectivo, dem Coop-Laden, und Hjalte geht Geld wechseln und Proviant kaufen. Sofort werden die Kinder und ich von einer neugierigen Menschenmenge umringt. Die meisten sind blond, und ihre Freude kennt keine Grenzen, als sie entdecken, daß ich Deutsch spreche. Zwei kleine Mädchen in weißen Kleidern und mit gelben Zöpfen reichen Emil die Hand und machen höflich einen Knicks. Einige Indianer, die zum Einkaufen in die Stadt gekommen sind, stehen beobachtend im Hintergrund. Ich sehe sofort, daß es hier nur Weiße oder Indianer gibt, keine Mestizen. Die Indianer haben jede kulturelle Eigenständigkeit verloren und tragen schäbige Kunststoffkleidung, die andere in den sechziger Jahren wegwarfen. Es sind Miniröcke, Trompetenhosen und Nylonhemden mit psychedelischen Mustern. Da die Minimode als unpassend gilt, lösen die Indianerfrauen das Problem, indem sie unter dem Minirock Trompetenhosen tragen. Das ist die einzige Eigenart, die den Indianern geblieben ist – außer ihrer Armut. Aber uns Fremden gegenüber sind die deutschsprachigen Siedler außerordentlich gastfreundlich, und noch ehe Hjalte zurückgekommen ist, haben wir schon zwei Übernachtungsangebote im Städtchen bekommen.

Wir wohnen bei Jacob Unger und seiner Frau Elisabeth in einem netten Häuschen mit einer schattigen Terrasse und Blumen im Garten. Wir schwelgen in Wasser und Seife, bevor wir wieder zum Vorschein kommen. Unsere Gastgeber haben uns vorher vermutlich vor lauter Dreck und Staub gar nicht erkennen können. Wir setzen uns an einen reich gedeckten Tisch, und Elisabeth serviert Hähnchenfleisch mit Soße, sauren Gurken, Blumenkohl und roten Beten. Europäischer geht es nicht – in Südamerika haben wir bisher nie Soße oder Beilagen bekommen.

Elisabeth erzählt uns, daß die Mennoniten eine christliche pazifistische Sekte sind, die den Militärdienst verweigert. Deshalb hätten sie sich seit der Gründung der Sekte in der Schweiz 1525 oft ein neues Vaterland suchen müssen. 1926 seien die ersten Mennoniten aus Kanada nach Paraguay gekommen und seien vom Präsidenten persönlich willkommen geheißen worden. Ihnen wurde Land zugeteilt, sie bekamen deutschsprachige Schulen, sie wurden vom Militärdienst befreit und gründeten die Kolonie Menno. Aber der Chaco ließ sich nicht so leicht kolonisieren, und in den ersten Jahren seien viele gestorben, während andere in ihre Heimat zurückkehrten. 1930–32 seien zweitausend Mennoniten aus Rußland gekommen, die von Stalin vertrieben worden waren, und sie gründeten die Kolonie Fernheim mit Filadelfia als Zentrum, und unter ihnen waren sowohl Jacobs als auch Elisabeths Großeltern.

Obwohl die Mennoniten geflohen waren, um dem Militärdienst zu entkommen, wurden sie selbst Ursache eines Krieges. Zur großen Bestürzung der Siedler brach wegen ihrer Siedlung ein Krieg aus, nachdem Bolivien erfolglos wegen Paraguays Kolonisierung des Chaco vor dem Völkerbund protestiert hatte. Zwar nahmen die Mennoniten nicht selbst am Krieg teil, aber die paraguayischen Truppen gewannen große strategische Vorteile durch die Brunnen und Straßen der Siedlungen, und sie gewannen den Krieg um den Chaco. Ich rufe mir den Anblick des kleinen verfallenen Friedhofs an dem verlassensten Ort an der Grenze zu Bolivien ins Gedächtnis. Viele starben da draußen in der großen Öde – nicht im Gefecht, sondern an Hunger und Durst. Jetzt weiß ich, warum die Soldaten an diesem gottverlassenen Ort kämpften – um eine Handvoll Pazifisten zu verteidigen! Oder galt es gar nicht ihnen? Gab es auch damals einflußreiche Leute, denen eine „Entwicklung" des Landes und seinen Ölvorkommen vorteilhaft erschien? Denn an einem unberührten Naturgebiet, von Indianern dünn besiedelt, läßt sich kein Geld verdienen. Nein, diese groteske Geschichte bestätigt mir, daß es nicht reicht, Pazifist zu sein, man muß auch politisch denken, egal, wo man sich befindet.

Am nächsten Morgen holt uns ein rothaariger Mann von der örtlichen Rundfunkstation ab. Wir trafen ihn gestern vor El Collectivo und versprachen ihm ein Interview im Radio. Durch die geraden Schotterstraßen fahren wir zu „Voz del Chaco" – die „Stimme des Chaco".

Im Studio geben wir ein ultrakurzes Interview auf deutsch, das direkt in den Äther geht. Es war so kurz, daß sie erst gar nicht Gefahr liefen, unsere Meinung über irgend etwas zu hören. Nicht daß wir unhöflich sein wollten, überhaupt nicht, aber das Interview war doch bemerkenswert kurz.

Als wir zurückkommen, setzen wir uns in den Garten und trinken Eistee, ein beliebtes Getränk in Paraguay. Man trinkt den Eistee mit einem Strohhalm, an dessen Spitze ein Sieb ist, Bombilla genannt. Die Bombilla ist verchromt und mit roten Glassteinen verziert. Es ist eine gemütliche Runde, Hjalte und ich, Jacob und Elisabeth und einer ihrer Freunde, der gerade vorbeigekommen ist. Der Tee im Glas heißt *yerba mate*, Matestrauch, und läßt sich kalt zubereiten. Man füllt das Glas mit *yerba mate*, gießt Eiswasser drüber, und sofort hat man *tereré*. Wir lassen die Bombilla wandern wie eine Wasserpfeife, gießen immer mehr Eiswasser nach, das den Durst bei der Hitze gut löscht. Der Tee ist bitter und zieht den Mund zusammen. Der Geschmack läßt sich am besten mit nassen Zigarettenkippen oder gekauten Bleistiften vergleichen. Emil und Ida spielen im Garten mit Wasser und genießen einen „Urlaubstag" vom Fahren.

Jacobs Freund fragt, warum wir denn nicht bleiben und uns hier niederlassen? Wir könnten doch leicht einen Job als Englischlehrer an der Schule bekommen, und alle neuen Siedler bekämen ein Stück Land vom Staat geschenkt und Geld zur Etablierung. Er vergißt hinzuzufügen, daß das Angebot nur für Weiße gilt . . . Ja, wir könnten doch dableiben und sofort anfangen. Er läßt sich derart darüber aus, wie schön und friedlich es in Paraguay sei, daß ich zuletzt nicht mehr die Frage unterdrücken kann, warum denn überall soviel Militär sei? Jacob erklärt mir, daß gerade das den Frieden garantieren würde. Im stillen überlege ich, daß das doch eine teuflische Art ist, den Frieden zu sichern. Wie können Pazifisten das tolerieren? Jacob erklärt uns weiter, daß der in Deutschland ausgebildete Präsident Stroessner ein sehr fähiger Mann sei, der dafür sorge, daß es im Land keine politischen Unruhen gäbe. Von Anfang an habe er proklamiert, daß er keinen Widerstand dulde.

Vorsichtig fragt Hjalte, ob es denn keine Leute gäbe, die eine andere Meinung hätten als der Präsident? Mit seinen großen, ehrlichen, blauen Augen schaut Jacob uns an und sagt, daß der Präsident ein sehr fähiger Mann sei, und daß sie sehr zufrieden seien. Im Land sei immer Frieden, weil alle politischen Gegner verschwinden würden. Keiner wisse wohin, sie würden einfach verschwinden. Einige würden ins Ausland fliehen, andere verschwänden spurlos nach ihrer Festnahme. So sei es auch vor einigen Jahren einem Mann hier aus der Gegend ergangen. Wir versuchen, unser Entsetzen zu verbergen, und betrachten unsere Gastgeber. Auch nicht ein Anflug von Zweifel ist in ihren Gesichtern zu erkennen – oder doch? Nein. Sie empfinden nur Zufriedenheit darüber, daß das Militärregime so effektiv funktioniert, und dann wundern sie sich in aller Unschuld darüber, wo die verschwundenen politischen Gegner geblieben sind. Wohl hat Jacob das Gerücht gehört, sie säßen im Gefängnis oder seien ermordet worden, aber man könne ja nicht wissen, ob das stimmen würde, nicht wahr?

Überall in Filadelfia sind die Leute nett und hilfsbereit. Aber vor meinem inneren Auge tauchen immer wieder Bilder auf von denen, die in den Kellern der Polizeipräsidien und an anderen verborgenen Orten gefoltert und ermordet werden.

Wie können die Mennoniten damit leben? Sind nicht sie gerade Leute, die sich täglich mit der Existenz der Seele und des Gewissens auseinandersetzen?

Früh am nächsten Morgen sagen wir auf Wiedersehen und nehmen Abschied von Filadelfia. Wir haben uns eine Route ausgesucht, die uns durch mehrere Siedlungen führt. Die Städtchen liegen an der Straße, deutsche Idylle mit kurzgemähtem Rasen. Irgendwie sind wir erleichtert, als wir wieder auf der Hauptstraße sind. Vorläufig kommen keine Städte, aber morgen sollten wir Asunción erreichen.

In den endlosen Sümpfen stehen Palmen mit den Wurzeln im Wasser, und anmutige weiße und schwarze Reiher fischen am Wegrand zwischen Schilf und Wasserpflanzen. Glücklicherweise sind unsere Motorräder so leise, daß die Vögel stehenbleiben, wenn wir vorbeifahren. Aber jedesmal, wenn ich anhalte, um zu fotogra-

Emil und Ida gehen im Gran Chaco auf Entdeckungsreise

fieren, fliegen sie weg. An einer trockenen Stelle am Wegrand schlagen wir unser Lager auf. Nur ein Lieferwagen kommt vorbei und ein Hirte mit ein paar Kühen. Hier ist es unfaßbar friedlich. Auf eine Art ist es doch wahr, was auf dem Plakat stand: Paraguay, Land der Sonne und des Friedens. – Frieden gibt es, aber nur dort, wo keine Menschen sind.

Ich gehe mit Emil und Ida auf Entdeckung, während Hjalte kocht. An einem Wasserloch liegen viele große Schneckenhäuser. Sie sind bräunlich oder grünlich und beinah durchsichtig, und leider auch sehr zerbrechlich. Die untergehende Sonne spiegelt sich in den Wasserlöchern und läßt die Sümpfe rosa schimmern. Ein paar weiße Pferde grasen in der Nähe unseres Zelts. Auf ihren Rücken hüpfen kleine, gelbe Vögel herum und fangen Insekten. Es würde mich gar nicht wundern, wenn ich plötzlich einen Löwen und ein Lamm gemeinsam grasen sehen würde, genau wie auf den Heftchen der Heilsarmee.

Einige Kühe wollen von unserem Essen probieren. Es sind riesige Tiere, die sich nicht so leicht verjagen lassen. Eine besonders aufdringliche Kuh wagt sich ganz nah an Idas Schälchen heran. Emil ergreift vor Entsetzen die Flucht, aber Ida packt die Luftpumpe, geht entschlossen zur Kuh und pumpt erbost gegen deren Bein, während sie „Geh weg, geh weg!" ruft.

Während wir am nächsten Tag packen, läuft Ida nackt herum. Sie hat einen großen, runden Bauch, und auf einmal entdeckt sie ihren Nabel. Wegen der Rundung des Bauches hat sie ihn sonst nicht sehen können, aber plötzlich fühlt sie ihn mit den Fingern. Sie fragt mich gleich: „Was das?" Und als ich ihr erklärt habe, daß es ihr Nabel ist, sagt sie sofort: „Ab, gucken!" Sie will ihren Nabel abnehmen, damit sie ihn untersuchen kann. Das läßt sich nun mal nicht machen; statt dessen versucht sie, ihren Bauch einzuziehen, damit sie den Nabel sehen kann, aber es ist sehr schwierig. Eine ungeheuer interessante Entdeckung hat sie da gemacht. Und den ganzen Morgen ist sie damit beschäftigt, ihn zu untersuchen, und ihn uns zu zeigen.

*

Vor elf Tagen verließen wir den Asphalt bei Santa Cruz. Neunhundert Kilometer staubige Pisten liegen hinter uns, auf denen man zwar mehr sieht und erlebt, aber nun freue ich mich doch, wieder auf Asphalt fahren zu können, der fünfzig Kilometer vor Asunción beginnt.

Asunción ist eine erstaunlich moderne Stadt. Sie macht einen angenehmen Eindruck, vielleicht weil die meisten Häuser im Zentrum niedrig sind. Es ist schwierig, ein einigermaßen billiges Hotelzimmer zu finden, aber zuletzt spüre ich eines unten am Hafen auf, in der Nähe des Präsidentenpalasts. Wir waschen Wäsche und schreiben nach Hause.

Hier gibt es viele feine Lederwarenläden. Ein Sattler führt mir einen sehr breiten Gürtel vor, der sich der Körperform anpaßt. Auf der Vorderseite sind Prägungen und Dekorationen, aber das Raffinierte daran ist, daß zwischen den beiden Lagen ein großes Geheimfach für Papiere entsteht, wenn man den Gürtel zusammenfaltet. Es tut richtig gut, gediegenes Handwerk zu sehen, nach all dem Schnickschnack, den wir unterwegs angeboten bekommen haben. Wir verwöhnen uns und kaufen frisches Brot, Wurst aus Argentinien, Trockenmilch aus Holland, einen einheimischen Käse und *yerba mate* als Tee. Dann gehen wir nach Hause und veranstalten im Hotelzimmer ein richtiges Festessen.

Hier ist alles ordentlich, die Armut springt einem nicht in die Augen. Aber die wenigen Indianer, die es noch gibt, sind ein trauriger Anblick. Sämtliche Maca-Indianer aus dem Chaco sind in ein Reservat außerhalb von Asunción deportiert worden, wo sie vom Souvenirverkauf an die Touristen leben können. Das Reservat funktioniert wie ein Zoo, wo man Eintritt bezahlt, um zahme Indianer zu sehen. Wir fahren nicht dahin; die wenigen Indianer, die in den Straßen der Stadt umherschleichen, reichen uns. Vor Kummer und Sorgen krumm, bieten sie ihr „Handwerk" an, das so erbärmlich ist, daß es blanker Hohn ist. Es sind die am meisten erniedrigten Menschen, die ich je gesehen habe. Eine alte Frau streckt mir einen Flitzbogen entgegen, eine Holzleiste mit einem Wollfaden bespannt und mit Hühnerfedern in schreienden chemischen Farben verziert. Sie sieht mich mit einem bittenden Blick an. Ich fühle mich sehr elend . . .

Auf dem Weg aus der Stadt halten wir an und setzen uns in einen Park, um die letzten Postkarten zu schreiben, bevor wir Asunción verlassen. Direkt gegenüber liegt das Polizeipräsidium. Es dauert nicht lange, bevor jemand aus dem Präsidium zu uns geschickt wird. Hjalte geht mit, während ich mit den Kindern diskret in eine andere Richtung verschwinde. Sie sind sicherlich nur neugierig, aber der Gedanke, daß sie uns alle auf einmal hinter ihren Mauern haben sollten, gefällt mir nicht. Wenn wir „verschwinden" würden, wer würde nach uns suchen können? „Zuletzt in Filadelfia gesehen . . ." Es würde Monate dauern, bis jemand überhaupt entdecken würde, daß wir verschwunden sind.

Glücklicherweise kommt Hjalte bald zurück. Er schüttelt den Kopf und lacht erleichtert und erzählt, daß er in ein Büro mit etwa zehn Männern geführt worden sei. Es waren ranghohe Polizeioffiziere in Reitstiefeln und mit Sonnenbrillen, großen Revolvern und klirrenden Säbeln. Über die Brille hinwegblickend habe der Chef einschmeichelnd gefragt: „Was halten Sie von Paraguay?" Hjalte murmelte ein paar höfliche Phrasen, und der Polizeioffizier fuhr fort: „Ich habe Sie im Park beobachtet und wollte Sie gern kennenlernen. Sie kommen doch aus Dänemark, nicht wahr?" Das konnte Hjalte nicht leugnen, aber er merkte, daß der Offizier um den heißen Brei redete. Die anderen Offiziere betrachteten ihn eingehend und erwartungsvoll.

„Hm, Dänemark ist doch das Land der Pornographie, nicht wahr?" kam es endlich. Er zwinkerte Hjalte mit einem richtigen Junggesellenblick zu, und die anderen Offiziere rückten dichter ran.

„Ja", antwortete Hjalte, „bei uns gibt es Pornographie, aber ich selbst . . ."

Der Polizeioffizier unterbrach ihn. „Ich habe einige Filme aus ihrem Land gesehen." Er schloß die Augen, aber seine Mundwinkel zitterten. „Das muß doch interessant sein, ich meine . . . Alle Dänen . . . Praktizieren die . . . ?"

„Nein, die wenigsten Dänen interessieren sich für Pornos . . ., das meiste wird exportiert."

Die Polizeioffiziere betrachteten Hjalte enttäuscht.

„Heißt das, daß die Frauen . . ., daß Sie keine freie Liebe haben?"

Hjalte unterdrückte mit Mühe ein Lächeln, beherrschte sich und deutete an, sie hätten vielleicht ein etwas zu einseitiges Bild von Dänemark. Und damit war das Gespräch beendet.

„Puh", sagt Hjalte, „es tut gut, wieder draußen zu sein. Eigentlich hatte ich Lust, ihnen einige unangenehme Fragen zu stellen, zur Diktatur – so mitten in ihre glattrasierte Sicherheit hinein. Aber in ihren frisch gebügelten Uniformen und mit ihren schnuckeligen Revolvern sahen sie so sauber und unschuldig aus, daß jedes Gespräch über Morde, Entführungen und alte Nazis völlig nutzlos und unpassend gewesen wäre."

Im Park verkauft ein Mann Eistüten. „Schau, ein Eisenhändler!" ruft Emil – und da müssen wir uns einfach vier Eis kaufen.

Den ganzen Tag sehen wir die Apfelsinen wie orangefarbene Laternen von den dunkelgrünen Bäumen hängen. Schließlich kaufen wir ein paar Kilo Mandarinen und biegen auf einen Feldweg ein, um unser Lager aufzuschlagen. Vor uns fliegt ein großer, blauer Schmetterling, der größte, den ich jemals gesehen habe. Nachts träume ich, daß ich ihn fange, und erwache morgens, den Kopf voller blauer Schmetterlinge. Vorsichtig schneide ich eine Ecke von unserem Moskitonetz aus und mache ein Netz daraus. Kurz darauf erwacht Emil und ist gleich mit von der Schmetterlingspartie. Er findet eine geschmeidige Liane, die sich zu einer „9" biegen läßt, und ich nähe das Netz an. Wir gehen zu der Stelle, wo wir gestern den Schmetterling gesehen hatten, und plötzlich kommt er angeflogen! Er ist so groß wie eine Hand, die Flügel schimmern metallisch türkisblau. Ich laufe ihm nach, halb in Ekstase. Ich bin so aufgeregt, daß ich merke, wie mir die Haare zu Berge stehen. Im Traum habe ich ihn gefangen, aber jetzt entwischt er mir die ganze Zeit. Ich schwenke wild das Netz, aber der Schmetterling gaukelt sorglos weiter. Zuletzt verschwindet er im Wald und läßt mich schwitzend im heißen Sonnenlicht zurück.

„Hättest du ihn getötet, wenn du ihn gefangen hättest?" fragt Emil.

Ja, was wäre gewesen, wenn ich ihn plötzlich in den Händen gehalten hätte?

„Nein, es sollte nicht sein. Träume sollen besser frei fliegen."

„Der war auch viel zu groß, um ihn mit nach Hause zu nehmen", fügt Emil hinzu.

Aber ich verspreche ihm, Chloroform und Watte zu kaufen, damit wir ein paar der zahlreichen kleinen Schmetterlinge fangen können.

Der Wunsch einer abenteuerlichen Reise ist in Erfüllung gegangen, aber der wunderschöne blaue Schmetterling gaukelt immer noch vor uns her – und ich hoffe, daß wir ihm noch lange nachlaufen können.

Der letzte Tag an der Copacabana
(Hjalte)

Wir sind nach Brasilien gekommen! Ein großer Schwarzer reicht mir lächelnd den Paß und geht nach draußen, um die Motorräder zu sehen. Die Zollbeamten sind gut gelaunt und reden ununterbrochen. Es ist schwer für uns, zu verstehen, was sie sagen. Ihr Portugiesisch klingt wie ein merkwürdiges Spanisch.

Brasilien ist eine junge Nation. Jeder zweite Bewohner ist unter fünfundzwanzig, und selbst die Hauptstadt ist nur siebenundzwanzig Jahre alt. Die Indianer haben mehrere tausend Jahre in den Wäldern gewohnt, ohne eine Spur zu hinterlassen . . . Aus der portugiesischen Kolonialzeit sind alte Häuser in den Städten an der Küste erhalten geblieben. Der Rest des großen Landes, das die Hälfte des südamerikanischen Kontinents bedeckt, gleicht dem Wilden Westen. Man rodet den Urwald, tötet die Indianer und verdient schnelles Geld. Um 1900 wohnten siebzehn Millionen Menschen hier in Brasilien. Heute sind es einhundertfünfzehn Millionen.

Damals war Paraná ein Dschungel. Heute sehen wir kaum noch ein paar Hügel. Der ganze Wald wurde von Planierraupen niedergewalzt, und die Hügel sind eingeebnet worden. Die endlosen Felder gleichen einem Meer. Die Gutshöfe sind modern und haben mehrere tausend Hektar Land, auf denen die Geldleute in Soja und Getreide investieren. Wir sehen Maschinenstationen, Siloanlagen und die Bretterhütten der Landarbeiter zusammengeklumpt hinter weißgestrichenen Zäunen mit Gemüsegärten, so klein wie Briefmarken.

Mitten auf den Ebenen von Paraná kommen wir in eine kleine Stadt. Hier stehen graue und langweilige Betonhäuser in zwei Reihen. Sie sind höchstens fünfzehn Jahre alt. Die Landarbeiter sind Indianer, Japaner, Schwarze, Europäer und alle Mischungen dazwischen. Ihre Hände sind groß und aufgerissen. Die Gesichter sind von der Sonne verbrannt und die Augen müde. Das Leben ist hart und armselig, ganz ohne das Brauchtum, das der Rackerei in den Anden noch Farbe verlieh.

Für unsere Schmetterlingsjagd müssen wir Chloroform kaufen. Doch das ist schwer zu erklären, wenn Chloroform nicht Chloroform heißt, und wir nicht wissen, was Schmetterling auf Portugiesisch heißt. Mit der Zeit lachen alle in der Apotheke über das schwierige Problem, und Nina flattert herum und spielt einen Schmetterling, der mit Chloroform betäubt in eine Streichholzschachtel gelegt worden ist.

Als es Abend wird, fahren wir auf einem kleinen Feldweg durch ein neuangelegtes riesiges Feld. Zwei gelbe Planierraupen kommen uns von den Hügeln herab entgegen. Wir halten die Leute an, um zu fragen, ob wir hier auf dem Feld übernachten dürfen. Das geht in Ordnung, aber sie begreifen nicht, was wir hier ohne Häuser, Restaurants oder irgend etwas außer roter Erde wollen.

Es wird nichts aus der Schmetterlingsjagd. Emil und Ida sind sehr enttäuscht, aber hier gibt es kein einziges Insekt. Keine Spinne versucht ins Zelt zu krabbeln, keine Mücke stört uns. Die ganze Insektenwelt ist tot, mit DDT ausgerottet.

Ida weckt uns mit einem unruhigen Quengeln, und richtig – die Kleine ist klitschnaß. Wir wühlen in dem engen Zelt herum. Der Schlafsack fliegt raus, und Ida wird in eine Wolldecke gewickelt. Doch bevor wir wieder eingeschlafen sind, hat sie wieder ins Bett

Drei Tage regnet es auf uns herab, als wir den Südatlantik erreichen

gemacht. Wir trocknen die Matratze so gut es geht mit der Wolldecke und schmeißen sie zum Schlafsack hinaus. Ida wacht nicht ganz auf, nuckelt aber ordentlich an ihrem Schnuller. Da wir kein anderes Bettzeug mehr haben, kommt sie zu Nina in den Schlafsack. Ida fällt sofort in einen warmen, ruhigen Schlaf, während Nina unbequem liegt, schwitzt und friert und Alpträume hat.

Als das Licht unter das Vorzelt gekrochen kommt, erwacht Emil frisch und ausgeschlafen, schaut aus dem Zelt und macht die Feststellung: „Sonnenstrahlen sind sehr viel stärker als Mondstrahlen!"

Nach den Haferflocken fällen die Kinder mit dem Küchenmesser und dem Dolch Bambus. Das Bettzeug hängt zum Trocknen, und Nina genießt es, daß ich frisch rasiert bin und wir Zeit für etwas Zärtlichkeit haben.

Wir kommen nach São Paulo, kaufen eine Karte, bevor wir von dem Straßennetz total aufgesaugt werden, und finden zu unserer Adresse. Doch der Mann vom Theater, den wir besuchen wollen, ist leider vor einem Jahr weggezogen. Wir sitzen auf der Straße . . . Es ist bereits Abend geworden, und Emil und Ida sind müde und hungrig. Kein Hotel hat Platz und schon gar keine Garage für die Motorräder. An der Straße liegen viele Kinos, und bald sind wir wieder von Menschenmassen umgeben. Es wird dunkel, und zum zehntenmal schauen wir auf unseren Stadtplan, aber die Stimmung nähert sich dem Nullpunkt.

Zwei Reiter kommen zwischen den Autos auf uns zu. Es sind Polizisten mit langen Säbeln. Sie springen ab und verlangen sofort unsere Papiere. Einer spricht etwas in sein Funkgerät. Die Pferde sind unruhig und zerren an den Zügeln, die an einer Laterne festgebunden sind. Das Zaumzeug blinkt zusammen mit den Kinoreklamen. Die Menschenmenge vergrößert sich. Die zwei Beamten rufen wieder nervös in ihre Funkgeräte, doch am anderen Ende scheint keiner zu Hause zu sein. Zwischen den Anrufen versuchen sie, die Leute auseinanderzutreiben, aber das ist unmöglich. Aus den Kinos kommen dauernd neue Schwärme, und die Leute stehen mitten auf der Straße. Eine Dame ganz vorne spricht Englisch, und sie fragt für uns die Polizisten, was das Ganze zu bedeuten habe. Zu unserer Verwunderung sind sie auf die Idee gekommen, daß wir ein Problem für das dänische Konsulat sein könnten. Deshalb versucht die Polizeizentrale, jemanden im Konsulat zu erreichen. Wir versuchen zu erklären, daß das nicht notwendig sei. Könnten sie uns nicht einfach sagen, wo ein Hotel mit einer Garage ist? Nein! Sie haben es sich in den Kopf gesetzt, uns nicht fahren zu lassen, bevor sie jemanden vom Konsulat gesprochen haben. Wir sollen nur einen Augenblick warten – und da kommen doch tatsächlich zwei weitere Reiter an!

Sie reiten mitten durch die Menge, um sie auseinanderzutreiben, steigen ab und beginnen barsch, die Ausweise der Leute zu kontrollieren. Einige junge Burschen werden sogar einer Leibesvisitation unterzogen. Warum die beiden ersten Polizisten angehalten haben, ist jetzt vergessen. Die großen Polizeipferde überragen alles und ziehen noch mehr Leute an. Mehrere Pferdepatrouillen kommen in starkem Trab die Avenida São Joao herunter, und zu guter Letzt tänzeln acht unruhige Pferde auf ihren Hinterbeinen. Mehrere hundert Menschen stehen dicht gedrängt, um zu sehen, was da vor sich geht, und die drei inneren Fahrbahnen sind total blockiert. Zwei Streifenwagen halten, sechs Beamte springen mit gezogenen Pistolen heraus und versuchen energisch, die Leute zu verjagen, aber die Kinos pumpen unaufhörlich neue Wellen von Neugierigen auf den Bürgersteig, und der Verkehr bricht zusammen.

Dann scheint es, daß sie jemanden wecken konnten. Die Sheriffs steigen auf die Pferde, geben ihnen die Sporen und galoppieren – zwei und zwei – die Avenida entlang. Der Polizeioffizier gibt uns unsere Papiere und erklärt, daß wir dem Streifenwagen folgen sollen. Die zwei Beamten setzen sich ins Auto. Sie schalten die Sirene und Blinklichter an und fahren auf die äußerste Spur. Wir geben Gas, und so geht es in wilder Fahrt durch São Paulo. Die brasilianischen Polizisten rasen durch den dichten Verkehr und fahren mit quietschenden Reifen um die Ecken. Die Ampeln schalten auf Rot, bevor wir über die Kreuzungen sind, und alle wundern sich, wen die Polizei wohl jagt.

Leicht genervt erreichen wir das dänische Konsulat. Dort befiehlt die Polizei dem verblüfften Pförtner, das Tor zu öffnen und die beiden Motorräder einzulassen. Der Pförtner ist ein gemütlicher Mann, der uns und die Polizei auf ein Glas Wein einlädt, während wir alle auf Konsul Eriksen warten, der auf dem Weg von seinem Haus in einer Vorstadt hierher ist.

Er hat in den vierundzwanzig Jahren in São Paulo nichts dergleichen erlebt und nimmt es Gott sei Dank mit Humor. Wir entschuldigen uns, so gut wir können. Es war bestimmt nicht unsere Idee, das ganze Konsulat mitten in der Nacht zu wecken! Nach dem dritten Glas Wein verabschieden sich die zwei Polizisten. Emil und Ida sind auf unseren Armen eingeschlafen. Herr Eriksen bietet uns an, im Konsulat zu übernachten, und auf diese Weise enden wir in einer kleinen Luxuswohnung mitten in São Paulo.

*

Wir riechen das Meer, lange bevor wir es sehen können. Die Tropennacht ist schwer und warm. Nachdem wir Salzwasser und Tang riechen, hören wir auch das ferne Brausen.

„Wie schön, wieder das Meer zu hören!" sagt Emil, stellt sich auf die Fußrasten und späht nach dem Ozean aus. Er sieht ihn unter einem bedeckten Himmel. Ganz schwarz liegt der Atlantik da und wirft seine großen Wellen an den Strand. Wir legen uns zum Schlafen in den Sand. Eine tiefe Ruhe senkt sich über uns. Das Meer weckt heimatliche Gefühle, und die Wellen singen uns in den Schlaf.

Die Küste zwischen Santos und Rio de Janeiro ist ein langes Stickband mit Fäden aus weißem Sand, die sich mit dem aquamarinen Meer und den grünen Tropenbergen verflechten. Die Straße hat man sich gespart. Alle fahren auf dem Strand – draußen, wo er feucht ist. Immer wieder wird die Küste von Felsen zerschnitten. Wir überqueren sie im Zickzack auf schmalen Wegen, dann geht es wieder am Wasser entlang. Wir fahren schnell. Der Atlantik rollt schäumend hinter uns her.

Konsul Eriksen hat uns die Adresse einer dänischen Kakaoplantage hier an der Küste gegeben, und nach seiner Beschreibung hoffen wir optimistisch auf kurzen Urlaub. Wir suchen eine Plantage mit Bäumen in geraden Reihen – aber die „Fazenda Capricornia" scheint vom Dschungel verschluckt worden zu sein. Schließlich finden wir ein großes Haus, das unter Schlingpflanzen und Palmen begraben liegt. Eine etwas verwunderte Frau kommt aus dem Haus und sieht uns fragend an.

„Sind Sie Helga Scavenius?" frage ich.

„Ja, das bin ich. Und wer sind Sie?"

Ich erkläre es ihr und füge schnell hinzu, daß Konsul Eriksen uns die Adresse gegeben hat.

„Was für ein Lärm! Ich dachte, wir bekommen Besuch von einem Hubschrauber. Wir haben so viele Gäste hier gehabt. Nein, Sie können also nicht hier schlafen . . ."

„Entschuldigung, daß wir Sie so überfallen, aber Konsul Eriksen . . . Wir hätten natürlich vorher anrufen sollen", sage ich und gehe zurück zum Motorrad.

Hjalte vergnügt sich beim Motorradfahren im weißen Sand

„Na ja, kommen Sie herein. Glauben Sie nicht, daß Ihre Kinder ein Glas Milch haben wollen?"

Wir betreten ein großes Wohnzimmer, das sich zu einem phantastischen Garten, der voller blühender Sträucher und fächelnder Palmen ist, öffnet. Frau Scavenius akzeptiert, daß wir auf

Besuch gekommen sind, und begegnet uns mit natürlicher Höflichkeit. Das Haus ist ungewöhnlich, unordentlich und kultiviert zugleich. Die Schreinerarbeiten sind solide und ohne Raffinesse; die Möbel sind groß und klotzig. Sie sind in dem plantageneigenen Sägewerk hergestellt worden, während der Flügel, die Bücher und die Gemälde im Kaminzimmer und das feine Porzellan, aus dem wir trinken, aus Europa kommen und beste bürgerliche Tradition haben.

Frau Scavenius erzählt, daß sie vor sieben Jahren tausendvierhundert Hektar Land hier an der Küste gekauft hätten. Sie begannen damals, ein Sägewerk zu bauen und Platz für die Kakaobäume zu schaffen. Jetzt haben sie neunzigtausend Bäume gepflanzt! Letztes Jahr habe sich die Ernte auf sieben Tonnen Kakao belaufen, und dieses Jahr erhoffe man sich zehn Tonnen. Aber die Löhne steigen, die Leute auf der Plantage taugen nichts, sagt sie. Die wollen nur faulenzen. Als sie und ihr Mann anfingen mit der Plantage, kostete ein Arbeiter fünfzehn Kilo Kakao im Monat. Jetzt kostet er fünfundsiebzig Kilo. Sie haben zehn Männer angestellt, und es lohnt sich nicht mehr. Ich denke im stillen, ob es sich wohl für die Arbeiter lohnt, denn es sind ja nicht die Löhne, die gestiegen sind, sondern die Kakaopreise, die gefallen sind.

Sie haben auch Probleme mit ihren brasilianischen Geschäftspartnern gehabt, fährt Frau Scavenius fort, während wir auf die Kalebasse-Bäume blicken, auf denen kleine, goldfarbene Vögel herumhüpfen.

Unser Besuch wäre vielleicht kürzer ausgefallen, wenn nicht Frau Scavenius' Sohn auf Sommerurlaub dagewesen wäre. Er lehrt an der Universität in Amsterdam, und sowohl er als auch seine holländische Freundin sind nette Menschen. Es macht Spaß, sich mit ihnen zu unterhalten. Sie bieten sich an, uns zu zeigen, wie Kakao angebaut wird. Mitten im Dschungel stehen die Kakaobäume im Schatten des ursprünglichen Dschungels. Sie müssen Schatten haben. Direkt an den Ästen hängen die großen, länglichen Kakaofrüchte. Sie verändern ihre Farbe während der Reife und haben am Schluß eine schöne Orangefärbung mit dunkleren Streifen in den

Furchen. Jeder Baum hat hier in den Tropen seine eigene Reifezeit, und die Landarbeiter müssen das ganze Jahr über nachsehen, welche Früchte reif sind, und sie abschneiden. In einem Schuppen zerteilen die Arbeiter die Früchte mit Macheten und nehmen die großen, kräftig lilafarbenen Bohnen heraus. Die orangefarbenen Schalen häufen sich um den Schuppen. Die Bohnen werden dann auf großen Holztabletts in der Sonne getrocknet. So bekommen sie ihre braune Farbe und können verkauft werden.

An einem Nachmittag kaufen wir in Ubatuba, einem kleinen Fischerdorf, ein. Ich befestige unser großes Essensnetz, das nun mit tropischen Früchten gefüllt ist, an der Honda, und es wird mir plötzlich mit großer Wehmut klar, daß das wohl das letztemal ist, daß wir auf unseren Motorrädern in der Dämmerung durch einen fremden, interessanten Ort fahren, um nach einem Lagerplatz Ausschau zu halten, den uns der Zufall zur Verfügung stellen wird.

Der Strand ist breit und offen. Wir schlagen das Zelt im Strandhafer auf. Ein Mann schiebt seinen ausgehöhlten Baumstamm ins Wasser und paddelt durch die Brandung. Er wirft sein Netz in hohem Bogen aus, und zusammen mit seiner Familie beginnt er es wieder auf den Strand zu ziehen. Zwei Jungen laufen hinaus und halten die Fische im Netz. Beim erstenmal fangen sie nur einen grünlichen Fisch. Sie fassen ihn vorsichtig am Schwanz an und ziehen ihn weit auf den Strand hinauf. Die Frau zeigt uns, daß er einen Finger abbeißen kann: Sie nimmt eine Krabbe und steckt sie in das Maul des sterbenden Fisches, und ratsch! – die Krabbe ist durchgebissen.

Während der Mann das Netz in Ordnung bringt und es ins Boot legt, sammeln Frau und Kinder Muscheln im Sand. Beim zweiten Versuch des Fischers schäumt das Wasser wild im Netz auf, und vorsichtig zieht der Mann sechs große Rochen an den Kiemen heraus und legt sie, während sie heftig mit den Flügeln schlagen, auf den Strand. Er setzt einen Fuß auf die Flügel und bricht so den Giftstachel, der oben an der Schwanzwurzel sitzt, ab. Dann schneidet er die Flügel ab und begräbt sie mit ihren tödlichen Nadeln einen Meter tief im Sand.

Über dem Strand kreist ein großer Schwarm Aasgeier, die hart auf dem Sand landen und stolpernd näher kommen. Sie können fast nicht warten, bis der Fischer fertig ist, und erinnern mich an Hunde, die ihr Fressen bekommen sollen. Die Fischerfamilie geht nach Hause zu ihrer Hütte am Strand, und nach kurzer Zeit liegen nur noch die viereckigen Rochengerippe ohne auch nur ein Stück Fleisch am Rand des Wassers. Die Nacht ist klar und frisch.

Der Mond ist eine dünne Sichel, und Ida sagt: „Mond – krank", weil er so dünn ist.

Rio soll uns nicht wie São Paulo an der Nase herumführen und sich über uns lustig machen. Wir nähern uns langsam, machen außerhalb noch einmal halt, waschen uns, überlegen unsere nächsten Schritte, bevor wir in den Großstadtsdschungel eintauchen. Wir müssen in Rio schwierige Dinge regeln.

Wir rechnen vor und zurück, aber nichts ändert etwas an der Tatsache, daß unser Geld aufgebraucht ist. Überall ist uns vorgegaukelt worden, wie leicht es sein wird, die Motorräder in Brasilien zu verkaufen, und wir sind mit rosaroten Illusionen über ein gutes Geschäft, das wir am Ende der Reise machen wollten, herumgereist. Aber nun wird uns langsam klar, daß es verboten ist, Motorräder zu importieren. Wir haben bisher auch nur die in Brasilien gebauten Hondas gesehen und werden allmählich nervös bei dem Gedanken, daß der Verkauf nicht klappen könnte und sich die Tage in einem Hotelzimmer in Rio dahinschleppen würden, während das letzte Geld schwindet.

Wir packen die Motorräder wie jeden Morgen, nehmen unseren ganzen Mut zusammen und fahren in die Stadt.

Die Autobahn führt draußen am Meer an einer Lagune entlang. Hier liegt „die glückliche Stadt" mit halbfertigen Wolkenkratzern neben amerikanischen Supermärkten und Vierteln, die noch keine Namen haben. Alles ist neu. Wir überholen einen Mann auf einer Honda und halten ein Stück weiter an einem Supermarkt, um einzukaufen. Als ich vor den Regalen stehe, tippt mir jemand auf die Schulter. Ich erkenne sofort den Mann mit dem Motorrad. Er ist braungebrannt, etwas kräftig und vielleicht vierzig Jahre alt. Er fragt uns auf englisch, ob wir ihn nicht gerade überholt hätten. Er lacht und erklärt, daß er sich, als er die Kinder sah, gedacht hatte, daß wir sicher einen Ort zum Übernachten brauchen.

„Ich habe ein neues Haus hier in der Nähe, in das ich noch nicht eingezogen bin. Dort könnt ihr gerne bleiben, wenn ihr wollt", sagt Alberto. Als er jünger war, ist er Moto-Cross in Brasilien gefahren. Danach hat er Eisenbahnwaggons in La Paz entworfen, und jetzt arbeitet er als Architekt. Sein Haus ist der reinste Luxus mit Swimmingpool, Küche, Telefon, Wachhund und einem Aufseher. Es ist nicht zu fassen. An der Autobahn fällt uns ein funkelnagelneues Haus in den Schoß! Emil und Ida finden eine Pappschachtel mit Spielzeug. Alberto ist, nachdem er uns die Schlüssel fürs Haus gegeben hat, zu seiner Wohnung in Ipanema gefahren.

Am nächsten Tag hilft uns Alberto, eine Anzeige im *Journal do Brasil* aufzugeben. Wir hängen ein „Zu verkaufen"-Schild an die Motorräder. Dann wollen wir in die Stadt, um zu sehen, ob die Ansichtskarten die Wahrheit erzählt haben.

Der Berg fällt steil zum Meer hin ab, und die Autos sausen auf Küstenstraßen entlang, die auf hohen Säulen, die aus der Brandung emporsteigen, ruhen. Ich fühle mich wie in einem Science-fiction-Film. Ich fahre auf einem verlassenen, fernen Planeten durch einen Glastunnel. Ein Tunnel nach dem anderen bringt uns durch die Jahresringe von Rio. Das weiße Lächeln der Luxushäuser zum Strand hin wird älter und älter: Tijuca, Leblon, Gavea, Ipanema, Copacabana, Botafogo, Flamengo. Rio kämpft mit seinen Bergen. Sie entspringen direkt dem blauen Meer und dem grünen Dschungel.

Seite an Seite schwenken wir auf die grüne Strandpromenade. Alles ist da: der Zuckerhut, die große, blaue Bucht, die grauen Berge, die Kette von weißen Hochhäusern, der Strand und die schönen Menschen. Die Sonne scheint. Und wir sind da! Auf diese Sekunde haben wir uns seit Los Angeles gefreut. Von dieser unendlichen Kurve entlang der Guanabara-Bucht haben wir immer geträumt. Ich winke Nina zu und verliebe mich auf der Stelle in diese wundervolle Stadt. Es ist, als ob die schönsten Seiten aller anderen Städte sich hier vereinigt haben. Sie sind geschüttelt und gemischt worden, und dann wurde damit die spröde Natur geschmückt.

Hier ist eigentlich für eine Großstadt kein Platz. Die Felsen sind zu steil und die Strände zu weiß, um darauf zu bauen. Ist Rio nicht die einzige Stadt, in der man den Strand bis zum Rathaus hat liegenlassen? Dann kommt der Hafen. Das Wasser wirkt wie brodelnde Säure. Dahinter liegen Elendsviertel. Wir fahren durch die Stadt zurück zur Copacabana und parken die Motorräder mitten auf der Mosaikpromenade vor dem Strand. Emil und Ida hüpfen in den Sand. Einige Burschen betrachten träumend die Motorräder und das „Zu verkaufen"-Schild. Im Sand laufen die Riobürger halbnackt herum. Sie sind schön und braungebrannt. Es ist eine unglaubliche Mischung von Rassen. Hier gibt es kaum richtige Weiße, aber hellbraune Menschen mit krausem Haar, tiefschwarze mit glattem Haar, rothaarige Neger, Indianer mit chinesischen Augen und breiten Nasen, braunen Augen, grauen Augen und grünen Augen.

Einer der Jungen zieht mich auf die Seite. Er will gerne die Honda kaufen. Ich kann mit in seine Wohnung kommen und das Geld in Kokain kriegen. Nein, nein! Ich schüttele den Kopf. Ich habe keine Lust, Ärger zu bekommen. Er muß sein Kokain schon selber verkaufen und bar bezahlen.

Emil und Ida kommen angestürmt. Ida hält etwas Buntes in der Hand. Ich kann nicht erkennen, was es ist. Sie zeigt es uns ganz stolz: eine Bikinihose, Größe: ein Jahr. Ihr kleiner Kinderpopo wirkt darin schon richtig erwachsen. Und Emil sagt ganz spontan: „Badehosen für Mädchen müssen zu klein sein, sonst sind sie nicht modern!"

Alle unsere Sorgen waren umsonst. Das Telefon steht nicht einen Augenblick still. Mittags kommen zwei Männer in einem verchromten Pick-up angefahren. Den beiden sieht man an, daß sie wissen, was sie wollen, und ohne mit der Wimper zu zucken, fragt der Kleinere von ihnen, was wir für beide Motorräder bar in Dollar haben wollen. Ich antworte etwas verwirrt, daß sie viertausend Dollar kosten.

„Okay, dann kaufen wir sie!" sagt der Größere.

Ich rufe Nina und den Kindern zu, daß sie schnell rauskommen sollen, denn jetzt verabschieden wir uns von den Motorrädern. Sie kommen angelaufen, und während Alberto mit den zwei Männern redet, schrauben wir unsere Koffer los, entfernen die Windschutzscheiben und schneiden alle Schnüre und Bänder durch wie Nabelschnüre, die nicht mehr gebraucht werden: das selbstgeflochtene Seil von dem Wasserkanister aus Guatemala, die blaue Plastikschnur von der Küchentasche aus Panama, die Gummischlaufen der Segeltuchsäcke aus Los Angeles, den Riemen der Machete aus Chepo und das Band der Tanktaschen aus Dänemark. Wir binden die Taue und Flaschenzüge aus Darien ab. Emil schneidet den Wildschweinkiefer aus Paraguay und den Pelikanflügel aus Peru ab. Ich leere die Werkzeugkiste aus und schenke den Männern die paar Reserveteile, die wir aus den USA mitgenommen hatten, aber nicht gebraucht haben. Schließlich stehen die Hondas nackt und gerupft da. Die zwei Brasilianer starten die Motorräder, winken und verschwinden.

Wir gehen ins Haus. Alberto sieht uns an und sagt mit Nachdruck: „Ihr habt echt Glück gehabt mit dem Verkauf." Er hat natürlich recht, aber trotzdem trauern wir den ganzen Tag den verlorenen Motorrädern nach. 29 680 Kilometer sind wir, neben den 14 000 Kilometern mit dem Auto durch die USA, gefahren – einmal um die Welt also. Ich lache über mich selbst. Haben wir nicht gerade festgestellt, daß die Strecke einmal um die Welt sehr viel länger als 44 000 Kilometer ist?

Rio ist eine große Stadt, die sich hinter den Bergen in Vorstädten ohne Sehenswürdigkeiten fortsetzt. Unser Handbuch hat vierhundert Seiten, aber die berühmte Stadt an der Bucht, der Zuckerhut, der Corcovado und die Copacabana füllen nur die ersten fünfzig Seiten. Einen Tag nehmen wir den Zug nach Seite 159, zur Vorstadt Bento Ribeiro. Die S-Bahn führt durch die Arbeitervorstädte, aus denen die Samba stammt, und wir steigen in einem anonymen Stadtteil mit einer gemischten Bebauung, kleinen Häusern, die weder alt noch neu aussehen, aus. Dort stehen ein paar Bäume, einige alte VW, und auf den Straßen lassen Jungen Drachen steigen. Es liegt eine friedliche Sonntagsstimmung auf den Gesichtern der Leute.

Hinter einer großen Betonmauer steigt Samba-Musik in die Luft. Wir schauen durch das Tor hinein. Unter einem Halbdach sitzt eine kleine Gruppe und singt und trommelt dazu. Emil und Ida gehen näher heran, und die Männer geben uns durch Zeichen zu verstehen, daß wir ruhig hereinkommen können. Die Mauer führt um einen offenen Platz. Am jenseitigen Ende stehen Reste von Pappfiguren, Flaggen und Pappmachéfrüchten. Die Musik geht ununterbrochen weiter, und jetzt sehen wir, daß noch mehr Menschen da sind, die es sich gemütlich gemacht haben. Eine Frau bietet uns ein Bier an und erklärt, daß dies eine Samba-Schule ist. Sie zeigt hinauf. Unter dem Vordach hängt die Fahne des Vereins, eine grüne Krone, die von Silberstrahlen umgeben ist. Der Klub ist ein lokaler Treffpunkt. In einer Ecke wird Karten gespielt, andere spielen Billard. Man zeigt uns einen Pokal, den sie letztes Jahr beim Karneval gewonnen haben.

Wir klatschen in die Hände und tanzen die letzte Samba mit. Die „G. R. Bloco Caprichosos Bento Ribeiro" ist optimistisch. Sie rechnet damit, beim nächsten Karneval in die zweite Liga der Samba-Schulen aufzusteigen. Wir wünschen ihnen viel Glück beim Wettkampf und verabschieden uns.

Unten im alten Zentrum von Rio liegt der Placa Tiradentes. Hier finden wir ein Macumba-Geschäft mit Kultgegenständen des Voodoo-Zaubers. Der kleine Raum ist angefüllt mit Zaubersachen. Es gibt bemalte Gipsfiguren in allen Größen: Neger mit hohen Hüten und Stöcken, den Teufel mit roten Hörnern, Indianer aus der Prärie mit Federschmuck und Tomahawk. St. Georg mit dem Drachen, eine kleine Madonna, den Tod, einen alten Mann und einen seltsamen Gipskopf mit langem Haar, das Gesicht bis zum Kinn bedeckt. Ich frage den Verkäufer, ob ich mir das mal näher ansehen dürfte, aber er schüttelt den Kopf. Die Figur würde mir Unglück bringen . . . Perlenketten in allen Farben leuchten zwischen den Päckchen mit Kräutern und Weihrauch. Unter der Decke hängen Karnevalshüte und Schwerter, und auf den anderen Regalen stehen Schalen für Opfergaben neben allen Arten von Kerzen.

Nina will zwei Perlenketten kaufen, aber auch die will der Mann nicht hergeben. Er erklärt ganz ernst, daß jede Farbe ihre bestimmte magische Bedeutung hat, und wenn man die Welt des Macumba nicht kennt, können sie furchtbar viel Unglück über einen bringen. Er zieht eine kleine Stahlkette zu ihr herunter. Sie ist mit Schlüsseln, Schwertern, Herzen und Sternen besetzt.

„Kauf diese hier!" sagt er. „Stahl ist gut. Es beschützt dich vor bösen Geistern."

Als Nina bezahlt, kann sie es nicht lassen, den Mann zu fragen, wo er den Mut hernimmt, sich in seinem Geschäft mit all den Figuren und Kultgegenständen zur Anrufung von Geistern zu bewegen. „Es muß ja ein gewaltiges magisches Durcheinander auf deinen Regalen sein, oder nicht?"

„Nein, nein", beruhigt er Nina. „Meine Sachen beginnen erst zu wirken, wenn für sie bezahlt worden ist."

Am Abend wandern wir durch die Stadt. Hinter den weißen Wolkenkratzern liegt eine alte Kirche. Auf dem Friedhof sitzen die Leute betend vor brennenden Kerzen. Ein sanfter Wind weht von der Bucht herauf und läßt die Kerzen flackern. Wir folgen der Brise und steigen die steilen Treppen zwischen hellblauen Mauern hinauf. Die Häuser werden armseliger, und hinter der Endstation der Straßenbahn führen nur noch ein paar Fußwege zu den Hütten ganz oben. Einige schwarze Frauen sind mit ihren schweren Einkaufstaschen auf dem Weg nach Hause. Ein Transistorradio spielt den neuesten Hit. Es gibt fast kein Licht in der Bretterstadt, nur auf dem Gipfel steht der Betonheiland – grün angestrahlt – und streckt seine schweren Arme über die Slums aus. Doch die Hütten schauen in die andere Richtung, runter auf den blinkenden Reichtum von Rio.

Das Wetter ist trübe, und die Stadt sieht nicht mehr ganz so bezaubernd aus wie an dem Tag, als wir die Copacabana und den Flamengo-Strand zum erstenmal sahen. Der Bus quält sich durch die Vorstädte an der Guanabara-Bucht. Der Regen läuft an ihm herunter. Hier ist Rio flach und trist und endet an einem Flughafen, der so grau ist wie das Warten.

Die chaotische Abflughalle ist voller schwitzender Menschen. Wir haben siebzig Kilo Übergewicht, und Ida muß Baby spielen. Wir haben Stiefel, Pullover und Jacken an. Nina trägt drei Hosen und hat einen extra Pullover umgebunden. Ich habe unsere Decken überm Arm und Ida auf dem Rücken. Alle unsere schweren Sachen sind im Handgepäck, das wir mit einem krampfhaften Ausdruck von Leichtigkeit tragen. Emil schleppt einen kleinen Rucksack mit unserem Werkzeug. Die Koffer wiegen genau das, was sie dürfen, das Handgepäck tragen wir mit dem kleinen Finger durch die Radarkontrolle. Nachdem wir um die Ecke gebogen sind, geht mit uns eine sonderbare Verwandlung vor: Das kleine Baby kann auf einmal gehen, und wir armen Erwachsenen werden hundert Jahre älter und schleppen uns mit unseren bleischweren Plastiktüten zu den Sitzen.

Ein kurzer Druck von dreihundert Tonnen auf das Zwerchfell, Beschleunigung, und dann hängen wir in der Luft. Auf Wiedersehen, Südamerika! Rio zieht die Wolkengardinen zu. Ich lasse die Reise noch einmal an mir vorbeiziehen und denke an den ersten Flug von London aus, als Ida nur ein Jahr alt war. Ich schaue auf unser schönes, starkes Mädchen. Die Hälfte ihres Lebens hat sie auf einem Motorrad gesessen. Jetzt ist sie groß geworden, kann sprechen, hat Zähne bekommen und ist sauber. In ihrem kleinen Kopf liegt ganz Lateinamerika. Vielleicht vergißt sie es, aber trotzdem wird es ein Teil von ihr bleiben. Emil ist auch groß geworden, und während Ida auf dem Boden schläft, sitzt er zusammen mit mir und Nina auf dem Sitz und sagt: „Wißt ihr noch, damals in Südamerika . . .?"

Wir fühlen uns wie Astronauten auf dem Weg nach Hause von einer Mission im Weltraum. Mit mehreren tausend Kilometern in der Stunde nähern wir uns der Erde. Die Waldmaus muß die Bremsrakete zünden, damit wir nicht zu schnell landen und am Boden zerschmettern. Wir steigen in Casablanca um und fliegen über das Atlasgebirge nach Marrakesch. In Medina ertönt die Glocke des Wasserverkäufers – ding-dong –, und die Frauen sind verschleiert. Alles ist anders als in Rio. Auf einmal vermissen wir Südamerika, und langsam wenden wir uns der Heimat zu.

Schließlich landet die Waldmaus unsere Raumkapsel sicher in London. Das Gras ist grün, die Sonne scheint, und die Busse sind rot. Das Taxi setzt uns vor Marks Haus ab. „Welcome home!" steht dort über der Eingangstür. Das Wort haben wir fast vergessen, aber Mark öffnet die Tür und umarmt uns herzlich. Ein Jahr ist vergangen. Es ist wie ein Traum, an einem Ort zu sein, wo wir schon einmal waren. Emil und Ida laufen in den Garten und beginnen mit einem neuen, spannenden Spiel.

Reisetips

Allgemeine Anmerkungen

Lateinamerika ist ein riesiges Gebiet, das 33 souveräne Staaten (die Karibik eingeschlossen) und außerdem abhängige Gebiete, Inseln und Inselgruppen umfaßt. Für eine Reise auch nur in Teile dieses Gebiets ist eine gute Vorbereitung erforderlich, die über die im folgenden angegebenen praktischen Tips hinausgehen sollte. Gewisse Grundkenntnisse über Geschichte und Aktualität der einzelnen Länder helfen vermeiden, daß man alles in den großen Topf „Lateinamerika" wirft. Jedes Land ist anders, auch wenn Gemeinsamkeiten bestehen.

Die angegebenen Botschaften erteilen gerne weitere Auskünfte, es ist auch nützlich, sich nochmals zu vergewissern, ob die Informationen zu Visa und Impfvorschriften (Stand Januar '87) noch gültig sind.

Auch wer in Krisengebiete reisen möchte, sollte sich unbedingt vorher noch einmal bei der Botschaft des jeweiligen Landes informieren, welche Regionen des Landes unsicher sein könnten.

Sprachen

In den meisten unabhängigen Staaten ist Spanisch Staatssprache, ausgenommen Brasilien (Portugiesisch), Belize (Englisch) und Haiti (Französisch), in einigen Staaten kommen noch Indiosprachen oder andere als zweite Staatssprache hinzu. Einige Grundkenntnisse in Spanisch sind sicher sehr empfehlenswert. In vom Tourismus stark frequentierten Gegenden kommt man allerdings auch sehr gut mit Englisch auf den durch US-Dollars geebneten Wegen voran.

Klima

Von der polaren Tundra an der Südspitze bis zum tropischen Regenwald (vor allem in Brasilien) gibt es alle denkbaren Klimazonen: Wüste, tropische und subtropische Steppe, subtropisches feuchtes und Seeklima, tropische Savanne . . . Auch hier gilt, daß man keine allgemeingültigen Aussagen über Lateinamerika machen kann. Bei den einzelnen Ländern, die Hjalte und Nina mit den Kindern bereist haben, sind Informationen über das Klima und die günstigsten Reisezeiten angegeben.

Praktische Hinweise

In allen Ländern ist ein gültiger *Reisepaß* vorgeschrieben. Bis er abläuft, sollte es zu Beginn der Reise noch mindestens sechs Monate dauern.

Vor Antritt der Reise ist es vernünftig, sich nochmals beim Gesundheitsamt zu erkundigen, welche *Impfungen* man dort empfiehlt, auch wenn die zuständigen Behörden des Gastlandes keine zwingend vorgeschriebenen Impfungen angeben. Tetanus beispielsweise ist eigentlich immer ratsam.

In den meisten Ländern beträgt die *Netzspannung* 110 Volt.

Als *Zahlungsmittel* ist der Reisescheck in US-Dollars praktisch überall akzeptiert. Manche Länder haben allerdings eine Einfuhrbeschränkung für Devisen, über die man sich informieren muß.

Motorräder in Lateinamerika

(Hjalte)
Für Motorradreisen außerhalb Europas empfehle ich Enduros. Sie sind einerseits für einen morastigen Urwaldpfad brauchbar, andererseits schnell genug für Autobahnfahrt. Für reine Geländefahrten ist ein kleines Motorrad ausreichend, für schnelleres Vorankommen auf Autobahnen hat sich ein Hubraum von mindestens 350 ccm als praktisch erwiesen. Auf unserem Südamerikatrip benutzten wir 500-ccm-Maschinen, auf der folgenden Reise durch Indonesien, Neuguinea und Australien 600-ccm-Motorräder.

Unsere Hondas waren völlig serienmäßig. Wir verzichteten auf eine Reduzierung des Verdichtungsverhältnisses von 1:8,6 und hatten trotzdem nie Probleme mit sehr niederoktanigem Benzin (75

Oktan in Bolivien) oder großer Höhe (5000 m in Peru). Die kontaktlose Zündung erwies sich als zuverlässig. Wir nahmen keine Änderung am Vergaser vor; die mitgeführten größeren Hauptdüsen benötigten wir nie. Die serienmäßigen Enduroreifen wechselten wir nach 15 000 km (hinten) bzw. 21 000 km (vorne). Die Original-0-Ring-Kette hielt an Ninas Motorrad 30 000 km, an meinem 25 000 km. Wir schmierten die Ketten täglich mit Getriebeöl. Auf dem ganzen Weg nach Brasilien gab es mit keinem Teil der Motorräder irgendwelche Schwierigkeiten.

Wir führten nur wenige Ersatzteile in einem kleinen Sack mit uns: Schrauben, Muttern, Glühbirnen, Zündkerzen, Kupplungsgriff, Kupplungszug (nie gebraucht), Tachowelle, 2 Reserveschläuche (nie gebraucht), Getriebeausgangs-Ritzel. Keine Dichtungen, keine Motorteile. Unsere Devise war, statt vieler Ersatzteile einen umfassenden Werkzeugsatz mitzunehmen und die Motorräder sorgfältig anhand des Werkstatthandbuchs zu warten. Ich hatte sogar einen Drehmoment-Schlüssel dabei. Lange Montierhebel und eine gute Handluftpumpe sind wichtig. Ebenso ein Speichenschlüssel guter Qualität und eine Prüflampe. Als einziges, für die Motordemontage unentbehrliches Spezialwerkzeug führten wir einen Lichtmaschinen-Abzieher mit uns.

Für den Transport von Emil, Ida und unserem Gepäck veränderten wir die Motorräder. Windschutzscheibe, spezielle Fußrasten, Sturzbügel und Gepäckträger aus dem Zubehörhandel waren notwendig. Ich empfehle besonders einen Sturzbügel. Er schützt deine Beine und bewahrt das Motorrad vor Schäden beim täglichen Gebrauch. Packtaschen aus Leder oder schwerem, wasserdichtem Stoff sind solchen aus Glasfiber oder Plastik vorzuziehen. Ein genähter Behälter kann nicht brechen, ist widerstandsfähig gegen Vibrationen und sehr leicht.

Kinder sollten immer vor dem Fahrer sitzen, meiner Meinung nach der sicherste Platz, zumindest solange man über ihre Helme schauen kann. Ein Tankrucksack und eine Windschutzscheibe gewähren dem Kind zusätzlichen Schutz.

In Südamerika ist eine Spritversorgung über 400 km erforderlich. Im Chaco muß man sogar Benzin für 600 km mit sich führen.

Helm, Stiefel und Handschuhe sollte man immer anziehen. Lederanzüge benutzten wir nie.

Für den Transport des Motorrades von Panama nach Kolumbien empfehle ich COPA-Airways. Eine Verpackung ist bei dieser Linie nicht erforderlich. Die Frachtpauschale betrug 1981 100 US-Dollar.

In einigen Staaten Südamerikas ist für die vorübergehende Einfuhr eines Kfz ein „Carnet de Passage" erforderlich. Wir hatten dieses Zolldokument nicht und daher Probleme in Kolumbien, Ecuador und Bolivien. Erhältlich ist das Carnet bei allen großen Automobilclubs gegen Hinterlegung einer Kaution von 4000 DM (für Motorräder).

Wir hatten keinerlei Fahrzeug-Haftpflichtversicherung. Zweifellos ein großes Risiko, doch ich bezweifle, daß irgendeine europäische oder US-amerikanische Gesellschaft Versicherungsschutz für Südamerika gewährt. Erforderlich war der Abschluß einer Kurzzeitversicherung nur in Belize.

Die bereisten Länder, alphabetisch geordnet

Belize

In der Bundesrepublik gibt es keine diplomatische Vertretung von Belize. Wer ein Visum braucht, wendet sich an das:

Britische Generalkonsulat
Nordsternhaus
Georg-Glock-Straße 14
4000 Düsseldorf 30
Telefon: (02 11) 43 74 55

Bei einwöchiger Durchreise (Buchungsbestätigung!) kein Visum nötig. Bei längerem Aufenthalt wird Visum verlangt. 90 Tage Aufenthalt als Tourist mit Verlängerungsmöglichkeit um 3 Monate.

Gelbfieberimpfung ist vorgeschrieben, wenn man aus einem Land mit Gelbfieber einreist. Empfohlen werden Impfung gegen Typhus und Malariaprophylaxe.

Empfohlene Reisezeit: Dezember bis April
Bevölkerung: überwiegend Schwarze (über 50%) und Mestizen
(ca. 30%)
Staatssprache: Englisch und Spanisch
Geographie und Klima: in der Küstenebene tropischer Regenwald
und Mangrovenwälder. Savannenklima im Landesinneren. In
Küstennähe immerfeuchtes Tropenklima. Die Maya-Berge erhe-
ben sich bis über 1000 m. Viele vorgelagerte Koralleninseln, die
Cayes.

Bolivien
Botschaft der
Republica de Bolivia
Konstantinstraße 16
5300 Bonn 2
Telefon: (02 28) 36 20 38
Für deutsche Staatsangehörige kein Visumzwang, 90 Tage Aufent-
halt als Tourist
Gelbfieberimpfung ist vorgeschrieben, Malariaprophylaxe und
Tetanusimpfung bei Reisen in tropische Regionen empfohlen.
Empfohlene Reisezeit: ganzjährig
Bevölkerung: überwiegend Indios (ca. 50%) und Mestizen (ca.
30%)
Staatssprache: Spanisch, Quechua und Aimara.
Geographie und Klima: keine Küsten; Llanos im Osten; Savannen-
land und Urwald sind tropisch; subtropisches Klima mit üppiger
Vegetation in den Tälern; kalter, karger Altiplano (Hochland), wo
über 60% der bolivianischen Bevölkerung leben.

Brasilien
Botschaft der
Republica Federativa do Brasil
Kennedyallee 74
5300 Bonn/Bad Godesberg
Telefon: (02 28) 37 69 76

Für deutsche Staatsangehörige kein Visumzwang, 90 Tage Aufenthalt als Tourist mit Verlängerungsmöglichkeit um weitere drei Monate (bei der brasilianischen Ausländerpolizei)

Zur Zeit kein Impfzwang bei der Einreise aus der Bundesrepublik, Gelbfieberimpfung und Malariaprophylaxe werden empfohlen.

Gelbfieberimpfung ist vorgeschrieben bei der Einreise aus folgenden Ländern:

Bolivien, Kolumbien, Gambia, Ghana, Ecuador, Nigeria, Peru, Sudan, Zaire

Empfohlene Reisezeit: ganzjährig, in den nördlichen Regionen ist es von Dezember bis Februar allerdings recht heiß

Bevölkerung: schwarzweiße Mischbevölkerung, im Süden europäisch, insgesamt 60% Weiße

Staatssprache: Portugiesisch

Geographie und Klima: tropische Urwälder im Norden, sehr dünn besiedelt; Trockensteppe im Nordosten hinter einem schmalen, feuchten Küstenstreifen, sehr arme Region, in der immer wieder Hungersnöte vorkommen; im Mittelwesten gemäßigtes Klima, Savanne; kühleres Klima im Süden.

Costa Rica
Botschaft der
Republica de Costa Rica
Borsigallee 2
5300 Bonn 1
Telefon: (02 28) 25 29 40

Für deutsche Staatsangehörige kein Visumzwang, 90 Tage Aufenthalt als Tourist.

Zur Zeit kein Impfzwang.

Empfohlene Reisezeit: von Oktober bis März (Regenzeit von April bis September)

Bevölkerung: überwiegend Weiße

Staatssprache: Spanisch

Geographie und Klima: feuchtes, subtropisches Klima, sehr reizvolle Vegetation und Tierwelt, Vulkane in den Kordilleren, schöne Küsten.

10% der Fläche Costa Ricas sind Nationalparks, sehr sehenswert.

Ecuador

Botschaft der
Republica del Ecuador
Koblenzer Straße 37–39
5300 Bonn 2
Telefon: (02 28) 35 25 44/45

Für deutsche Staatsangehörige kein Visumzwang, 90 Tage Aufenthalt als Tourist.

Kein Impfzwang bei direkter Einreise, Gelbfieberimpfung bei Einreise aus Bolivien, Brasilien oder Peru vorgeschrieben.

Empfohlene Reisezeit: Quito von Juni bis September; in der restlichen Zeit regnet es täglich ein paar Stunden, ist aber sonst mild und schön; wegen der nächtlichen Kühle trotzdem auch wärmere Kleidung mitnehmen; an der Küste ist es zwischen Mai und Dezember am schönsten.

Bevölkerung: Mestizen (ca. 40%) und Indios (ca. 30–40%), von denen etwa ein Viertel nur Quechua spricht.

Staatssprache: Spanisch; Quechua als Umgangssprache.

El Salvador

Botschaft der
Republica de El Salvador
Burbacher Straße 2
5300 Bonn
Telefon: (02 28) 22 13 51

Für deutsche Staatsangehörige kein Visumzwang, 90 Tage Aufenthalt als Tourist.

Zur Zeit kein Impfzwang.

Empfohlene Reisezeit: ganzjährig

Bevölkerung: überwiegend Mestizen (ca. 70%), sehr dicht besiedelt

Staatssprache: Spanisch

Geographie und Klima: warmes bis tropisches Klima, intensive Landwirtschaft.

Vom Besuch der Gegenden: Cerro Verde – Lago de Coatepeque – Lago de Ilopango – Puerto de la Libertad rät die Botschaft ab.

Guatemala

Botschaft der
Republica de Guatemala
Ziethenstraße 16
5300 Bonn
Telefon: (02 28) 35 15 79
Für deutsche Staatsangehörige kein Visumzwang, 90 Tage Aufenthalt als Tourist.

Zur Zeit kein Impfzwang.

Empfohlene Reisezeit: September bis April (Regenzeit von Mai bis Oktober).

Bevölkerung: über 45% Indios, ca. 40% Mestizen (Ladinos), Schwarze, Mulatten, Weiße.

Staatssprache: Spanisch; daneben gibt es 23 Maya/Quiche-Dialekte

Geographie und Klima: heiß an den Küsten und in den Tälern, gemäßigt in den höher gelegenen Landstrichen

Honduras

Botschaft der
Republica de Honduras
Ubierstraße 1
5300 Bonn 2
Telefon: (02 28) 35 63 94
Für deutsche Staatsangehörige kein Visumzwang, 90 Tage Aufenthalt als Tourist.

Zur Zeit kein Impfzwang.

Empfohlene Reisezeit: November bis August im Landesinnern, an der Küste von März bis August

Bevölkerung: überwiegend Mestizen (ca. 80%)

Staatssprache: Spanisch; an der Küste auch Englisch.

Geographie und Klima: größtenteils bergige Landschaft (Kordilleren), im Nordosten dünn besiedelter Urwald.

Sehr sehenswert ist Copan, die größte Maya-Ausgrabungsstätte von Honduras.

Kolumbien

Botschaft der
Republica de Colombia
Friedrich-Wilhelm-Str. 35
5300 Bonn 1
Telefon: (02 28) 23 45 65
Speziell für touristische Auskünfte:
Office National du Tourisme Colombienne en Europe
9, Boulevard de la Madeleine
F-75001 Paris
Telefon: (00 33-14-) 2 60 35 65
Für deutsche Staatsangehörige kein Visumzwang, 90 Tage Aufenthalt als Tourist. Bei der Einreise sind Flugticket für die Ausreise, Visum für ein anderes Land oder ähnliche Nachweise für die beabsichtigte Wiederausreise vorzulegen:

Zur Zeit kein Impfzwang.

Empfohlene Reisezeit: ganzjährig

Bevölkerung: Mestizen (ca. ⅔), starke Bevölkerungsvermischung in Küstenregionen, Weiße (ca. 20%), Mulatten (ca. 20%), Indios, Schwarze

Staatssprache: Spanisch, sehr viele Indio-Sprachen

Geographie und Klima: tropisches Klima in den Ebenen; gemäßigtes bis kaltes Klima in höher gelegenen Regionen.

Mexiko

Botschaft der
Estados Unidos Mexicanos
Oxfordstraße 12
5300 Bonn
Telefon: (02 28) 63 12 26

Speziell für touristische Auskünfte:
Staatl. mexikanisches Fremdenverkehrsamt
Wiesenhüttenplatz 26
6000 Frankfurt 1
Telefon: (0 69) 25 34 13
Für deutsche Staatsangehörige stellt die Fluglinie eine Touristen-
karte aus, gültiger Reisepaß erforderlich.
Zur Zeit kein Impfzwang, außer bei Anreise aus Ländern mit
vorgeschriebener Impfung.
Empfohlene Reisezeit: November bis April
Bevölkerung: ca. 75% Mestizen, Indios
Staatssprache: Spanisch; etwa 4% der Bevölkerung sprechen nur
indianische Sprachen, etwa 8% sind zweisprachig.
Geographie und Klima: gemäßigtes Klima im gesamten zentralen
Hochland *(Meseta central);* hohe Vulkane *(Cordillera volcanica),*
wo es kühl ist; heiß ist es in den tiefgelegenen Gebieten. Sie machen
etwa ein Drittel des Landes aus.
Die Sehenswürdigkeiten des Landes lassen sich hier unmöglich
aufzählen, das Fremdenverkehrsamt hält aber umfangreiches
Material bereit.

Panama
Botschaft der
Republica de Panama
Lützowstraße 1
5300 Bonn/Bad Godesberg
Telefon: (02 28) 36 10 36
Für deutsche Staatsangehörige kein Visumzwang.
Zur Zeit kein Impfzwang.
Empfohlene Reisezeit: von Dezember bis Mai, restliche Zeit
starke, aber kurze Regenfälle, warm.
Bevölkerung: ca. 15–20% Mestizen, ca. 15–20% Schwarze und
Mulatten, Weiße, Indios, Asiaten.
Staatssprache: Spanisch; als Verkehrssprache Englisch, außer-
dem indianische Dialekte (Chibcha u. a.)
Sehenswert sind noch die zu Panama gehörende Inselgruppe Las

Perlas (besonders die Inseln Taboga, Contadora) und die Insel San
Blas (dort leben die Cunas)
   Geographie und Klima: Panama liegt am schmalsten Stück des
Isthmus, mit typischem Äquatorialklima (Jahresdurchschnitt
26–27 Grad), höhere Regionen im Landesinnern gemäßigter.

Paraguay
Botschaft der
Republica del Paraguay
Plittersdorfer Str. 121
5300 Bonn
Telefon: (02 28) 35 67 27
Für deutsche Staatsangehörige kein Visumzwang, 90 Tage Aufent-
halt als Tourist.
   Pockenimpfung vorgeschrieben
   Empfohlene Reisezeit: März bis November, von Dezember bis
   Februar ist es sehr heiß und feucht.
   Bevölkerung: überwiegend Mestizen (95%)
   Staatssprache: Spanisch und Guarani
Geographie und Klima: da das Land keine bedeutenden Höhenun-
terschiede hat, ist es überall tropisch feucht; keine Küsten. Die
Landschaft ist sehr vielseitig, vom tropischen Regenwald im Osten
bis zu den Steppen im Westen der Chaco-Ebene.
   Sehenswert sind die Iguazú-Fälle und der Itaipu-Stausee.

Peru
Botschaft der
Republica Peruana
Mozartstraße 34
5300 Bonn
Telefon: (02 28) 63 80 12
Für deutsche Staatsangehörige kein Visumzwang, 90 Tage Aufent-
halt als Tourist mit Verlängerungsmöglichkeit.
   Zur Zeit kein Impfzwang. Malaria- und Gelbfieberimpfung ist
   empfehlenswert.
   Empfohlene Reisezeit: für die Küste von Dezember bis März, für

315

das Hochland April bis Oktober (im Hochland kann es sehr kalt werden).
Bevölkerung: ca. 45% Indianer, ca. 40% Mestizen
Staatssprache: Spanisch und Quechua
Geographie und Klima: es gibt drei unterschiedliche Regionen: die Küste im Westen mit sehr trockenem Meeresklima, die zentrale Sierra mit starken Temperaturschwankungen, die Berge (Amazonia) im Osten mit einer Durchschnittstemperatur von 21–22 Grad und reichlichen Regenfällen.

Leseempfehlungen
für die Vorbereitung auf eine interessante Reise

Wer etwas über abenteuerliche Reisen abseits der ausgetretenen Pfade erfahren möchte, ohne dabei ein bestimmtes Land zu betrachten, dem sei das Buch von R. Nehberg, *Survival* (Kabel Verlag, Hamburg) empfohlen.

Die folgenden Lesevorschläge sollen eine kulturelle, historische und politische Einführung in die lateinamerikanische Thematik ermöglichen, sowohl länderspezifisch als auch übergreifend. Interessante Autoren des 20. Jahrhunderts der jeweiligen Länder sollen dem an der Literatur Interessierten einen Einstieg ermöglichen. Außerdem sind einige Reiseführer angegeben.

Allgemeine, übergreifende Werke über geschichtliche Hintergründe:

Süd- und Mittelamerika, Band 1 und 2, Fischer Weltgeschichte, Hrsg. R. Konetzke (S. Fischer, Frankfurt)
(Der erste Band schildert die Indianerkulturen und die Kolonialherrschaft, der zweite beginnt mit der Unabhängigkeit und führt bis in die Gegenwart)

Übergreifende Werke zu politischen und wirtschaftlichen Zusammenhängen:

Politisches Lexikon Lateinamerika, Hrsg. P. Waldmann (C. H. Beck Verlag, München)

Zentralamerika, D. Boris, R. Rausch (Pahl-Rugenstein, Köln)

Lateinamerika, eine politische Länderkunde, G. Maurer, P. Molt (Colloqium-Verlag, Berlin)

Allgemeine Bücher und Reiseführer:

20mal Lateinamerika, Marcel Niedergang (Piper, München)

South American Handbook, (Trade + Travel Publications, Bath, GB)

Südamerika, Geoff Crowther (Schettler, Hattorf)

Südamerika, H. Kreuselberg (Kreuselberg, Essen)

Länderspezifische Werke:

Brasilien
Bekannte Autoren Brasiliens: C. Drummond de Andrade, Augusto Boal, Osmán Lins, Ignacio de Loyola Brandao
Brasilien, Armin Dorn, Mai's Weltführer (Mai, Frankfurt)
Brasilien, J. Müller (Klett, Stuttgart)

Bolivien
Bekannte Autoren Boliviens: Carlos Medinacelli, Renato Prada Oropeza
Reiseführer Bolivien, Gerd u. Elfriede Möller (Goldstadtverlag, Pforzheim)
Bolivien, G. Ponemunsk, Mai's Weltführer (Mai, Frankfurt)

Costa Rica
Bekannte Autoren Costa Ricas: Rafael Cardona, José Marín Cañas
Zentralamerika, Gerd Möller (Goldstadtverlag, Pforzheim)

317

Reise- u. Kulturführer Mexiko, Mittelamerika, H. Kreuselberg
(Kreuselberg, Essen)

Ecuador
Bekannte Autoren Ecuadors: Jose de la Cuadra, Jorge Icaza, Gallegos Lara
Ecuador mit Galápagos-Inseln, Mai's Weltführer (Mai, Frankfurt)

El Salvador
Bekannte Autoren El Salvadors: Alberto Rivas Bonilla, Salvador Salazar Arrue (Salarrue)
Salvador, Joan Didion (Kiepenheuer & Witsch, Köln)
Zentralamerika, Gerd Möller (Goldstadtverlag, Pforzheim)
H. Kreuselberg (s. Costa Rica)

Guatemala
Bekannte Autoren Guatemalas: Miguel Angel Asturias, Rafael Arevalo Martinez, Augusto Monterosso
Gerd Möller (s. Salvador)
H. Kreuselberg (s. Costa Rica)

Honduras
Bekannte Autoren aus Honduras: Carlos Izaguirre, Daniel Laínez, Roberto Sosa
Gerd Möller (s. Salvador)
H. Kreuselberg (s. Costa Rica)

Kolumbien
Bekannte Autoren Kolumbiens: Gabriel García Márquez, Darío Ruiz Gómez
Reiseführer Kolumbien, Prof. Dr. H. Bloss (Goldstadtverlag, Pforzheim)

Mexiko
Bekannte Autoren Mexikos: Carlos Fuentes, Vicente Leñero, Octavio Paz, Alfonso Reyes, Juan Rulfo

Mexico, Doug Richmond (Schettler, Hattorf)
H. Kreuselberg

Nicaragua
Bekannte Autoren Nicaraguas: Giaconda Belli, Ernesto Cardenal
Gerd Möller (s. Salvador)
H. Kreuselberg (s. Costa Rica)

Panama
Bekannter Autor Panamas: Ricardo Miró
Gerd Möller (s. Salvador)
H. Kreuselberg (s. Costa Rica)

Paraguay
Bekannte Autoren Paraguays: Rubén Barreiro Saguier, Augusto
Roa Bastos
Tapferes Paraguay, Dr. H. Krier (Marienburg Verlag, Würzburg)

Peru
Bekannte Autoren Perus: Carlos Germán Belli, A. Bryce Echnique,
Cesar Calvo, Mario Vargas Llosa, José Miguel Oviedo, Julio Ramón
Ribeyro, Manuel Scorza
Peru, Christina Unger (Hayit Studienverlag, Köln)
Peru – Inka Region Cuzco, Peter Frost (C. Stein, Kiel)

In dieser Reihe sind erschienen: